Selma Lagerlöfs Legenden gehören zum bleibenden Bestand religiöser Dichtung in der modernen Literatur, und sie sind Teil eines zeitlos gültigen Erzählwerks. Am Beginn dieses Auswahlbandes stehen jene Heiligengeschichten, die in der skandinavischen Heimat der Dichterin spielen, es folgen die berühmten ›Christuslegenden‹ und Legenden aus Italien und dem Heiligen Land. »Die Wiederbegegnung mit der großen schwedischen Dichterin ist voll Überraschungen durch die faszinierende Befähigung der Lagerlöf, lebhaft zu schildern und doch in aller Herbheit der Sprache ›neu‹ zu sein wie am ersten Tag. Hofmannsthal rühmte der Nobelpreisträgerin nach, eine Gestaltungskraft zu besitzen, ›die Mann und Weib, Greis und Kind, Berg und Baum untrüglich hinstellt‹.«
(Die Presse, Wien)

Selma Lagerlöf wurde am 20. November 1858 auf dem Familiensitz Mårbacka (Värmland), Schweden, geboren. Nach ihrer Ausbildung war sie zehn Jahre lang als Lehrerin tätig. 1891 erschien ihr erster Roman ›Gösta Berling‹, mit dem sie Weltruhm errang. 1909 erhielt Selma Lagerlöf den Nobelpreis für Literatur, 1914 wurde sie als erste Frau Mitglied der Schwedischen Akademie. Selma Lagerlöf starb am 16. März 1940.

Selma Lagerlöf

Die schönsten Legenden

Deutsch von Marie Franzos

Deutscher Taschenbuch Verlag

Von Selma Lagerlöf
sind im Deutschen Taschenbuch Verlag erschienen:
Gösta Berling (12461)
Ein Weihnachtsgast (12605)

Oktober 1978
15. Auflage Oktober 1999
Deutscher Taschenbuch Verlag GmbH & Co. KG, München
© 1975 Nymphenburger Verlagshandlung GmbH, München
ISBN 3-485-00211-9
Umschlagkonzept: Balk & Brumshagen
Umschlagbild: ›La Pia de' Tolomei‹ von Dante Gabriel Rossetti
Gesetzt aus der Stempel Garamond 10/11,5· (Winword 6.0)
Gedruckt auf säurefreiem, chlorfrei gebleichtem Papier
Gesamtherstellung: C. H. Beck'sche Buchdruckerei, Nördlingen
Printed in Germany · ISBN 3-423-01391-5

Inhalt

Nordische Legenden

Die Legende vom Vogelnest

Hatto, der Eremit, stand in der Einöde und betete zu Gott. Es stürmte, und sein langer Bart und sein zottiges Haar flatterten um ihn, so wie die windgepeitschten Grasbüschel die Zinnen einer alten Burgruine umflattern. Doch er strich sich nicht das Haar aus den Augen, noch steckte er den Bart in den Gürtel, denn er hielt die Arme zum Gebet erhoben. Seit Sonnenaufgang streckte er seine knochigen behaarten Arme zum Himmel empor – unermüdlich wie ein Baum seine Zweige ausstreckt. So wollte er bis zum Abend stehenbleiben, denn er hatte etwas Großes zu erbitten.

Er war ein Mann, der viel von der Arglist und Bosheit der Welt erfahren hatte. Er hatte selbst verfolgt und gequält; und Verfolgung und Qualen waren ihm zuteil geworden, mehr als sein Herz ertragen konnte. Darum zog er hinaus auf die große Heide, grub sich eine Höhle am Flußufer und wurde ein heiliger Mann, dessen Gebete an Gottes Thron Gehör fanden.

Hatto, der Eremit, stand am Flußgestade vor seiner Höhle und betete das große Gebet seines Lebens. Er betete zu Gott, den Tag des Jüngsten Gerichts über diese böse Welt hereinbrechen zu lassen. Er rief die posaunenblasenden Engel an, die das Ende der Herrschaft der Sünde verkünden sollten. Er rief nach den Wellen des Blutmeeres, um die Ungerechtigkeit zu ertränken. Er rief nach der Pest, auf daß sie die Kirchhöfe mit Leichenhaufen fülle.

Rings um ihn war die öde Heide. Aber eine kleine Strecke weiter oben am Flußufer stand eine alte Weide mit kurzem Stamm, der oben zu einem großen, kopfähnlichen Knollen anschwoll, aus dem neue, frischgrüne Zweige hervorwuchsen. Jeden Herbst wurden ihr von den Bewohnern des holzarmen Flachlandes diese frischen Schößlinge geraubt.

Jeden Frühling trieb der Baum neue geschmeidige Zweige; und an stürmischen Tagen sah man sie um den Baum flattern und wehen, wie Haar und Bart um Hatto, den Eremiten, flatterten.

Das Bachstelzchenpaar, das sein Nest oben auf dem Stamm der Weide zwischen den emporsprießenden Zweigen zu bauen pflegte, hatte gerade an diesem Tage mit seiner Arbeit beginnen wollen, aber zwischen den heftig peitschenden Zweigen fanden die Vögel keine Ruhe. Sie kamen mit Binsenhalmen und Wurzelfäserchen und vorjährigem Riedgras geflogen, aber sie mußten unverrichteter Dinge umkehren. Da bemerkten sie den alten Hatto, der Gott anflehte, den Sturm siebenmal heftiger werden zu lassen, damit das Nest der kleinen Vöglein fortgefegt und der Adlerhorst zerstört werde.

Natürlich kann kein heute Lebender sich vorstellen, wie bemoost und vertrocknet und knorrig und schwarz und menschenunähnlich solch ein alter Heidebewohner aussah. Die Haut lag so stramm über Stirn und Wangen, daß der Kopf fast einem Totenschädel glich, und nur an einem schwachen Aufleuchten tief in den Augenhöhlen sah man, daß Leben darin war. Die vertrockneten Muskeln gaben dem Körper keine Rundung; der emporgestreckte nackte Arm bestand nur aus ein paar schmalen Knochen, die mit verrunzelter, harter, rindenähnlicher Haut überzogen waren. Er trug einen alten, eng anliegenden schwarzen Mantel. Er war braungebrannt von der Sonne und schwarz von Schmutz. Nur sein Haar und sein Bart waren licht, hatten sie doch Regen und Sonnenschein gebleicht, bis sie dieselbe graugrüne Farbe angenommen hatten wie die Unterseite der Weidenblätter.

Die Vögel, die umherflatterten und einen Platz für ihr Nest suchten, hielten Hatto, den Eremiten, für eine alte Weide. Sie umkreisten ihn viele Male, flogen weg und kamen zurück, merkten sich den Weg, bedachten den Standort im Hinblick auf Raubvögel und Stürme, fanden ihn recht unvorteilhaft, aber entschieden sich doch dafür. Eines der Vögelchen schoß pfeilschnell herab und legte sein Wurzelfäserchen in die ausgestreckte Hand des Eremiten.

Der Sturm hatte nachgelassen, so daß das Wurzelfäserchen ihm nicht sogleich aus der Hand gerissen wurde – aber der Eremit unterbrach dadurch sein Gebet nicht.

»Mögest du bald kommen, o Herr, und diese Welt des Verderbens vernichten, auf daß die Menschen sich nicht mit noch mehr Sünden beladen. Möchtest du die Ungebornen vom Leben erlösen! Für die Lebenden gibt es keine Erlösung.«

Da setzte der Sturm wieder ein, und das Wurzelfäserchen flatterte aus der großen, knochigen Hand des Eremiten. Die Vögel kamen aber wieder und versuchten die Grundpfeiler ihres neuen Heims zwischen seinen Fingern zu befestigen. Da legte sich plötzlich ein plumper, schmutziger Daumen über die Halme und hielt sie fest, und vier Finger wölbten sich über die Handfläche, so daß eine friedliche Nische entstand, in der die Vögel bauen konnten. Doch der Eremit fuhr in seinen Gebeten fort.

»Herr, ist das Maß deiner Geduld nicht erschöpft und die Schale deiner Gnade noch nicht leer? O Herr, wann kommst du aus deinem Himmel?«

Hatto, der Eremit, hatte Fiebervisionen vom Tag des Jüngsten Gerichtes. Der Boden erbebte, der Himmel glühte. Unter dem roten Firmament sah er schwarze Wolken fliehender Vögel; über den Boden wälzte sich eine Schar flüchtender Tiere. Doch während seine Seele von diesen Fiebervisionen erfüllt war, begannen seine Augen dem Flug der kleinen Vögel zu folgen, die blitzschnell hin und her flogen und mit einem vergnügten kleinen Piepsen ein neues Hälmchen in das Nest fügten.

Der Alte rührte sich nicht. Er hatte das Gelübde getan, den ganzen Tag stillstehend mit emporgestreckten Händen zu beten, um damit Gott zu zwingen, ihn zu erhören. Je matter sein Körper wurde, desto lebendiger wurden die Gesichte, die sein Hirn erfüllten. Er hörte die Mauern der Städte zusammenbrechen und die Wohnungen der Menschen einstürzen. Schreiende, entsetzte Volkshaufen eilten an ihm vorbei, und ihnen nach jagten die Engel der Rache und der Vernichtung, – hohe, silbergepanzerte Gestalten mit strengem, schönem Antlitz, auf schwarzen Rossen reitend und Geißeln schwingend, die aus weißen Blitzen geflochten waren.

Die kleinen Bachstelzchen bauten und zimmerten fleißig den ganzen Tag, und die Arbeit machte große Fortschritte. Auf der hügeligen Heide mit dem steifen Riedgras und an dem schilfreichen Flußufer war kein Mangel an Baustoff. Die Vögel fanden weder Zeit zur Mittagsrast noch zur Vesperruhe. Glühend vor Eifer und Vergnügen flogen sie hin und her, und ehe der Abend anbrach, waren sie beim Dachfirst angelangt.

Aber ehe der Abend anbrach, hatte der Eremit seine Blicke immer häufiger auf sie gerichtet. Er folgte ihnen auf ihrer Fahrt; er schalt sie aus, wenn sie sich dumm anstellten; er ärgerte sich, wenn der Wind ihnen Schaden tat; und am allerwenigsten konnte er es vertragen, wenn sie sich ein bißchen ausruhten.

So sank die Sonne, und die Vögel suchten ihre vertrauten Ruhestätten im Schilf auf.

Wer abends über die Heide geht, muß sich nahe zur Erde beugen, um Eulen mit großen, runden Flügeln über das Feld huschen zu sehen und Nattern und große Kröten. Hasen und Wasserratten fliehen vor den Raubtieren; und der Fuchs springt nach einer Fledermaus, die Mücken über dem Fluß jagt. Es ist, als hätte jedes Erdhügelchen Leben bekommen. Doch unterdessen schlafen die kleinen Vögelchen auf dem schwanken Schilf, dem kein Feind nahen kann, ohne daß das Wasser plätschert oder die Halme zittern.

Als der Morgen kam, flogen die Bachstelzen geradewegs auf ihr Nest zu, aber das war verschwunden. Sie guckten suchend über die Heide und erhoben sich in die Luft, aber der Baum war verschwunden. Schließlich setzten sie sich auf ein paar Steine am Flußufer, wippten mit dem langen

Schwanz und drehten das Köpfchen. Wohin waren Baum und Nest gekommen?

Doch kaum hatte sich die Sonne um eine Handbreit über den Waldgürtel auf dem jenseitigen Flußufer erhoben, als ihr Baum gewandert kam und sich auf denselben Platz stellte, den er am Tage zuvor eingenommen hatte.

Da begannen die Bachstelzchen wieder zu bauen, ohne über die vielen Wunder der Natur nachzugrübeln.

Hatto, der Eremit, der die kleinen Kinder von seiner Höhle fortscheuchte und in den Flußschlamm hinausstürzte, um den fröhlichen jungen Menschen, die in bewimpelten Booten den Fluß hinaufruderten, Verwünschungen nachzuschleudern, vor dessen bösem Blick die Heidehirten ihre Herden behüteten, kehrte zu seinem Platz am Fluß zurück, den kleinen Vögeln zuliebe. Er wußte, daß nicht nur jeder Buchstabe in den heiligen Büchern seine verborgne mystische Bedeutung hat, sondern auch alles, was Gott in der Natur geschehen läßt. Jetzt glaubte er, herausgefunden zu haben, was das Nest der Bachstelzen in seiner Hand bedeutete; Gott wollte, daß er mit erhobnen Armen betend dastehen sollte, bis die Vögel ihre Jungen aufgezogen hatten. Vermochte er dies, so sollte er erhört werden.

Doch an diesem Tage sah er wenig Visionen des Jüngsten Gerichtes. Statt dessen folgte er immer eifriger mit seinen Blicken den Vögeln. Er sah sie das Nest rasch vollenden. Die kleinen Baumeister flatterten rund herum und besichtigten es. Sie holten ein paar kleine Moosflechten und klebten sie außen an das Nest. Sie holten das feinste Wollgras, und das Weibchen nahm Flaum von der eignen Brust und polsterte das Nest innen damit.

Die Bauern, die den Eremiten fürchteten, pflegten ihm Brot und Milch zu bringen, um seinen Groll zu besänftigen. Sie kamen auch jetzt und fanden ihn regungslos dastehen, das Vogelnest in der Hand.

»Seht, wie der fromme Mann die kleinen Tiere liebt«, sagten sie und fürchteten sich nicht mehr vor ihm, sondern hoben den Milcheimer an seine Lippen und führten ihm das Brot zum Munde. Als er gegessen und getrunken hatte, verjagte er die Menschen mit bösen Worten, aber sie lächelten nur über seine Verwünschungen.

Sein Körper war schon lange seines Willens Diener geworden. Durch Hunger und Schläge, durch tagelanges Knien und wochenlange Nachtwachen hatte er ihn Gehorsam gelehrt. Nun hielten stahlharte Muskeln seine Arme tage- und wochenlang emporgestreckt. Während das Bachstelzenweibchen auf den Eiern lag und das Nest nicht mehr verließ, suchte der Eremit nicht einmal nachts seine Höhle auf. Er lernte es, sitzend mit emporgestreckten Armen zu schlafen; unter den Freunden der Wüste gibt es so manche, die noch größere Dinge vollbracht haben.

Er gewöhnte sich an die zwei kleinen unruhigen Vogelaugen, die über den Rand des Nestes zu ihm hinabblickten. Er achtete auf Hagel und Regen und schützte das Nest, so gut er konnte.

Eines Tages konnte das Weibchen seinen Wachtposten verlassen. Beide Bachstelzen saßen auf dem Rand des Nestes, wippten mit den Schwänzchen und beratschlagten und sahen seelenvergnügt aus, obgleich das ganze Nest von einem ängstlichen Piepsen erfüllt schien. Nach einem kleinen Weilchen zogen sie auf Mückenjagd aus.

Eine Mücke nach der andern wurde gefangen und heimgebracht. Und als das Futter kam, piepste es im Nest am allerärgsten. Den frommen Mann störte das Piepsen in seinen Gebeten.

Und sachte, sachte sank sein Arm herab, und seine kleinen Glutaugen starrten in das Nest.

Niemals hatte er etwas so hilflos Häßliches und Armseliges gesehen: kleine, nackte Körperchen mit spärlichem Flaum, keine Augen, keine Flugkraft, eigentlich nur sechs große, aufgerissene Schnäbel.

Es kam ihm selbst wunderlich vor, aber er mochte die Kleinen gerade so leiden, wie sie waren. Die Alten hatte er ja niemals von dem großen Untergang ausgenommen, aber für diese sechs Schutzlosen machte er eine stillschweigende Ausnahme.

Wenn die Bäuerinnen ihm jetzt Essen brachten, dankte er ihnen nicht mehr mit Verwünschungen. Da er für die Kleinen in seiner Hand notwendig war, freute er sich, daß die Leute ihn nicht verhungern ließen.

Bald guckten den ganzen Tag sechs runde Köpfchen über den Nestrand. Des alten Hatto Arm sank immer häufiger zu seinen Augen hernieder. Er sah die Federn aus der roten Haut sprießen, die Augen sich öffnen, die Körperformen sich runden.

Die Gebete um die große Vernichtung kamen immer zögernder über Hattos Lippen. Er glaubte Gottes Zusicherung zu haben, daß sie hereinbrechen würde, wenn die kleinen Vögelchen flügge waren. Nun stand er da und suchte gleichsam nach einem Ausweg. Denn diese sechs Kleinen, die er beschützt und behütet hatte, konnte er nicht opfern.

Früher war es etwas andres gewesen, als er noch nichts hatte, was sein eigen war. Die Liebe zu den Kleinen und Schutzlosen kam über ihn und machte ihn unschlüssig.

Manchmal wollte er das ganze Nest in den Fluß schleudern, denn er meinte, daß die beneidenswert sind, die ohne Sorgen und Sünden sterben dürfen. Mußte er die Kleinen nicht vor Raubtieren und Kälte, vor Hunger und den mannigfaltigen Heimsuchungen des Lebens bewahren? Aber gerade als er so dachte, kam der Sperber auf das Nest herab gesaust, um die Jungen zu töten. Da ergriff Hatto den Kühnen mit seiner linken Hand, schwang ihn im Kreise über seinem Kopf und schleuderte ihn mit der Kraft des Zornes in den Fluß.

Und der Tag kam, an dem die Kleinen flügge waren. Eine der Bachstelzen mühte sich drinnen im Nest, die Jungen auf den Rand hinauszuschieben, während die andre herumflog und ihnen zeigte, wie leicht das Fliegen war. Und als die Jungen sich hartnäckig fürchteten, da zeigten ihnen die beiden Alten ihre allerschönsten Flugkunststücke. Mit den

Flügeln schlagend, beschrieben sie verschiedene Windungen, oder sie stiegen gerade in die Höhe wie Lerchen und hielten sich mit heftig zitternden Schwingen still in der Luft.

Aber als die Jungen noch immer eigensinnig blieben, konnte Hatto es nicht lassen, sich in die Sache einzumischen. Er gab ihnen einen behutsamen Puff mit dem Finger, und damit war alles entschieden. Heraus flogen sie, zitternd und unsicher, die Luft peitschend wie Fledermäuse, sie sanken, aber sie erhoben sich wieder, begriffen die Kunst und verwandten sie dazu, so rasch wie möglich das Nest wieder zu erreichen. Die Alten kamen stolz und jubelnd zu ihnen zurück, und der alte Hatto schmunzelte.

Er hatte doch in der Sache den Ausschlag gegeben.

Er grübelte nun darüber nach, ob es für unsern Herrgott nicht auch einen Ausweg geben konnte.

Vielleicht, wenn man es recht bedachte, hielt Gottvater diese Erde wie ein großes Vogelnest in seiner Rechten, und vielleicht hatte er Liebe zu denen gefaßt, die dort wohnen und hausen, zu allen schutzlosen Kindern der Erde. Vielleicht erbarmte er sich ihrer, die er zu vernichten gelobt hatte, so wie sich der Eremit der kleinen Vögel erbarmte.

Freilich waren die Vögel des Eremiten um vieles besser als unsers Herrgotts Menschen, aber er konnte doch begreifen, daß Gottvater dennoch ein Herz für sie hatte.

Am nächsten Tage stand das Vogelnest leer, und die Bitterkeit der Einsamkeit bemächtigte sich des Eremiten. Langsam sank sein Arm herab, und es war ihm, als ob die ganze Natur den Atem anhielt, um dem Dröhnen der Posaune des Jüngsten Gerichts zu lauschen. Doch in demselben Augenblick kamen alle Bachstelzen zurück und setzten sich ihm auf Haupt und Schultern, denn sie hatten gar keine Angst vor ihm. Da zuckte ein Lichtstrahl durch das verwirrte Hirn des alten Hatto. Er hatte ja den Arm gesenkt, ihn jeden Tag gesenkt, um die Vögel anzusehen.

Und wie er da stand, von allen sechs Jungen umflattert und umgaukelt, nickte er jemandem, den er nicht sah, vergnügt zu. »Du bist frei«, sagte er, »du bist frei. Ich hielt mein Wort nicht, und so brauchst du auch deines nicht zu halten.«

Und es war ihm, als hörten die Berge zu zittern auf und als legte sich der Fluß gemächlich in seinem Bett zur Ruhe.

Die alte Agneta

Eine alte Frau stieg mit kleinen, trippelnden Schritten den Bergpfad hinan. Sie war klein und mager. Ihr Gesicht war verblichen und welk, aber nicht hart oder gefurcht. Sie trug einen langen Mantel und eine Haube. In der Hand hatte sie ein Gebetbuch und im Taschentuch ein Zweiglein Lavendel.

Sie hatte eine Hütte weit oben auf dem Felsen, da wo keine Bäume mehr wachsen. Die lag ganz am Rande des breiten Gletschers, der seinen Eisstrom von dem schneebedeckten Berggipfel hinab in den Talgrund stürzte. Da wohnte die Alte ganz einsam. Alle ihre Angehörigen waren tot.

Es war Sonntag, und sie war in der Kirche gewesen. Aber wie das nun gekommen sein mochte: die Wanderung hatte sie nicht froh, sondern wehmütig gestimmt. Der Pfarrer hatte vom Tode gesprochen und von den Verdammten; das hatte sie ergriffen. Plötzlich hatte sie sich erinnert, daß sie in ihrer Kindheit hatte erzählen hören, daß viele Verdammte in der ewigen Kälte auf dem Berggipfel über ihrer Wohnstatt gemartert würden. Sage um Sage kam ihr in den Sinn von diesen Gletscherwanderern, diesen unermüdlichen Schatten, die von den eiskalten Bergwinden gejagt würden.

Da packte sie mit einem Male ein tiefes Grauen vor dem Berge, und es deuchte sie, daß ihre Hütte furchtbar weit oben läge. Wenn nun die Unsichtbaren dort auf der Höhe der Alpen wanderten, den Weg über den Gletscher hinunter nähmen, und sie, die so ganz einsam war ...

Bei dem Worte einsam nahmen ihre Gedanken eine noch traurigere Richtung. Jetzt war sie wieder mitten in dem Kummer, der alle ihre Tage verzehrte. Sie empfand es hart, so weit entfernt von den Menschen zu wohnen.

»Alte Agneta«, sagte sie laut zu sich selbst, wie es dort oben in der Einöde ihre Gewohnheit geworden war, »du sitzest oben in deiner Hütte und spinnst und spinnst. Du mußt dich tagaus, tagein rackern und schinden, um nicht Hungers zu sterben. Aber gibt es einen, der eine Freude daran hätte, daß du lebst? Ach, wäre noch einer von den Deinen am Leben! Wohntest du weiter unten im Dorfe, so lebtest du wohl jemandem zur Freude. Arm, wie du bist, könntest du freilich weder Hund noch Katze halten, aber du könntest zuweilen wohl einem Bettler Obdach gewähren. Du solltest nicht so weit von der Straße wohnen, alte Agneta. Wenn du nur ein einziges Mal einem durstigen Wanderer einen Trunk Wasser reichen dürftest, so wüßtest du doch, daß du nicht nutzlos lebst.«

Sie seufzte und sagte sich, daß nicht einmal die Bäuerinnen ihren Tod beklagen würden, die ihr Flachs zum Spinnen gaben. Wohl hatte sie versucht, ehrlich ihre Arbeit zu tun, aber es gab gewiß viele, die es besser konnten. Und die Tränen stiegen ihr auf, wenn sie daran dachte, daß der Herr Pfarrer, der sie in allen diesen Jahren des Herrn auf demselben Platz in der Kirche gesehen hatte, vielleicht denken könnte, es käme auf eines heraus, ob sie dort wäre oder nicht.

»Ich bin wie eine Verstorbene«, sagte sie, »niemand fragt nach mir. Ich könnte mich ebensogut hinlegen, um zu sterben. Ich bin schon erfroren in der Kälte und der Einsamkeit. Mein Herz ist erfroren, das ist es. O du meine Güte, o du meine Güte, wenn es hier nur einen gäbe, der mich brauchte! Aber kann ich denn den Gemsen Strümpfe strikken oder den Murmeltieren ihr Lager aufbetten? Das sage ich dir«, sagte sie und streckte die Hand zum Himmel empor, »du mußt mir einen schaffen, der mich braucht, sonst lege ich mich hin und sterbe.«

Da kam ein großer, ernster Mönch ihr auf dem Weg entgegen. Er schloß sich ihr an, weil er sah, daß sie betrübt war, und sie erzählte ihm ihren Kummer. Sie sagte, daß ihr das Herz im Leibe erfröre, und daß sie wie einer der Wanderer des Gletschereises werden würde, wenn Gott ihr nicht etwas gäbe, wofür sie leben könnte.

»Das kann Gott wohl tun«, sagte der Mönch.

»Siehst du nicht, daß Gott hier oben machtlos ist?« sagte die alte Agneta. »Hier ist nichts anderes als die kalte, leere Einöde.«

Sie kamen immer höher hinauf. Das Moos lag weich auf den Halden. Alpenpflanzen mit behaarten Blättern säumten den Pfad ein; das Hochgebirge mit Klüften und Stürzen, mit Eisfeldern und Schneehalden stand überhängend und schwer vor ihnen. Da erblickte der Mönch die Hütte der alten Agneta dicht unter dem Gletscher.

»Ah«, sagte er, »du wohnst hier? Da bist du nicht einsam; hier hast du Gesellschaft genug. Sieh nur!«

Der Mönch legte den Zeigefinger und den kleinen Finger zusammen, hielt sie der Alten vor das linke Auge und bat sie, nach dem Berge zu sehen. Aber die alte Agneta schauderte und schloß die Augen.

»Ist dort oben etwas zu sehen, so will ich es nicht erblicken«, sagte die alte Agneta. »Der Herr bewahre uns! Hier kann es gar grausig sein.«

»Ja, dann lebe wohl«, sagte der Mönch. »Es wird dir kaum ein zweites Mal angeboten werden, so etwas zu sehen.«

Die Alte wurde neugierig, sie schlug die Augen auf und blickte nach den Schneefeldern. Zuerst sah sie nichts Wunderbares, dann aber entdeckte sie, daß es sich dort oben regte. Sie sah, wie sich Weiß auf weißem Grunde bewegte. Was sie für Nebel und Dunst und blauweiße Färbungen des Eises gehalten hatte, das waren Verdammte, die in der ewigen Kälte gepeinigt wurden.

Das kleine Mütterchen stand da und bebte wie Espenlaub. Es war alles so, wie es die Alten in ihren Sagen erzählt hatten. Die Toten wanderten dort oben in unsäglicher Pein und Angst. Die meisten waren in etwas Langes, Weißes gehüllt, aber alle hatten sie nackte Füße und unbedeckte Häupter.

Es war eine zahllose Menge. Mehr und mehr kamen dazu, je länger sie hinsah. Einige gingen stolz und hochaufgerichtet, andre kamen herangeschwebt, als tanzten sie über die Eisfelder, aber sie sah, daß die einen wie die andern ihre Füße an den Spitzen und Kanten des Eises blutig rissen.

Es war ganz wie in den Sagen. Sie sah, wie sie sich eng aneinanderschlossen, als wollten sie Wärme finden, sich dann aber augenblicklich wieder trennten, erschreckt durch die Todeskälte, die von ihren Körpern ausströmte. Es war, als ginge die Kälte auf dem Berge von ihnen aus, als wären sie es, die den Schnee nicht schmelzen und den Nebel nicht warm werden ließen.

Nicht alle bewegten sich; einige standen still in frierender Versteinerung und schienen schon jahrelang so zu stehen, denn Schnee und Eis hatten sich um sie gehäuft, so daß nur die Oberleiber sichtbar waren.

Je länger das kleine Mütterchen hinsah, desto ruhiger wurde sie. Der Schrecken wich von ihr, aber statt dessen wurde sie herzlich betrübt über die Qual dieser Verdammten. Da gab es kein Aufhören der Pein, keine Ruhestatt für die verwundeten Füße, die über Eis eilten, das schneidend war wie geschliffener Stahl. Und wie sie froren, wie sie vor Kälte bebten und mit den Zähnen klapperten!

Da waren viele Knaben und Mädchen. Aber es war keine Jugend in ihren blaugefrorenen Gesichtern; es sah aus, als spielten sie, aber alle Freude war tot. Sie klapperten vor Kälte, sie schauerten und krochen in sich zusammen wie Greise, während ihre nackten Füße die scharfkantigsten Eisstücke zu suchen schienen, um darauf zu treten.

Was die Alte am meisten rührte, war der Anblick derer, die in dem harten Gletschereis schon halb eingefroren waren, und derer, die als große Eiszapfen von den Seiten des Felsens herabhingen.

Da zog der Mönch seine Hand weg, und die alte Agneta sah nur noch die leeren, nackten Schneefelder. Schwere Eismassen lagen hier und dort verstreut, aber sie umschlossen keine versteinerten Gespenster. Der blaue Glanz auf dem Gletscher kam nicht von erfrorenen Leibern.

Der Wind jagte ein paar leichte Schneewehen vor sich hin, doch keine Geister.

Aber sie wußte doch bestimmt, daß sie recht gesehen hatte, und sie fragte den Mönch: »Ist es erlaubt, etwas für diese Verdammten zu tun?«

Er antwortete: »Wann hätte Gott je verboten, in Liebe Gutes zu tun, oder barmherzig zu sein und Trost zu spenden?«

Damit ging er, und die alte Agneta eilte in ihre Hütte und setzte sich nieder, um nachzudenken. Den ganzen Abend grübelte sie, wie sie den Unseligen helfen könnte, die über die Gletscher wanderten. Sie hatte nicht Zeit, an ihre Einsamkeit zu denken.

Am nächsten Morgen ging sie wieder zum Dorfe hinunter. Sie lächelte und schritt rüstig aus. Das Alter drückte sie nicht zu schwer.

»Die Toten«, sagte sie zu sich selbst, »fragen nicht viel nach roten Wangen und nach leichten Füßen. Die verlangen bloß, daß man sich ihrer mit ein bißchen Wärme erinnre. Aber an so etwas denkt die Jugend nicht. Ja, ja; aber wie sollten sich die Dahingeschiedenen gegen die unermeßliche Kälte des Todes schützen, wenn ihnen die Alten nicht ihre Herzen aufschlössen?«

Als sie in den Kramladen kam, kaufte sie dort ein großes Bündel Kerzen, und bei einem Bauern bestellte sie eine große Fuhre Holz; um das bezahlen zu können, mußte sie freilich doppelt so viel Spinnarbeit annehmen als gewöhnlich.

Gegen Abend, als sie wieder daheim war, sprach sie viele Gebete und suchte sich durch Singen frommer Lieder bei gutem Mute zu erhalten. Sie wurde immer verzagter. Aber sie tat, was sie sich vorgenommen hatte.

Sie machte ihr Bett in der inneren Stube. In der äußern stapelte sie einen großen Stoß Holz in der Feuerstatt auf und entzündete ihn. Ins Fenster stellte sie zwei Kerzen und öffnete die Tür der Hütte sperrangelweit. Dann ging sie hinein und legte sich nieder.

Sie lag in der Dunkelheit und lauschte.

Ja, das waren Schritte. Es war, als käme jemand über das Gletschereis gegangen. Es kam schleppend und stöhnend heran. Es schlich um die Hütte, als wage es nicht hereinzukommen. Dicht an der Hausecke stand es und klapperte.

Die alte Agneta konnte das nicht ertragen. Sie fuhr aus dem Bette auf und eilte in die äußere Kammer, dort riß sie die Tür zu und verschloß sie. Das war zu viel; Fleisch und Blut konnten das nicht ertragen!

Vor der Hütte hörte sie schwere Seufzer und gleitende Schritte, wie von wunden, wehen Füßen. Sie schleppten sich immer weiter fort, hinauf zum Gletschereise. Hie und da vernahm sie auch ein Schluchzen, bald aber wurde es wieder ganz still.

Da geriet die alte Agneta vor Angst außer sich.

»Du bist feig, du alte Hexe«, sagte sie. »Die Flammen brennen herunter und die teuren Kerzen auch. Soll alles vergeblich sein, nur um deiner elenden Feigheit willen?« Und als sie dieses gesagt hatte, stand sie noch einmal auf, vor Furcht weinend, mit klappernden Zähnen und bebenden Gliedern, aber sie kam in die Kammer hinaus, und sie brachte die Tür auf.

Wieder lag sie da und wartete. Nun hatte sie keine Angst mehr. Sie lag nur da und ängstigte sich, daß sie die Verdammten verscheucht haben könnte, und sie nicht wiederkommen könnten.

Da begann sie ins Dunkel zu rufen, wie in ihren Jugendtagen, als sie der Herde gefolgt war: »Meine kleinen weißen Lämmchen, meine Lämmchen in den Bergen kommt, kommt! Kommt herunter von Klüften und Graten, meine kleinen weißen Lämmchen!« Da war es, als käme ein heftiger Wind vom Felsen herunter und in die Hütte gefahren. Sie hörte keine Schritte oder Seufzer; nur Windstöße brausten um die Hausecken und pfiffen in die Hütte. Und es klang, als warnte es unablässig: »Sch, sch, nicht erschrecken, nicht erschrecken!«

Sie hatte das Gefühl, das äußere Zimmer sei so übervoll,

daß sich die Gespenster an die Wände drängten und sie beinahe sprengten. Zuweilen war es, als wollten sie das Dach abheben, um Raum zu bekommen. Aber immer war da einer, der flüsterte: »Sch, sch, nicht erschrecken, nicht erschrecken!«

Da wurde die alte Agneta glückselig und ruhig. Sie faltete die Hände und schlief ein.

Am Morgen war es, als wäre alles ein Traum gewesen. In dem äußeren Zimmer war alles unverändert, die Flammen waren ausgebrannt und die Lichter desgleichen. Kein Tröpfchen Talg war mehr in den Leuchtern.

Solange die alte Agneta lebte, fuhr sie fort, so für die Toten zu sorgen. Sie spann und mühte sich, um jede Nacht ihr Feuer unterhalten zu können. Und sie war glücklich, weil sie wußte, daß jemand ihrer bedurfte.

So kam ein Sonntag, an dem sie auf ihrem Platz in der Kirche nicht mehr gesehen wurde. Einige Bauern gingen in ihre Hütte hinauf, um zu sehen, ob ihr etwas fehle. Da war sie schon tot; und sie trugen die Leiche in das Dorf hinunter, sie zu begraben.

Als die alte Agneta am nächsten Sonntag in die Erde gesenkt wurde, gerade vor der Messe, da gaben ihr nur wenige Menschen das Geleite. Auch sah man in keiner Miene Trauer.

Aber plötzlich, gerade als der Sarg beigesetzt werden sollte, kam ein großer, ernster Mönch auf den Kirchhof, er trat heran und wies auf die schneebedeckte Alpe. Da sahen die Leute, die am Grabe standen, daß die ganze Alpe sich in das zarteste Rot gehüllt hatte, als leuchte sie vor Freude, und daß sich über ihre Mitte ein Zug von kleinen gelben Flammen schlängelte. Dieser Lichter waren ebenso viele, wie die Tote den Verdammten Lichter gegeben hatte.

Da sagten die Leute: »Gott sei gepriesen! Sie, um die hier unten niemand trauert, hat dafür dort oben in der großen Einsamkeit Freunde gefunden.«

Die Legende von der Christrose

Die Räubermutter, die in der Räuberhöhle im Göinger Walde hauste, hatte sich eines Tages auf einem Bettelzug in das Flachland hinunterbegeben. Der Räubervater war ein friedloser Mann und durfte den Wald nicht verlassen. Er mußte sich damit begnügen, den Wegfahrenden aufzulauern, die sich in den Wald wagten; doch zu der Zeit, als der Räubervater und die Räubermutter sich in dem Göinger Wald aufhielten, gab es im nördlichen Schonen nicht allzuviel Reisende. Wenn es sich also begab, daß der Räubervater ein paar Wochen lang kein Glück gehabt hatte, dann machte sich die Räubermutter auf die Wanderschaft. Sie nahm ihre fünf Kinder mit; und jedes der Kleinen hatte zerfetzte Fellkleider und Holzschuhe und trug auf dem Rücken einen Sack, der gerade so lang war wie es selbst. Wenn die Räubermutter zu einer Haustüre hereinkam, wagte niemand, ihr zu verweigern, was sie verlangte, denn sie überlegte manchmal nicht lange, sondern kehrte in der nächsten Nacht zurück und zündete das Haus an, in dem man sie nicht freundlich aufgenommen hatte. Die Räubermutter und ihre Nachkommenschaft waren ärger als die Wolfsbrut, und gar mancher hätte ihnen gern seinen guten Speer nachgeworfen, wenn nicht der Mann dort oben im Walde gewesen wäre und sich zu rächen gewußt hätte, wenn den Kindern oder der Alten etwas zuleide getan worden wäre.

Wie nun die Räubermutter bettelnd von Hof zu Hof zog, kam sie eines schönen Tages nach Öved, das zu jener Zeit ein Kloster war. Sie läutete an der Klosterpforte und verlangte etwas zu essen. Der Türhüter ließ ein kleines Schiebfensterchen herab und reichte ihr sechs runde Brote, eines für sie und eines für jedes Kind.

Während die Räubermutter still vor der Klosterpforte stand, liefen ihre Kinder umher. Dann kam eines von ihnen heran und zupfte die Mutter am Rocke, zum Zeichen, daß es etwas gefunden hätte, was sie sich ansehen sollte. Die Räubermutter ging auch gleich mit.

Das ganze Kloster war von einer hohen, starken Mauer umgeben, aber der kleine Junge hatte ein kleines angelehntes Hintertürchen gefunden. Die Räubermutter stieß sogleich das Pförtchen auf und trat, ohne erst viel zu fragen, ein, wie es eben bei ihr der Brauch war.

Das Kloster Öved wurde zu jener Zeit von Abt Johannes regiert, der ein gar pflanzenkundiger Mann war. Er hatte sich hinter der Klostermauer einen kleinen Lustgarten angelegt, und in diesen drang sie nun ein.

Im ersten Augenblick war sie so erstaunt, daß sie regungslos stehenblieb. Es war Hochsommerzeit, und der Garten des Abtes Johannes stand so voll Blumen, daß es blau und rot und gelb vor den Augen flimmerte, wenn man hinsah. Aber bald zeigte sich ein vergnügtes Lächeln auf dem Gesicht der Räubermutter. Sie begann, einen schmalen Gang zwischen vielen kleinen Blumenbeeten hinunterzugehen.

Im Garten stand ein Laienbruder, der Gärtnergehilfe war, und jätete das Unkraut aus. Er hatte die Tür in der Mauer halb offen gelassen, um Queckengras und Melde auf den Kehrichthaufen vor der Mauer werfen zu können. Als er die Räubermutter mit ihren fünf Bälgern in den Lustgarten treten sah, stürzte er ihnen sogleich entgegen und befahl ihnen, sich zu trollen. Die alte Bettlerin ging weiter, als sei nichts geschehen. Sie ließ die Blicke hinauf und hinab wandern, sah bald die starren weißen Lilien an, die sich auf einem Beet ausbreiteten, und bald den Efeu, der die Klosterwand hoch emporkletterte, und bekümmerte sich nicht im geringsten um den Laienbruder.

Der Laienbruder dachte, sie hätte ihn nicht verstanden, und wollte sie am Arm nehmen, um sie nach dem Ausgang umzudrehen, aber die Räubermutter warf ihm einen Blick zu, vor dem er zurückprallte. Sie war unter ihrem Bettelsack mit gebeugtem Rücken gegangen, aber jetzt richtete sie sich zur vollen Höhe auf.

»Ich bin die Räubermutter aus dem Göinger Wald«, sagte sie. »Rühr mich nur an, wenn du es wagst.« Und es sah aus, als ob sie nach diesen Worten ebenso sicher wäre, in Frieden von dannen ziehen zu können, als hätte sie verkündet, daß sie die Königin von Dänemark sei.

Aber der Laienbruder wagte dennoch, sie zu stören, obgleich er jetzt, wo er wußte, wer sie war, recht sanftmütig zu ihr sprach.

»Du mußt wissen, Räubermutter«, sagte er, »daß dies ein Mönchskloster ist und daß es keiner Frau im Lande verstattet ist, hinter diese Mauer zu treten. Wenn du nun nicht deiner Wege gehst, werden die Mönche mir zürnen, weil ich vergessen habe, das Tor zu schließen; sie werden mich vielleicht von Kloster und Garten verjagen.«

Doch solche Bitten waren an die Räubermutter verschwendet. Sie ging weiter durch die Rosenbeete und sah sich den Ysop an, der mit lilafarbenen Blüten bedeckt war, und das Kaprifolium, das voll rotgelber Blumentrauben hing.

Da wußte sich der Laienbruder keinen anderen Rat, als in das Kloster zu laufen und um Hilfe zu rufen. Er kam mit zwei handfesten Mönchen zurück, und die Räubermutter sah sogleich, daß es nun ernst wurde. Sie stellte sich breitbeinig auf den Weg und begann mit gellender Stimme herauszuschreien, welche furchtbare Rache sie an dem Kloster nehmen würde, wenn sie nicht im Lustgarten bleiben dürfte, so lange sie wollte. Aber die Mönche fürchteten sie nicht und schickten sich an, sie zu vertreiben. Da stieß die Räubermutter schrille Schreie aus, stürzte sich auf die Mönche, kratzte und biß, und alle ihre Sprößlinge machten es ebenso. Den drei Männern blieb nichts anderes übrig, als in das Kloster zu gehen und Verstärkung zu holen.

Als sie über den Pfad liefen, der in das Kloster führte, begegneten sie dem Abt Johannes, der herbeigeeilt war, um zu sehen, wer da im Lustgarten so lärmte. Da mußten sie gestehen, daß die Räubermutter aus dem Göinger Walde in das Kloster eingedrungen war. Abt Johannes tadelte sie, daß sie Gewalt angewendet hatten, und verbot ihnen, um Hilfe zu rufen. Er schickte die beiden Mönche zu ihrer Arbeit zurück, und obgleich er ein alter gebrechlicher Mann war, nahm er nur den Laienbruder mit in den Garten.

Als Abt Johannes dort anlangte, ging die Räubermutter wie zuvor zwischen den Beeten umher. Er konnte sich nicht genug über sie wundern. Er war ganz sicher, daß die Räubermutter nie zuvor in ihrem Leben einen Lustgarten erblickt hatte. Aber wie dem auch sein mochte – sie ging zwischen allen den kleinen Beeten mit den fremden und seltsamen Blumen umher und betrachtete sie, als wären es alte Bekannte. Es sah aus, als hätte sie schon öfters Immergrün und Salbei und Rosmarin gesehen. Einigen Blumen lächelte sie zu, und über andere wieder schüttelte sie den Kopf.

Abt Johannes liebte seinen Garten mehr als alle anderen irdischen und vergänglichen Dinge. So wild und grimmig die Räubermutter auch aussah, so konnte er es doch nicht lassen, Gefallen daran zu finden, daß sie mit drei Mönchen gekämpft hatte, um die Blumen in Ruhe betrachten zu können. Er ging auf sie zu und fragte sie freundlich, ob ihr der Garten gefalle.

Die Räubermutter wendete sich heftig gegen Abt Johannes, denn sie war nur auf Hinterhalt und Überfall gefaßt, aber als sie seine weißen Haare und seinen gebeugten Rükken sah, antwortete sie ganz freundlich: »Als ich ihn erblickte, schien es mir, als ob ich nie etwas Schöneres gesehen hätte, aber jetzt merke ich, daß er sich mit einem anderen Garten nicht messen kann, den ich kenne.«

Abt Johannes hatte sicherlich eine andere Antwort erwartet. Als er hörte, daß die Räubermutter einen Lustgarten kenne, der schöner wäre als der seine, bedeckten sich seine runzeligen Wangen mit einer schwachen Röte.

Der Gärtnergehilfe, der danebenstand, begann auch gleich die Räubermutter zurechtzuweisen.

»Dies ist Abt Johannes, Räubermutter«, sagte er, »der selber mit großem Fleiß und viel Mühe von fern und nah die Blumen für seinen Garten gesammelt hat. Wir wissen alle, daß es im ganzen schonischen Land keinen reicheren Lustgarten gibt, und es steht dir, die du das ganze liebe Jahr im wilden Walde hausest, wahrlich übel an, sein Werk zu tadeln.«

»Ich will niemand tadeln, weder ihn noch dich«, sagte die Räubermutter, »ich sage nur, wenn ihr den Lustgarten sehen könntet, an den ich denke, dann würdet ihr jegliche Blume, die hier steht, ausraufen und sie als Unkraut fortwerfen.«

Aber der Gärtnergehilfe war kaum weniger stolz auf die Blumen als Abt Johannes selbst, und als er diese Worte hörte, begann er höhnisch zu lachen.

»Ich kann mir wohl denken, daß du nur so schwätzest, Räubermutter, um uns zu reizen«, sagte er, »das wird mir ein schöner Garten sein, den du dir unter Tannen und Wacholderbüschen im Göinger Wald eingerichtet hast! Ich wollte meine Seele verschwören, daß du überhaupt noch nie hinter einer Gartenmauer gewesen bist.«

Die Räubermutter wurde rot vor Ärger, daß man ihr mißtraute, und rief: »Es mag wohl sein, daß ich niemals zuvor hinter einer Gartenmauer gestanden habe, aber ihr Mönche, die ihr heilige Männer seid, solltet wohl wissen, daß der große Göinger Wald sich in jeder Weihnachtsnacht in einen Lustgarten verwandelt, um die Geburtsstunde unseres Herrn und Heilandes zu feiern. Wir, die wir im Wald leben, sehen dies jedes Jahr. In diesem Lustgarten habe ich so herrliche Blumen geschaut, daß ich es nicht wagte, die Hand zu erheben, um sie zu brechen.«

Da lachte der Laienbruder noch lauter und stärker: »Es ist gar leicht für dich, dazustehen und mit Dingen zu prahlen, die kein Mensch sehen kann. Ich kann nicht glauben, daß der Wald Christi Geburtsstunde feiert, wenn so unheilige Leute darin wohnen wie du und der Räubervater.«

»Und das, was ich sage, ist doch ebenso wahr«, entgegnete die Räubermutter, »wie daß du es nicht wagen würdest, in einer Weihnachtsnacht in den Wald zu kommen, um es zu sehen.«

Der Laienbruder wollte ihr von neuem antworten, aber Abt Johannes bedeutete ihm durch ein Zeichen, stillzuschweigen. Abt Johannes hatte schon in seiner Kindheit erzählen hören, daß der Wald sich in der Weihnachtszeit in ein Feierkleid hülle. Er hatte sich oft danach gesehnt, es zu sehen, aber es war ihm niemals gelungen. Nun begann er die Räubermutter gar eifrig zu bitten, sie möge ihn um die Weihnachtszeit in die Räuberhöhle kommen lassen. Wenn sie nur eins ihrer Kinder schickte, ihm den Weg zu zeigen, dann wollte er allein hinaufreiten und sie nie und nimmer verraten, sondern sie reich belohnen, wie es nur in seiner Macht stünde.

Die Räubermutter weigerte sich zuerst. Sie dachte an den Räubervater und an die Gefahr, der sie ihn preisgab, wenn sie Abt Johannes in ihre Höhle kommen ließe, aber dann wurde doch der Wunsch in ihr übermächtig, dem Abt zu zeigen, daß der Lustgarten, den sie kannte, schöner war als der seinige, und sie gab nach.

»Aber mehr als einen Begleiter darfst du nicht mitnehmen«, sagte sie. »Und du darfst uns keinen Hinterhalt legen, so gewiß du ein heiliger Mann bist.«

Dies versprach Abt Johannes, und damit ging die Räubermutter.

Abt Johannes befahl dem Laienbruder, niemandem zu verraten, was vereinbart worden war. Er fürchtete, daß die Mönche, wenn sie von seinem Vorhaben etwas erführen, einem alten Mann, wie er es war, nicht gestatten würden, hinauf in die Räuberhöhle zu ziehen. Auch er selbst wollte den Plan keiner Menschenseele verraten. Aber da begab es sich, daß der Erzbischof Absalon aus Lund gereist kam und eine Nacht in Öved verbrachte. Als nun Abt Johannes ihm seinen Garten zeigte, fiel ihm der Besuch der Räubermutter ein; und der Laienbruder, der dort umherging und arbeitete, hörte, wie der Abt dem Bischof von dem Räubervater erzählte, der nun seit vielen Jahren vogelfrei im Walde hauste, und um einen Freibrief für ihn bat, damit er wieder ein ehrliches Leben unter anderen Menschen beginnen könnte.

»Wie es jetzt geht«, sagte Abt Johannes, »wachsen seine Kinder zu ärgeren Missetätern heran, als er selbst einer ist, und wir werden es bald mit einer ganzen Räuberbande zu tun bekommen.«

Doch Erzbischof Absalon erwiderte, daß er den bösen Räuber nicht auf die ehrlichen Leute im Lande loslassen wolle. Es sei für alle am besten, wenn er dort oben in seinem Walde bliebe. Da wurde Abt Johannes eifrig und begann dem Bischof vom Göinger Wald zu erzählen, der sich jedes Jahr rings um die Räuberhöhle weihnachtlich schmücke. »Wenn diese Räuber nicht zu schlimm sind, Gottes Herrlichkeit zu sehen«, sagte er, »so können sie wohl auch nicht zu schlecht sein, um die Gnade der Menschen zu erfahren.«

Aber der Erzbischof wußte dem Abt zu antworten.

»Soviel kann ich dir versprechen, Abt Johannes«, sagte er und lächelte, »an welchem Tage immer du mir eine Blume aus dem Weihnachtsgarten des Göinger Waldes schickst, will ich dir einen Freibrief für alle Friedlosen geben, für die du bitten magst.«

Der Laienbruder sah, daß Bischof Absalon ebensowenig wie er selbst an die Geschichte der Räubermutter glaubte, aber Abt Johannes merkte nichts davon, sondern dankte Absalon für sein gütiges Versprechen und sagte, die Blume wolle er ihm schon schicken.

Abt Johannes setzte seinen Willen durch, und am nächsten Weihnachtsabend saß er nicht daheim in Öved, sondern war auf dem Wege nach Göing. Einer der wilden Jungen der Räubermutter lief vor ihm her. Der Knecht, der im Lustgarten mit der Räubermutter gesprochen hatte, begleitete ihn. Abt Johannes hatte sich den ganzen Herbst schon sehr nach dieser Reise gesehnt und freute sich nun, daß sie zustande gekommen war. Ganz anders stand es mit dem Laienbruder,

der ihm folgte. Er hatte Abt Johannes von Herzen lieb und würde es nicht gern einem anderen überlassen haben, ihn zu begleiten und über ihn zu wachen, aber er glaubte keineswegs, daß sie einen Weihnachtsgarten zu Gesicht bekommen würden. Er dachte, daß die Räubermutter Abt Johannes mit großer Schlauheit hereingelegt hatte, damit er ihrem Mann in die Hände falle.

Während Abt Johannes nordwärts zum Wald ritt, sah er, wie überall Anstalten getroffen wurden, das Weihnachtsfest zu feiern. In jedem Bauernhof machte man Feuer in der Badehütte; aus den Vorratskammern wurden große Mengen von Fleisch und Brot in die Wohnungen getragen, und aus den Tennen kamen die Burschen mit großen Strohgarben, die über den Boden gestreut werden sollten.

Als der Abt an dem kleinen Dorfkirchlein vorüberritt, sah er, wie der Priester und seine Küster damit beschäftigt waren, sie mit den besten Geweben zu schmücken, die sie nur hatten auftreiben können; und als er zu dem Wege kam, der nach dem Kloster Bosjö führte, sah er die Armen mit großen Brotlaiben und langen Kerzen daherwandern, die sie an der Klosterpforte geschenkt bekommen hatten.

Als Abt Johannes alle diese Weihnachtszurüstungen sah, spornte er zur Eile an. Er dachte daran, daß seiner das größte Fest harrte.

Doch der Knecht jammerte und klagte, als er sah, wie sie sich auch in der kleinsten Hütte anschickten, das Weihnachtsfest zu feiern. Er wurde immer ängstlicher und bat und beschwor Abt Johannes, umzukehren und sich nicht freiwillig in die Hände der Räuber zu geben.

Aber Abt Johannes ritt weiter, ohne sich um die Klagen zu kümmern. Er hatte bald das Flachland hinter sich und kam nun hinauf in die einsamen, wilden Wälder. Hier wurde der Weg schlechter. Er war eigentlich nur noch ein steiniger, nadelbestreuter Pfad; nicht Brücke und Steg führten über die Flüsse und Bäche. Je länger sie ritten, desto kälter wurde es, und tief drinnen im Walde war der Boden mit Schnee bedeckt.

Es war ein langer und beschwerlicher Ritt. Sie zogen auf steilen und schlüpfrigen Pfaden über Moor und Sumpf, drangen durch Windbrüche und Dickicht. Gerade als der Tag zur Neige ging, führte der Räuberjunge sie über eine Waldwiese, die von nackten Laubbäumen und grünen Nadelbäumen umgeben war. Hinter der Wiese erhob sich eine Felswand, und in der Felswand war eine Tür aus rohen Planken. Abt Johannes stieg vom Pferde. Das Kind öffnete die schwere Tür, und er sah eine ärmliche Berggrotte mit nackten Steinwänden. Die Räubermutter saß an einem Blockfeuer, das mitten auf dem Boden brannte; an den Wänden waren Lagerstätten aus Tannenreisig und Moos, und auf einer von ihnen lag der Räubervater und schlief.

»Kommt herein, ihr dort draußen!« rief die Räubermutter, ohne aufzusehen. »Und bringt die Pferde mit, damit sie nicht in der Nachtkälte zugrunde gehen!«

Abt Johannes trat nun kühnlich in die Grotte, und der Laienbruder folgte ihm. Da sah es ganz ärmlich und dürftig und gar nicht weihnachtlich aus. Die Räubermutter hatte weder gebraut noch gebacken; sie hatte weder gefegt noch gescheuert. Ihre Kinder lagen auf der Erde rings um einen Kessel, in dem nur dünne Wassergrütze war.

Doch die Räubermutter war ebenso stolz und selbstbewußt wie nur irgendeine wohlbestallte Bauersfrau.

»Setze dich nur hier ans Feuer, Abt Johannes, und wärme dich«, sagte sie, »und wenn du Wegzehrung mitgebracht hast, so iß, denn was wir hier im Walde kochen, wird dir wohl nicht munden. Und wenn du vom Ritt müde bist, kannst du dich auf einer dieser Lagerstätten ausstrecken. Du brauchst keine Angst zu haben, daß du verschlafen könntest. Ich sitze hier am Feuer und wache; ich werde dich schon wecken, damit du zu sehen bekommst, wonach du geritten bist.«

Abt Johannes gehorchte der Räubermutter in allen Stükken und nahm seinen Schnappsack hervor. Aber er war nach dem Ritt so müde, daß er kaum zu essen vermochte; und sowie er sich auf dem Lager ausgestreckt hatte, schlummerte er ein.

Dem Laienbruder ward auch eine Ruhestatt angewiesen, aber er wagte nicht zu schlafen. Er wollte ein wachsames Auge auf den Räubervater haben, damit dieser nicht aufstünde und Abt Johannes fesselte. Allmählich jedoch erlangte die Müdigkeit auch über ihn solche Gewalt, daß er einschlummerte. Als er erwachte, sah er, daß Abt Johannes sein Lager verlassen hatte, am Feuer saß und mit der Räubermutter Zwiegespräch pflog. Der Räubervater saß daneben. Er war ein hochaufgeschossener magerer Mann und sah schwerfällig und trübsinnig aus. Er kehrte Abt Johannes den Rücken, und es sah aus, als wolle er nicht zeigen, daß er dem Gespräch lauschte. Abt Johannes erzählte der Räubermutter von den Weihnachtsvorbereitungen, die er unterwegs gesehen hatte. Er erinnerte sie an die Weihnachtsfeste und die fröhlichen Weihnachtsspiele, die wohl auch sie in ihrer Jugend mitgemacht hatte, als sie noch in Frieden unter den Menschen lebte.

»Es ist ein Jammer, daß eure Kinder nie auf der Dorfstraße umhertollen oder im Weihnachtsstroh spielen dürfen«, sagte Abt Johannes. Die Räubermutter hatte ihm kurz und barsch geantwortet, aber so allmählich wurde sie kleinlauter und lauschte eifrig. Plötzlich wendete sich der Räubervater gegen den Abt Johannes und hielt ihm die geballte Faust vor das Gesicht.

»Du elender Mönch, bist du hierhergekommen, um Weib und Kinder von mir fortzulocken? Weißt du nicht, daß ich ein friedloser Mann bin und diesen Wald nicht verlassen darf?«

Abt Johannes sah ihm unerschrocken und gerade in die Augen.

»Mein Wille ist es, dir einen Freibrief vom Erzbischof zu verschaffen«, sagte er. Kaum hatte er dies gesagt, als der Räubervater und die Räubermutter ein schallendes Gelächter anschlugen. Sie wußten nur zu wohl, welche Gnade ein Waldräuber vom Bischof Absalon zu erwarten hatte.

»Ja, wenn ich einen Freibrief von Absalon bekomme«, sagte der Räubervater, »dann gelobe ich dir, nie mehr auch nur eine Gans zu stehlen.«

Den Gärtnergehilfen verdroß es sehr, daß das Räuberpack sich vermaß, Abt Johannes auszulachen, aber dieser selbst schien es ganz zufrieden zu sein. Der Knecht hatte ihn kaum je friedvoller und milder unter seinen Mönchen auf Öved sitzen sehen, als er ihn jetzt unter den wilden Räuberleuten sah.

Plötzlich sprang die Räubermutter auf.

»Du sitzest hier und plauderst, Abt Johannes«, sagte sie, »und wir vergessen ganz, nach dem Wald zu sehen. Jetzt höre ich bis in unsere Höhle, wie die Weihnachtsglocken läuten.«

Kaum war dies gesagt, als alle aufsprangen und hinausliefen; aber im Wald war noch dunkle Nacht und grimmiger Winter. Das einzige, was man vernahm, war ferner Glockenklang, der von einem leisen Südwind hergetragen wurde.

Wie soll dieser Glockenklang den toten Wald wecken können? dachte Abt Johannes. Denn jetzt, wo er mitten im Waldesdunkel stand, schien es ihm viel unmöglicher als zuvor, daß hier ein Lustgarten erstehen könnte.

Aber als die Glocke ein paar Augenblicke geläutet hatte, zuckte plötzlich ein Lichtstrahl durch den Wald. Gleich darauf wurde es wieder dunkel, aber dann kam das Licht wieder. Es kämpfte sich wie ein leuchtender Nebel durch die dunklen Bäume. Langsam ging die Dunkelheit in schwache Morgendämmerung über.

Da sah Abt Johannes den Schnee vom Boden verschwinden, als hätte jemand einen Teppich fortgezogen; und die Erde begann zu grünen. Das Farnkraut streckte seine Triebe hervor. Die Erika, die auf der Steinhalde wuchs, und der Porst, der im Moor wurzelte, kleideten sich rasch in frisches Grün. Die Mooshügelchen schwollen und hoben sich; und die Frühlingsblumen schossen mit schwellenden Knospen auf und hatten schon einen Schimmer von Farbe.

Abt Johannes klopfte das Herz heftig, als er die ersten Zeichen sah, daß der Wald erwachen wollte. »Soll nun ich alter Mann ein solches Wunder schauen?« dachte er. Und die Tränen wollten ihm in die Augen treten.

Nun wurde es wieder so dämmrig, daß er fürchtete, die nächtliche Finsternis könnte aufs neue Macht erlangen. Aber sogleich flutete eine neue Lichtwelle herein. Die brachte Bachgemurmel und das Rauschen eisbefreiter Bergströme mit. Da schlugen die Blätter der Laubbäume so rasch aus, als hätten sich grüne Schmetterlinge auf den Zweigen niedergelassen. Und nicht nur die Bäume und Pflanzen erwachten. Die Kreuzschnäbel begannen über die Zweige zu hüpfen. Die Spechte hämmerten an die Stämme, daß die Holzsplitter nur so flogen. Ein Zug Stare ließ sich in einem Tannenwipfel nieder, um auszuruhen. Es waren prächtige Stare. Die Spitze jedes kleinen Federchens leuchtete glänzend rot. Wenn die Vögel sich bewegten, glitzerten sie wie Edelsteine. Wieder wurde es für ein Weilchen still, aber bald begann es von neuem. Ein starker, warmer Südwind blies und säte über die Waldwiese Samen aus südlichen Ländern, die von Vögeln und Schiffen und Winden in das Land gebracht worden waren. Sie schlugen Wurzeln und schossen Triebe in dem Augenblick, da sie den Boden berührten.

Als die nächste Welle kam, fingen Blaubeeren und Preiselbeeren zu blühen an. Wildgänse und Kraniche riefen hoch oben in der Luft; die Buchfinken bauten ihr Nest; Eichhörnchen spielten in den Baumzweigen.

Alles ging nun so rasch, daß Abt Johannes gar nicht mehr überlegen konnte; er konnte nur Augen und Ohren weit aufmachen. Die nächste Welle, die herangebraust kam, brachte den Duft frisch gepflügter Felder. Aus weiter Ferne hörte man Hirtinnen die Kühe locken und die Glöckchen der Lämmer klingeln. Tannen und Fichten bekleideten sich so dicht mit kleinen roten Zapfen, daß die Bäume wie Seide leuchteten. Der Wacholder trug Beeren, die jeden Augenblick die Farbe wechselten. Und die Waldblumen bedeckten den Boden, daß er ganz weiß und blau und gelb war. Abt Johannes beugte sich zur Erde und brach eine Erdbeerblüte. Und während er sich aufrichtete, reifte die Beere. Die Füchsin kam mit einer großen Schar schwarzbeiniger Jungen aus ihrer Höhle. Sie ging auf die Räubermutter zu und rieb sich an ihrem Rock. Die Räubermutter beugte sich zu ihr hinunter und lobte ihre Jungen. Der Uhu, der eben seine nächtliche Jagd begonnen hatte, kehrte ganz erstaunt über das Licht wieder nach Hause zurück, suchte seine Schlucht auf und legte sich schlafen. Der Kuckuck rief; und das Kuckucksweibchen umkreiste mit einem Ei im Schnabel die Nester der Singvögel.

Die Kinder der Räubermutter stießen zwitschernde Freudenschreie aus. Sie aßen sich an den Waldbeeren satt, die groß wie Tannenzapfen an den Sträuchern hingen. Eines spielte mit einer Schar junger Hasen, ein anderes lief mit den jungen Krähen um die Wette, die aus dem Nest gehüpft waren, das dritte hob die Natter vom Boden und wickelte sie sich um den Hals und Arm. Der Räubervater stand draußen auf dem Moor und aß Brombeeren. Als er aufsah, stand ein großes schwarzes Tier neben ihm. Da brach der Räubervater einen Weidenzweig und schlug dem Bären auf die Schnauze.

»Bleib du, wo du hingehörst«, sagte er. »Das ist mein Platz.« Da machte der Bär kehrt und trabte davon.

Immer wieder kamen neue Wellen von Wärme und Licht. Entengeschnatter klang vom Waldmoor herüber. Gelber Blütenstaub von den Feldern schwebte in der Luft. Schmetterlinge kamen, so groß, daß sie wie fliegende Lilien aussahen. Das Nest der Bienen in einer hohlen Eiche war schon so voll Honig, daß er am Stamm heruntertropfte. Jetzt begannen auch die Blumen sich zu entfalten, deren Samen aus fremden Ländern gekommen waren. Die Rosenbüsche kletterten um die Wette mit den Brombeeren die Felswand hinan, und oben auf der Waldwiese sprossen Blumen, so groß wie ein Menschengesicht. Abt Johannes dachte an die Blume, die er für Bischof Absalon pflücken wollte, aber eine Blume wuchs herrlicher heran als die andere, und er wollte die allerschönste wählen.

Welle um Welle kam, und jetzt war die Luft so von Licht durchtränkt, daß sie glitzerte. Und alle Lust und aller Glanz und alles Glück des Sommers lächelten rings um Abt Johannes. Es war ihm, als könnte die Erde keine größere Freude bringen. Aber das Licht strömte noch immer, und Abt Johannes fühlte, daß überirdische Luft ihn umwehte. Zitternd erwartete er des Himmels Herrlichkeit. Abt Johannes merkte, daß alles still wurde: die Vögel verstummten, die jungen Füchslein spielten nicht mehr, und die Blumen hörten auf zu wachsen. Eine Seligkeit nahte, die das Herz stillstehen ließ; das Auge weinte, ohne daß es darum wußte, die Seele sehnte sich, in die Ewigkeit hinüberzufliegen. Aus weiter, weiter Ferne hörte man leise Harfentöne und überirdischen Gesang. Abt Johannes faltete die Hände und sank in die Knie. Sein Gesicht strahlte von Seligkeit. Nie hatte er erwartet, daß es ihm beschieden sein würde, schon in diesem Leben des Himmels Wonne zu kosten und die Engel Weihnachtslieder singen zu hören.

Aber neben Abt Johannes stand der Gärtnergehilfe, der ihn begleitet hatte. Er sah den Räuberwald voll Grün und Blumen, und er wurde zornig in seinem Herzen, weil er erkannte, daß er einen solchen Lustgarten nie und nimmer schaffen konnte, so sehr er sich auch mit Hacke und Spaten mühen mochte. Er vermochte nicht zu begreifen, warum Gott solche Herrlichkeit an das Räubergesindel verschwendete, das seine Gebote mißachtete.

Finstere Gedanken zogen durch seinen Kopf. Das kann kein rechtes Wunder sein, dachte er, das sich bösen Missetätern zeigt. Das kann nicht von Gott stammen; das ist aus Zauberei entsprungen. Die Macht des bösen Feindes hat uns verhext und zwingt uns, das zu sehen, was nicht vorhanden ist.

In der Ferne hörte man Engelharfen klingen und Engelgesang ertönen, aber der Laienbruder glaubte, daß es die böse Macht des Teufels sei.

»Sie wollen uns locken und verführen«, seufzte er, »nie kommen wir mit heiler Haut davon; wir werden betört und der Hölle verkauft.«

Jetzt waren die Engelscharen so nahe, daß Abt Johannes ihre Lichtgestalten zwischen den Stämmen des Waldes schimmern sah. Und der Laienbruder sah dasselbe wie er, aber er hielt es für Arglist der bösen Geister und war empört, daß sie ihre Künste gerade in der Nacht trieben, in welcher der Heiland geboren war. Dies geschah ja nur, um die Christen um so sicherer ins Verderben zu stürzen.

Vögel umschwärmten das Haupt des Abtes, und er nahm sie in seine Hände. Aber vor dem Laienbruder fürchteten sich die Tiere; kein Vogel setzte sich auf seine Schulter, und auch keine Schlange spielte zu seinen Füßen. Nun war da eine kleine Waldtaube. Als sie merkte, daß die Engel nahe waren, nahm sie ihren ganzen Mut zusammen und flog dem Laienbruder auf die Schulter und schmiegte das Köpfchen an seine Wange. Da vermeinte er, daß ihm der Zauber endgültig auf den Leib rücke. Er wollte sich aber nicht in Versuchung führen und verderben lassen; er schlug mit der Hand nach der Waldtaube und rief mit lauter Stimme, daß es durch den Wald hallte:

»Zeuch zur Hölle, von wannen du kommen bist!« In diesem Augenblick waren die Engel so nahe, daß Abt Johannes den Hauch ihrer mächtigen Fittiche fühlte. Er hatte sich zur Erde geneigt, sie zu grüßen, aber als die Worte des Laienbruders ertönten, verstummte urplötzlich der Gesang, und die heiligen Gäste wandten sich zur Flucht. Ebenso flohen das Licht und die milde Wärme vor Schreck über die Kälte und Finsternis in einem Menschenherzen. Die Dunkelheit sank wieder auf die Erde herab; die Kälte kam, die Pflanzen verwelkten; die Tiere enteilten; das Rauschen der Wasserfälle verstummte; das Laub fiel von den Bäumen.

Abt Johannes fühlte, wie sein Herz, das eben vor Seligkeit gezittert hatte, sich jetzt in unsäglichem Schmerz zusammenkrampfte. Niemals kann ich dies überleben, dachte er, daß die Engel des Himmels mir so nahe waren und vertrieben wurden, daß sie mir Weihnachtslieder singen wollten und in die Flucht gejagt wurden.

In demselben Augenblick erinnerte er sich an die Blume, die er Bischof Absalon versprochen hatte, und er beugte sich zur Erde und tastete unter dem Moos und Laub, um noch etwas zu finden. Aber er fühlte, wie die Erde unter seinen Fingern gefror. Da ward sein Herzeleid noch größer. Er konnte sich nicht erheben, sondern mußte auf dem Boden liegenbleiben.

Als die Räuberleute und der Laienbruder sich in der tiefen Dunkelheit zur Räuberhöhle zurückgetappt hatten, da vermißten sie Abt Johannes. Sie nahmen glühende Scheite aus dem Feuer und zogen aus, ihn zu suchen; und sie fanden ihn tot auf der Schneedecke liegen.

Und der Laienbruder hub an, zu weinen und zu klagen, denn er erkannte, daß er es war, der Abt Johannes getötet hatte, weil er ihm den Freudenbecher entrissen, nach dem er gelechzt hatte.

Als Abt Johannes nach Öved hinuntergebracht worden war, sahen die Totenpfleger, daß er seine rechte Hand hart um etwas geschlossen hielt. Er mußte es in seiner Todesstunde umklammert haben. Und als sie die Hand endlich öffnen konnten, fanden sie ein paar weiße Wurzelknollen. Als der Laienbruder, der Abt Johannes geleitet hatte, diese Wurzeln sah, nahm er sie und pflanzte sie in des Abtes Garten in die Erde.

Er pflegte sie und wartete das ganze Jahr, daß eine Blume daraus erblühe, doch er wartete vergebens den ganzen Frühling und Sommer und Herbst. Als endlich der Winter anbrach und alle Blätter und Blumen tot waren, hörte er auf zu warten. Als aber der Weihnachtsabend kam, wurde die Erinnerung an Abt Johannes so mächtig, daß er in den Lustgarten hinausging, seiner zu gedenken. Und siehe, als er an die Stelle kam, wo er die Wurzelknollen eingepflanzt hatte, da sah er üppige grüne Stengel, die schöne Blumen mit silberweißen Blüten trugen. Da rief er alle Mönche von Öved zusammen; und als sie sahen, daß diese Pflanze am

Weihnachtsabend blühte, wo alle anderen Blumen tot waren, wußten sie, daß es wirklich die Pflanze war, die Abt Johannes im Weihnachtslustgarten des Göinger Waldes gepflückt hatte.

Der Laienbruder bat die Mönche, da ein so großes Wunder geschehen sei, einige von den Blumen dem Bischof Absalon zu schicken. Als der Laienbruder vor Bischof Absalon hintrat, reichte er ihm die Blumen und sagte: »Dies schickt dir Abt Johannes. Es sind die Blumen, die er dir aus dem Weihnachtslustgarten im Göinger Walde zu pflücken versprochen hat.«

Als Bischof Absalon die Blumen sah, die in dunkler Winternacht der Erde entsprossen waren, und als er die Worte hörte, wurde er so bleich, als wäre er einem Toten begegnet. Eine Weile saß er schweigend da, dann sagte er: »Abt Johannes hat sein Wort gehalten; so will auch ich das meine halten.« Und er ließ einen Freibrief für den wilden Räuber ausstellen, der von Jugend an friedlos im Walde gelebt hatte.

Er übergab dem Laienbruder den Brief, und dieser zog damit von dannen, hinauf in den Wald und zur Räuberhöhle. Er trat am Weihnachtstage dort ein, doch der Räuber eilte ihm mit erhobener Axt entgegen.

»Ich will euch Mönche niederschlagen, so viel euer auch sind!« rief er. »Sicherlich hat sich um euretwillen der Göinger Wald nicht in sein Weihnachtskleid gehüllt.«

»Es ist einzig und allein meine Schuld«, sagte der Laienbruder, »und ich will gerne dafür sterben. Aber zuerst muß ich dir eine Botschaft von Abt Johannes bringen.« Und er zog den Brief des Bischofs heraus und verkündete dem Räuber, daß er nicht mehr vogelfrei sei, und zeigte ihm das Siegel Absalons, das an dem Pergamente hing.

»Fortab sollst du mit deinen Kindern im Weihnachtsstroh spielen, und das Christfest unter den Menschen feiern, wie es der Wunsch Abt Johannes' war«, sagte er. Da blieb der Räubervater stumm und bleich stehen, aber die Räubermutter sagte in seinem Namen: »Abt Johannes hat sein Wort getreulich gehalten, so wird auch der Räubervater das seine halten.«

Doch als der Räubervater und die Räubermutter aus der Räuberhöhle fortzogen, da zog der Laienbruder ein und hauste einsam im Walde und verbrachte seine Zeit in unablässigem Gebet, damit ihm seine Hartherzigkeit verziehen werde.

Und niemand darf ein strenges Wort über einen sagen, der bereut und sich bekehrt hat, wohl aber kann man wünschen, daß die bösen Worte des Laienbruders ungesagt geblieben wären, denn nie mehr hat der Göinger Wald die Geburtsstunde des Heilands gefeiert, und von seiner Herrlichkeit lebt nur noch die Pflanze, die Abt Johannes dereinst gepflückt hat.

Man hat sie Christrose genannt; und jedes Jahr läßt sie ihre weißen Blüten und ihre grünen Stengel um die Weihnachtszeit aus dem Erdreich sprießen, als könnte sie nie und nimmer vergessen, daß sie einmal in dem großen Weihnachtslustgarten gestanden hat.

Die Legende des Luziatags

Vor vielen hundert Jahren lebte im südlichen Teil von
Värmland eine reiche geizige alte Frau, die Frau Rangela
geheißen wurde. Sie hatte eine Burg – oder vielleicht sollte
man richtiger sagen, einen befestigten Hof – an der schmalen Mündung einer Bucht, die der Vänersee tief ins Land
schnitt, und über diese Mündung hatte sie eine Brücke ge-
baut, die so aufgezogen werden konnte wie die Zugbrücke
über einen Burggraben. Hier an der Brücke hielt Frau Rangela eine starke Wache von Knechten, und vor den Wegfahrenden, die sich bequemten, das Brückengeld zu entrichten,
das sie verlangte, ließ die Wache sogleich die Brücke herab,
aber für die anderen, die sich ihrer Armut wegen oder aus
irgendeinem anderen Grund weigerten zu bezahlen, blieb
sie hochgezogen, und da es keine Fähre gab, blieb diesen
nichts anderes übrig, als einen Umweg von mehreren Mei-
len zu machen, um die Bucht zu umgehen.

Frau Rangelas Beginnen, auf diese Weise Steuern von den
Wegfahrenden einzuheben, erregte viel Unmut, und ver-
mutlich hätten die trotzigen Bauern, die sie zu Nachbarn
hatte, sie schon längst gezwungen, ihnen freien Durchlaß
zu gewähren, hätte sie nicht einen mächtigen Freund und
Beschützer in Herrn Eskil auf Börtsholm gehabt, dessen
Ländereien an Frau Rangelas Grund und Boden grenzten.
Dieser Herr Eskil, der eine wirkliche Burg mit Mauern und
Türmen bewohnte, der so reich war, daß sein gesamter
Grundbesitz einen ganzen Sprengel ausmachte, der, von
sechzig gewappneten Dienern gefolgt, durchs Land ritt,
und obendrein ein wohlgelittener Ratgeber des Königs war,
der war nicht nur ein guter Freund Frau Rangelas, sondern
es war ihr auch gelungen, ihn zu ihrem Eidam zu machen,
und unter solchen Umständen war es nur natürlich, daß

niemand es wagte, die geizige Frau in ihrem Tun und Lassen zu stören.

Jahr für Jahr setzte Frau Rangela unangefochten ihr Treiben fort, als ein Ereignis eintrat, das ihr recht große Unruhe bereitete. Ihre arme Tochter starb ganz unvermutet, und Frau Rangela sagte sich, daß ein Mann wie Herr Eskil mit acht minderjährigen Kindern und einem Hofstaat, der dem eines Königs zu vergleichen war, wohl bald eine neue Ehe eingehen würde, besonders da er noch nicht so alt war. Aber wenn die neue Frau etwa Frau Rangela feindselig gesinnt war, konnte dies ihr sehr schädlich werden. Es war für sie fast noch notwendiger, mit der Frau auf Börtsholm auf gutem Fuße zu stehen als mit ihrem Mann. Denn Herr Eskil, der viele große Dinge zu vollbringen hatte, befand sich stets auf Reisen, und unterdessen oblag es seiner Gattin, im Haus und in der Umgegend zu schalten und zu walten.

Frau Rangela erwog die Sache reiflich, und als das Begräbnis vorüber war, ritt sie eines Tages nach Börtsholm hinüber und suchte Herrn Eskil in seinem Gemach auf. Da leitete sie das Gespräch damit ein, daß sie ihn an seine acht Kinder erinnerte und an die Pflege, deren sie bedurften, an seine zahllose Dienerschar, die beaufsichtigt, verköstigt und gekleidet werden mußte, an seine großen Gastmähler, zu denen er nicht zögerte, Könige und Königssöhne einzuladen, an den großen Ertrag seiner Herden, seiner Äcker, seiner Jagdreviere, seiner Bienenkörbe, seiner Hopfenpflanzungen, seiner Fischereien, der im Haupthause verwertet und bearbeitet werden mußte, kurzum an alles, was seine Frau zu verwalten gehabt hatte, und rief auf diese Weise ein recht beängstigendes Bild der großen Schwierigkeiten hervor, denen er nach ihrem Hinscheiden entgegenging.

Herr Eskil hörte mit der Ehrerbietung zu, die man einer Schwiegermutter schuldig ist, aber auch mit einem gewissen Bangen. Er fürchtete, all dies hätte zu bedeuten, daß Frau Rangela sich erbötig machen wollte, seine Hausvorsteherin auf Börtsholm zu werden, und er mußte sich sagen, daß diese alte Frau mit ihrem Doppelkinn und ihrer Hakennase, ihrer groben Stimme und ihrem bäurischen Gehaben keine erfreuliche Gesellschaft in seinem Hause sein würde.

»Lieber Herr Eskil«, fuhr Frau Rangela fort, die sich möglicherweise der Wirkung ihrer Rede nicht unbewußt war. »Ich weiß, daß sich Euch nun Gelegenheit zu den allervorteilhaftesten Heiraten bietet, aber ich weiß auch, daß Ihr reich genug seid, mehr auf das Wohl Eurer Kinder zu sehen als auf Brautschatz und Erbe, und darum möchte ich Euch vorschlagen, eine der jungen Basen meiner Tochter zu ihrer Nachfolgerin zu wählen.«

Herrn Eskils Antlitz erhellte sich sichtlich, als er hörte, daß es eine junge Anverwandte war, die seine Schwiegermutter befürwortete, und diese fuhr mit gesteigerter Zuversicht fort, ihn zu überreden, sich mit ihres Bruders Sten Folkessons Tochter Luzia zu vermählen, die diesen Winter, am Luziatag, ihr achtzehntes Jahr vollendete. Sie war bisher bei den frommen Frauen im Kloster Riseberga erzogen und daselbst nicht nur zu guten Sitten und strenger Gottesfurcht angehalten worden, sondern sie hatte auch in dem großen Klosterhaushalt gelernt, einem herrschaftlichen Hause vorzustehen. »Wenn ihr nicht Jugend und Armut hinderlich sind«, sagte Frau Rangela, »solltet Ihr sie wählen. Ich weiß, daß meine dahingegangene Tochter ihr leichten Herzens die Pflege ihrer Kinder anvertraut hätte. Sie braucht nicht aus dem Grab zu ihren Kleinen zurückzukehren wie Frau Dyrit auf Oerehus, wenn Ihr ihnen ihre Base zur Stiefmutter gebt.«

Herr Eskil, der niemals Zeit hatte, an seine eigenen Angelegenheiten zu denken, empfand große Dankbarkeit gegen Frau Rangela, die ihm eine so passende Heirat vorschlug. Er erbat sich freilich ein paar Wochen Bedenkzeit, aber schon am zweiten Tag gab er Frau Rangela Vollmacht, für ihn zu unterhandeln. Und sobald es in Hinsicht der Ausrüstung, der Hochzeitsvorbereitungen und des Anstands tunlich war, wurde die Hochzeit gefeiert, so daß die junge Frau ihren

Einzug in Börtsholm zeitig im Vorfrühling hielt, einige Monate, nachdem sie ihr achtzehntes Lebensjahr vollendet hatte.

Wenn Frau Rangela bedachte, welche Dankbarkeit diese ihre Bruderstochter ihr schuldig war, weil sie sie zur Frau auf einer so reichen und stattlichen Burg gemacht, kann man wohl sagen, daß sie größere Zuversicht empfand, als da noch ihre eigene Tochter dort regierte. In ihrer Freude erhöhte sie die Abgaben an der Brücke noch um einiges und verbot es den Nachbarn streng, den Wanderern im Boot über den Sund zu helfen, damit nur ja niemand sich der Steuer entzog.

Da geschah es nun an einem schönen Frühlingstag, als Frau Luzia einige Monate auf Börtsholm gewohnt hatte, daß ein Zug kranker Pilger, die auf dem Weg zur heiligen Dreifaltigkeitsquelle im Dorfe Sätra in Västmanland waren, über die Brücke gelassen zu werden verlangten. Diese Menschen, die ausgezogen waren, um ihre Gesundheit wiederzugewinnen, waren es gewohnt, daß die am Weg Wohnenden ihre Wanderung in jeder Weise erleichterten, und es widerfuhr ihnen weit öfter, daß sie Geld erhielten, als daß sie solches auszugeben brauchten.

Frau Rangelas Brückenwächter hatten jedoch strengen Befehl, keinerlei Nachsicht zu zeigen, am allerwenigsten gegen diese Art von Wanderern, die sie im Verdacht hatte, nicht so krank zu sein, als sie sich stellten, und aus reiner Faulheit im Land herumzuziehen.

Als den Kranken nun die freie Überfahrt verweigert wurde, erhob sich unter ihnen ein Jammern sondergleichen. Die Lahmen und Verkrüppelten wiesen auf ihre verkrümmten Glieder und fragten, wie jemand so hartherzig sein könne, ihre Wanderschaft um einen ganzen Tagesmarsch zu verlängern, die Blinden fielen auf dem Weg auf die Knie und suchten sich zu den Brückenwächtern hinzutasten, um ihnen die Hände zu küssen, während einige der Verwandten und Freunde der Kranken, die ihnen unterwegs beistanden, ihre Taschen und Beutel vor den Augen der Wächter umkehrten, um zu zeigen, daß sie wirklich leer waren.

Aber die Knechte standen ganz ungerührt da, und die Verzweiflung der Armen kannte keine Grenzen, als zu ihrem Glück die Schloßfrau von Börtsholm in Gesellschaft ihrer Stiefkinder über die Bucht gerudert kam. Als sie den Lärm hörte, eilte sie herbei, und sowie sie erfahren hatte, um was es sich handelte, rief sie: »Nichts leichter, als dieser Sache abzuhelfen. Die Kinder gehen hier ein wenig ans Land und besuchen ihre Großmutter, Frau Rangela, und mittlerweile werde ich diese bresthaften Wanderer in meinem Boot über den Sund bringen.«

Die Wächter sowohl wie die Kinder, die wußten, daß mit Frau Rangela nicht zu spaßen war, wenn es sich um ihr teures Brückengeld handelte, suchten die junge Frau durch Mienen und Zeichen zu warnen, aber sie merkte nichts und wollte vielleicht nichts merken. Denn diese junge Frau war in allem das Gegenteil ihrer Muhme, Frau Rangela. Schon seit ihrer frühesten Kindheit hatte sie die heiligkeitsgekrönte sizilianische Jungfrau Luzia, die ihre Schutzpatronin war, geliebt und verehrt, und sie getreulich in ihrem Herzen getragen als ihr Vorbild. Dafür hatte die Heilige ihr ganzes Wesen mit Licht und Wärme durchdrungen; dies zeigte sich schon in ihrem Äußeren, das von schimmernder Durchsichtigkeit und Feinheit war, so daß man beinahe Angst hatte, daran zu rühren.

Unter vielen freundlichen Worten führte sie nun die Kranken über den Sund, und als der Letzte der Schar an dem ersehnten Ufer gelandet war, verließ sie sie, so überschüttet von Segenswünschen, daß, wenn derlei Gut so schwerwiegend wäre, als es wertvoll ist, ihr Nachen auf den Grund gegangen wäre, ehe sie ihn noch über den Sund führen konnte.

Segnungen und gute Wünsche taten ihr auch sehr not, denn von Stund an begann ihre Muhme, Frau Rangela, zu befürchten, daß sie von ihrer Bruderstochter keine Unterstützung erwarten konnte, und sie bereute bitterlich, daß sie sie zu Herrn Eskils Gemahl gemacht. Sie, die mit solcher Leichtigkeit die arme Jungfrau erhöht hatte, faßte den Entschluß, sie, ehe sie noch weiteren Schaden stiften konnte, aus ihrer hohen Stellung herabzureißen und sie in ihre frühere Unbemerktheit zurückzuversetzen.

Um ihrer Bruderstochter leichter etwas anhaben zu können, verbarg sie jedoch bis auf weiteres ihre bösen Absichten und besuchte sie recht oft in Börtsholm. Da tat sie ihr Bestes, solchen Unfrieden zwischen den Hausgenossen und der jungen Schloßfrau zu stiften, daß diese ihres Amtes vielleicht müde wurde. Aber zu ihrer großen Verwunderung mißlang ihr dies vollständig. Dies mochte zum Teil daher kommen, daß Frau Luzia es ungeachtet ihrer Jugend verstand, ihr Haus in trefflicher Ordnung zu halten, aber der eigentliche Grund war wohl der, daß Kinder wie Diener zu merken glaubten, daß die neue Hausfrau unter einer mächtigen himmlischen Schutzmacht stand, die ihre Widersacher strafte und all jenen, die ihr willig und gut dienten, unerwartete Vorteile verschaffte.

Frau Rangela merkte bald, daß sie hier nichts erreichen konnte, aber sie wollte die Hoffnung nicht aufgeben, bevor sie nicht auch einen Versuch mit Herrn Eskil gemacht hatte. Der weilte jedoch diesen Sommer meistens am Königshof, von langen schwierigen Unterhandlungen festgehalten. Kam er einmal für ein paar Tage heim, so widmete er seine Zeit hauptsächlich den Vögten und Jägern. Den weiblichen Bewohnern von Börtsholm schenkte er nur zerstreute Aufmerksamkeit, und auch wenn Frau Rangela auf Besuch kam, hielt er sich fern, so daß es ihr niemals gelang, ihn unter vier Augen zu sprechen.

An einem schönen Sommertag, als Herr Eskil sich auf Börtsholm befand und gerade in seiner Stube im Gespräch mit seinem Stallvogt saß, widerhallte die Burg von so überlauten Schreien, daß er sein Gespräch mit dem Vogt unterbrach und hinauseilte, um zu sehen, was es gäbe.

Da fand er, daß seine Schwiegermutter, Frau Rangela, vor dem Burgtor zu Pferde saß und ärger kreischte als eine Horneule.

»Ach, Eure armen Kinder, Herr Eskil!« rief sie. »Sie sind

in Seenot geraten. Sie kamen heute morgen an mein Ufer gerudert, aber auf dem Heimweg muß sich ihr Boot mit Wasser gefüllt haben. Ich sah von daheim, wie schlimm es ihnen erging, und bin schnurstracks hergeritten, um zu warnen. Ich sage auch, wenn schon Eure Frau meine eigene Bruderstochter ist, es war schlecht von ihr, die Kinder allein in einem so morschen Boot fortzulassen. Das sieht in Wahrheit nach einem Stiefmutterstreich aus.

Herr Eskil verschaffte sich mit einigen Fragen Kenntnis, in welcher Richtung sich die Kinder befanden, und eilte dann, vom Vogt gefolgt, zur Bootsstelle hinunter. Aber sie waren noch nicht weit gekommen, als sie Frau Luzia mit der ganzen Kinderschar den steilen Pfad heraufkommen sahen, der vom See nach Börtsholm führte.

Die junge Burgfrau hatte die Kinder diesmal nicht auf ihrer Fahrt begleitet, sondern war daheim ihren Verrichtungen nachgegangen. Aber es war so, als hätte sie eine Warnung der mächtigen himmlischen Helferin erhalten, die über sie wachte, denn ganz plötzlich hatte sie die Burg verlassen, um nach ihnen zu suchen. Da hatte sie gesehen, wie sie durch Winken und Schreien Hilfe vom Ufer herbeizurufen suchten, sie war in ihrem eigenen Boot zu ihnen hinausgeeilt, und es war ihr im letzten Augenblick gelungen, sie aus dem sinkenden Fahrzeug in das ihre hinüberzuretten.

Als nun Frau Luzia und ihre Stiefkinder den Strandweg hinaufwanderten, war sie so darein vertieft, die Kinder auszufragen, wie sie in eine so arge Lage geraten waren, und diese so eifrig zu erzählen, daß sie gar nicht sahen, daß Herr Eskil ihnen entgegenkam. Aber er, der durch Frau Rangelas Worte von einem Stiefmutterstreich etwas nachdenklich geworden war, gab rasch seinem Vogt einen Wink und stellte sich mit ihm hinter einen der Heckenrosensträucher, die, groß und üppig, fast den ganzen Strandhügel bedeckten, auf dem Börtsholm gelegen war.

Da hörte Herr Eskil, wie die Kinder Frau Luzia auseinandersetzten, daß sie in einem guten Boote von daheim fortgefahren seien, aber indes sie bei Frau Rangela zu Gast waren, war ihr Fahrzeug mit einem alten schlechten vertauscht worden. Sie hatten den Tausch erst bemerkt, als sie schon weit draußen auf dem See waren und das Wasser bereits von allen Seiten hereinzuströmen begann, und sicherlich wären sie umgekommen, wenn ihre liebe Frau Mutter ihnen nicht so schnell zu Hilfe gekommen wäre.

Es sah aus, als dämmerte Frau Luzia eine Ahnung auf, wie es sich in Wahrheit mit dieser Vertauschung der Boote verhielt, denn sie blieb totenbleich mitten auf dem Abhang stehen, mit tränenden Augen, die Hände ans Herz gedrückt. Die Kinder drängten sich um sie, um sie zu trösten. Sie sagten ihr, daß sie ja der Gefahr heil entronnen waren, aber sie blieb kraftlos und regungslos.

Da legten die zwei ältesten der Stiefkinder, ein paar kräftige junge Knaben von vierzehn und fünfzehn Jahren, ihre Hände zu einer kleinen Bahre zusammen und trugen sie so die Anhöhe hinauf, während die jüngeren lachend und in die Hände klatschend nachfolgten.

Während die kleine Schar so zwischen blühenden Rosen im Triumph nach Börtsholm hinanzog, stand Herr Eskil recht versonnen da und blickte Weib und Kindern nach. Die junge Frau war ihm sehr hold und seltsam strahlend erschienen, als sie an ihm vorbeigetragen ward, und vielleicht wünschte er, daß Alter und Würde ihm gestattet hätten, sie in seine Arme zu nehmen und sie in seine Burg zu tragen.

Vielleicht auch, daß Herr Eskil in diesem Augenblick bedachte, wie wenig Glück und wieviel Mühsal er im Dienst der hohen Herrschaften hatte, während vielleicht Friede und Freude seiner hier am eigenen Herd harrte. Diesen Tag schloß er sich wenigstens nicht in seine Kammer ein, sondern verbrachte die Zeit damit, mit seiner Gemahlin zu plaudern und den Spielen der Kinder zuzusehen.

Frau Rangela hingegen sah all dies mit großem Mißbehagen und beeilte sich, Börtsholm so rasch zu verlassen, als es anstandshalber ging. Aber da niemand sie ernsthaft zu bezichtigen wagte, das Leben ihrer Enkelkinder aufs Spiel gesetzt zu haben, um Frau Luzia die Ungnade ihres Herrn und Gebieters zuzuziehen, so wurde der freundschaftliche Umgang nicht abgebrochen, und sie konnte sich wie bisher bemühen, die junge Burgfrau ihrer hohen Stellung zu berauben.

Lange genug sah es doch aus, als sollten alle Versuche der alten Frau mißlingen, denn Frau Luzias gutes Herz und ihr unantastbares Betragen machte sie im Verein mit der Hilfe ihrer himmlischen Schutzpatronin unverwundbar für alle Angriffe. Aber gegen Herbst ließ sich zu Frau Rangelas großer Freude ihre Bruderstochter auf ein Vorhaben ein, das Herr Eskil kaum umhin konnte zu mißbilligen.

Dieses Jahr war die Ernte auf Börtsholm so reichlich ausgefallen, daß sie die des vorigen Jahres, ja aller vorangegangenen Jahre, solange man zurückdenken konnte, bei weitem übertraf. Ebenso hatten sich Jagd und Fischerei mehr als doppelt so einträglich erwiesen als gewöhnlich. Die Bienenkörbe quollen von Honig und Wachs über, und die Hopfengärten strotzten von Hopfen. Die Kühe schenkten Milch im Überfluß, die Wolle der Schafe wurde lang wie Gras, und die Schweine fraßen sich so fett, daß sie sich kaum rühren konnten. Alle, die auf der Burg wohnten, merkten diesen reichen Segen, und sie zögerten nicht, zu sagen, daß er um Frau Luzias willen auf den Hof einströmte.

Aber während man nun auf Börtsholm eifrig damit beschäftigt war, alle Erträgnisse des Jahres zu bergen und zu verwerten, zeigte sich da eine große Menge notleidender Menschen, die alle vom östlichen oder nordöstlichen Ufer des großen Vänersees kamen. Sie schilderten mit vielen Tränen und kläglichen Gebärden, wie die ganze Gegend, aus der sie kamen, von einem Feindesheer heimgesucht war, das sengend, plündernd und mordend dahinzog. Die Kriegsknechte hatten solche Niedertracht an den Tag gelegt, daß sie sogar das Korn in Brand gesteckt, das noch ungeerntet auf dem Acker stand, und alle Viehherden mit sich fortgetrieben hatten. Die Menschen, die mit dem Leben davongekommen waren, gingen dem Winter ohne ein Dach über dem Kopfe und ohne Lebensmittel entgegen. Einige waren auf den Bettel ausgezogen, andre hielten sich in den Wäldern verborgen, andre wieder wanderten auf den Brandstätten herum, unfähig, irgendeine Arbeit vorzunehmen, nur über alles wehklagend, was sie verloren hatten.

Als Frau Luzia diese Erzählungen hörte, quälte sie der Anblick all der Lebensmittel, die sich nun in Börtsholm anhäuften. Schließlich wurde der Gedanke an die hungernden Menschen auf der andern Seite des Sees in ihr so übermächtig, daß sie kaum einen Bissen Speise an die Lippen führen konnte.

Immerzu dachte sie an Erzählungen, die sie im Kloster gehört, von heiligen Männern und Frauen, die sich bis auf den bloßen Körper ausgeplündert hatten, um den Armen und Elenden zu helfen. Und vor allem erinnerte sie sich, wie ihre eigene Schutzpatronin, die heilige Luzia von Syrakus, in der Barmherzigkeit gegen einen heidnischen Jüngling, der sie um ihrer schönen Augen willen liebte, so weit gegangen war, daß sie ihre Augen aus den Höhlen gerissen und sie ihm blutig und erloschen geschenkt hatte, um ihn dadurch von seiner Liebe zu ihr zu heilen, die eine christliche Jungfrau war und ihm nicht angehören konnte. Die junge Frau quälte und ängstigte sich aufs höchste bei diesen Erinnerungen, und sie empfand große Verachtung vor sich selbst, daß sie von so viel Not hören konnte, ohne einen ernsten Versuch zu machen, ihr abzuhelfen.

Während sie noch von diesen Gedanken gequält wurde, kam Botschaft von Herrn Eskil, daß er in des Königs Auftrag eine Reise nach Norwegen machen mußte und nicht vor Weihnachten daheim erwartet werden konnte. Aber dann würde er nicht nur von seinen eigenen sechzig Mannen begleitet sein, sondern auch von einer großen Schar Verwandten und Freunden, weshalb er Frau Luzia bitten ließ, sich auf ein großes und langandauerndes Gastmahl gefaßt zu machen.

Am selben Tag, an dem Frau Luzia so erfuhr, daß ihr Gatte im Herbst nicht heimkommen werde, ging sie daran, die Angst zu stillen, die sie nun schon so lange quälte. Sie ließ ihren Leuten befehlen, all die Lebensmittel, die in Börtsholm aufgespeichert waren, an den Strand hinunterzubringen. So wurde denn der ganze Wintervorrat der Burg auf Schuten und Kähne verladen, sicherlich zur höchlichen Verwunderung aller Bewohner der Burg.

Als Keller und Vorratskammer gründlich geleert waren, begab sich Frau Luzia, von ihren Kindern, ihren Dienern und Dienerinnen gefolgt, an Bord eines wohlbemannten Schiffes, und während sie in Börtsholm nur einige alte Wächter zurückließ, denen sie die Obhut über die Burg anvertraute, ließ sie sich mit ihrer ganzen Ladung auf den großen See hinausrudern, der vor ihr lag, uferlos wie ein Meer.

Über diese Fahrt Frau Luzias finden sich viele alte Überlieferungen und Aufzeichnungen vor. So wird erzählt, daß der Teil des Vänerufers, an dem der Feind am schlimmsten gehaust hatte, bei ihrer Ankunft von seinen Einwohnern nahezu ganz verlassen war. Frau Luzia war ganz mutlos herangerudert und hatte nach irgendeinem Zeichen von Leben und Bewegung ausgespäht, aber kein Rauch war zum Himmel aufgestiegen, kein Hahn hatte gekräht, keine Kuh hatte gebrüllt.

Hier hauste doch noch in einem Kirchspiel ein alter Pfarrer, der Herr Kolbjörn genannt wurde. Er hatte nicht mit seinen Schäflein ziehen wollen, als diese aus ihren zerstörten Häusern flüchteten, weil er den Pfarrhof und die Kirche voll Kriegsverwundeter hatte. Er war bei diesen geblieben, hatte ihre Wunden verbunden und das wenige, was er sein eigen nannte, unter sie verteilt, ohne sich selbst Nahrung oder Ruhe zu gönnen. Davon war er so ermattet, daß er sich dem Tod nahe fühlte. So hatte denn an einem der dunkelsten Herbsttage, als schwere Wolken sich über den See türmten, als das Wasser sich mit schwarzen Wogen heranwälzte und die Düsterkeit der Natur all die Hoffnungslosigkeit und Not noch steigerte, der arme Herr Kolbjörn, der keine Messe mehr zu lesen vermochte, versucht, den Strang der Kirchenglocke zu ziehen, um damit Gottes Se-

gen auf seine Krankheit herabzurufen. Und siehe da! Kaum
waren die ersten Glockentöne verklungen, als eine kleine
Flotte, aus Schiffchen und Prahmen bestehend, ans Land
gerudert kam. Und aus einem Schiffe stieg eine schöne junge Frau ans Land, mit einem Antlitz, das von Licht durch-
schimmert war. Vor ihr gingen acht herrliche Kinder, und
hinter ihr kam eine lange Reihe von Dienern, die alle erdenklichen Lebensmittel trugen: ganze gebratene Kälber
und Schafe, lange Spieße voll trockener Brotlaibe, Tonnen
mit Dünnbier und Säcke voll Mehl. Hilfe war in letzter
Stunde gekommen gleichsam durch ein Wunder.

Nicht weit von Herrn Kolbjörns Kirche, auf einer Land-
zunge, die scharf in den See hinausschoß und Scherenspitze
genannt wurde, hatte seit urdenklichen Zeiten ein alter
Bauernhof gestanden. Er war nun niedergebrannt und ausgeplündert, aber der Besitzer, ein siebzigjähriger Mann,
hatte solche Liebe zu dem Hof, daß er es nicht übers Herz
bringen konnte, ihn zu verlassen. Bei ihm waren seine alte
Ehefrau geblieben, ein kleiner Enkel und eine Enkelin. Diese hatten eine Zeitlang durch Fischerei ihr Leben gefristet,
aber eines Nachts hatte der Sturm ihre Gerätschaften zerstört, und seither saßen sie unter den Trümmern da und
warteten auf den Hungertod. Während sie so harrten,
mußte der Bauer an seinen Hund denken, der mitten unter
ihnen lag, geduldig verschmachtend. Er ergriff einen Knüt-
tel, und mit seinen letzten Kräften schlug er nach dem
Hunde, um ihn zu vertreiben, denn er wollte nicht, daß das
Tier für etwas sterbe, was es gar nichts anging. Aber bei
dem Schlage heulte der Hund laut auf und lief davon. Die
ganze Nacht strich er unablässig heulend um den Hof herum. Und man hörte ihn weit hinaus auf den See, und ehe
noch der Tag anbrach, ruderte Frau Luzia, von dem Gebell
geleitet, mit Rettung und Hilfe ans Land.

Noch weiter weg lag ein kleines, von Mauern umfriedetes
Haus, wo heilige Frauen wohnten, die Gott gelobt hatten,
es niemals zu verlassen. Gegen diese frommen Schwestern
hatten die Kriegführenden so viel Rücksicht gezeigt, daß sie

sie selbst und ihr Haus verschont hatten, aber ihren ganzen Wintervorrat hatten sie ihnen geraubt. Das einzige, was sie behalten durften, war ein Taubenschlag voll Tauben, und diese hatten sie eine nach der andern geschlachtet, bis nur mehr eine einzige übrig war. Aber diese Taube war sehr zahm, und die frommen Frauen hatten sie so lieb, daß sie ihr Leben nicht dadurch verlängern wollten, sie zu essen, sondern den Taubenschlag öffneten und ihr die Freiheit schenkten. Da stieg die weiße Taube zuerst hoch zum Himmel auf, dann schoß sie herab und setzte sich auf den Dachfirst. Aber als Frau Luzia am Ufer vorbeiruderte, nach jemandem ausspähend, der der Hilfe bedurfte, sah sie die Taube und sagte sich, daß, wo sie war, es auch noch Menschen geben mußte. Und sie landete und schenkte den frommen Frauen so viele Nahrungsmittel, als sie brauchten, um den Winter zu durchleben.

Noch weiter südwärts hatte am Vänerstrand ein kleiner Marktflecken gelegen, der ebenfalls eingeäschert und geplündert war. Einzig und allein die langen Pfahlbrücken, an denen die Schiffe in früheren Tagen anzulegen pflegten, standen noch da. Hier unter diesen Brücken hatte sich in den Tagen der Zerstörung ein Mann, der Krämer-Lasse genannt wurde, mit seiner Frau verborgen, und während das Kampfgetümmel über ihnen raste, hatte sie da ein Kind geboren. Aber seither war sie so schwer krank, daß sie nicht fliehen konnte, und der Mann war bei ihr geblieben. Nun war ihr Elend sehr groß, und tagtäglich bat die Frau den Mann, doch an sich selbst zu denken und sie ihrem Schicksal zu überlassen, aber er konnte sich nicht dazu entschließen, sondern weigerte sich. Da versuchte sie sich eines Nachts aus ihrem Schlupfwinkel zu erheben und sich mit dem Kinde ins Wasser hinabgleiten zu lassen, denn sie dachte, wenn sie einmal tot waren, würde er fliehen und so sein Leben retten. Aber das Kind schrie in dem kalten Wasser laut auf, und der Mann erwachte. Er brachte sie beide wieder ans Land, aber das Kind war so erschrocken, daß es die ganze Nacht hindurch schrie. Und das Geschrei drang übers Wasser und rief die redliche Helferin herbei, die suchend und harrend über den See ruderte.

Solange sie noch Gaben übrig hatte, fuhr Frau Luzia den Vänerstrand entlang, und es war ihr auf dieser Fahrt so froh und leicht ums Herz wie nie zuvor. Denn so wie es nichts Schwereres gibt, als still und untätig zu bleiben, wenn man von fremdem, schwerem Unglück erzählen hört, so bringt es jedem, der ihm auch nur im allergeringsten Maße abzuhelfen versucht, das größte Glück und süßeste Ruhe. Diese Erleichterung und Freude ohne die leiseste Ahnung, daß ihr etwas Böses bevorstehen könnte, empfand sie noch, als sie am Vortage des Luziatages zu recht später Abendstunde nach Börtsholm zurückkehrte. Bei der Abendmahlzeit, die aus nichts anderem bestand als einigen Humpen Milch, sprach sie mit ihren Reisegefährten von der schönen Fahrt, die sie gemacht hatten, und alle waren darin einig, daß sie nie freudvollere Tage erlebt hatten.

»Aber jetzt steht uns eine arbeitsame Zeit bevor«, fuhr sie fort. »Morgen dürfen wir den St. Luziatag nicht mit Essen und Trinken feiern wie in anderen Jahren. Wir müssen jetzt daran gehen, ohne Unterlaß zu brauen, zu backen und zu schlachten, so daß wir den Weihnachtsschmaus zu Herrn Eskils Heimkehr fertig haben.«

Dies sagte die junge Frau ohne die mindeste Angst, denn sie wußte ja, daß ihre Viehställe und Scheuern und Vorratskammern von Gottes guten Gaben voll waren, wenn auch für den Augenblick nichts davon zu menschlicher Nahrung bereitet war.

So glücklich auch die Fahrt gewesen, waren doch alle Teilnehmer recht ermüdet und gingen zeitig zur Ruhe. Aber kaum hatte Frau Luzia ihre Augenlider zum Schlummer geschlossen, als vor der Burg Pferdegetrappel, Waffengeklirr und Rufe ertönten. Das Burgtor drehte sich knirschend in seinen Angeln, die Steine des Hofes wurden von eifrigen Füßen getreten. Sie begriff, daß Herr Eskil mit der Reiterschar heimgekehrt war.

Frau Luzia sprang in aller Eile aus dem Bett, um ihm entgegenzugehen. Nachdem sie ihre Kleidung notdürftig geordnet, eilte sie auf den Altan hinaus, um die Treppe zu erreichen, die in den Burghof hinunterführte. Aber sie kam nicht weiter als bis zur obersten Stufe, denn Herr Eskil stand schon mitten auf der Treppe, auf dem Weg zu ihrer Kammer.

Ein Fackelträger ging ihm voraus, und in dem Lichtschein glaubte Frau Luzia zu sehen, daß Herrn Eskils Antlitz in furchtbarer Weise vom Zorn gezeichnet war. Einen Augenblick hoffte sie, daß nur der rote rauchgeschwärzte Fackelschein sein Gesicht so dunkel und drohend machte, aber als sie sah, wie Kinder und Diener mit kläglichen Mienen und niedergeschlagenen Blicken vor ihm zurückwichen, mußte sie sich sagen, daß ihr Mann sehr erzürnt heimgekommen war, bereit, Gericht zu halten und Strafe zu verhängen.

Während Frau Luzia so stand und auf Herrn Eskil hinuntersah, erblickte auch er sie, und mit steigender Angst merkte sie, wie sein Gesicht dabei von einem gezwungenen Lächeln verzerrt wurde. »Kommt Ihr nun, holde Hausfrau, um mir eine Willkommensmahlzeit zu kredenzen?« höhnte er. »Aber diesmal habt Ihr Euch umsonst gemüht, denn ich und meine Mannen haben unser Abendmahl bei Eurer Muhme, Frau Rangela, eingenommen. Aber morgen«, fügte er hinzu, und hier übermannte ihn der Zorn, so daß er mit der Hand auf das Treppengeländer schlug, »erwarten wir, daß Ihr uns zu Ehren Eurer Schutzheiligen Sancta Luzia mit einem so guten Frühmahl bewirtet, als das Haus es vermag, auch dürft Ihr nicht vergessen, mir beim ersten Hahnenschrei meinen Morgentrunk vorzusetzen.«

Nicht ein Wort vermochte die junge Schloßfrau zu erwidern. Gerade so wie im vorigen Sommer, als sie zum erstenmal ahnte, daß Frau Rangela Böses gegen sie im Schilde führte, blieb sie stehen, die Hände ans Herz gedrückt, mit tränenvollen Augen. Denn sie mußte sich sagen, daß es Frau Rangela war, die Herrn Eskil zur Unzeit heimgerufen und aufgereizt hatte, als sie ihm erzählte, was Frau Luzia mit seinem Hab und Gut getan hatte.

Aber Herr Eskil ging noch ein paar Schritte die Treppe hinauf, und ohne sich von der Angst seiner Gattin im mindesten rühren zu lassen, beugte er sich zu ihr vor und sagte mit furchtbarer Stimme: »Bei unseres Heilands Kreuz, Frau Luzia, merkt es Euch wohl, wenn dieses Frühmahl mir nicht behagt, so werdet Ihr es all Euer Lebtag bereuen!«

Damit legte er die Hand schwer auf die Schulter seiner Frau und schob sie vor sich in das Schlafgemach.

Auf dieser Wanderung in die Schlafkammer dünkte es Frau Luzia, daß etwas, was ihr bis dahin in seltsamer Weise verborgen gewesen war, ihr mit einemmal offenbar wurde. Sie erkannte, daß sie eigenmächtig und gedankenlos gehandelt hatte, und daß Herr Eskil wohl Grund haben mochte, ihr zu zürnen, daß sie, ohne ihn zu befragen, über sein Eigentum verfügt hatte. Sie versuchte auch jetzt, wo sie allein waren, ihm dies ruhig zu sagen und ihn zu bitten, ihre jugendliche Unbedachtsamkeit zu verzeihen, aber er ließ sie nicht zu Wort kommen. »Legt Euch nun zu Bett, Frau Luzia«, sagte er, »und hütet Euch wohl, vor der gewohnten Stunde aufzustehen! Wenn Euer Morgentrunk und Euer Willkommensmahl nicht zu meiner Zufriedenheit ausfallen, so werdet Ihr einen Weg zu laufen haben, zu dem Ihr alle Eure Kräfte brauchen könnt.«

Mit dieser Antwort mußte sie sich begnügen, obwohl sie ihre Furcht nur noch vermehrte, und man kann es wohl verstehen, daß in dieser ganzen Nacht kein Schlummer in ihre Augen kam. Sie lag da und vergegenwärtigte sich, was ihr Gatte gesagt hatte, und je mehr sie seine Worte überdachte, desto klarer wurde es ihr, daß er damit eine harte Drohung gegen sie ausgesprochen hatte. Sicherlich hatte er bei sich bestimmt, daß er sie nicht verurteilen wollte, ehe er nicht selbst erfahren, ob sie so schlecht gehandelt, wie Frau Rangela wohl behauptet hatte. Aber war sie nicht imstande, ihn zu bewirten, wie er es begehrte, war es zweifellos, daß eine schreckliche Strafe ihrer harrte. Das Geringste war wohl, daß sie unwürdig erklärt wurde, länger seine Gemahlin zu sein, und zu ihren Eltern heimgeschickt wurde; aber aus den letzten Worten, die er geäußert, glaubte sie zu entnehmen, daß er sie obendrein dazu verurteilen wollte, zwischen seinen Knechten Spießruten zu laufen wie eine gemeine Diebin.

Als sie zu der Überzeugung gelangt war, daß es sich so verhielt, was auch wirklich der Fall war, denn Frau Rangela hatte Herrn Eskil zu wahnsinniger Wut aufgestachelt, begann Frau Luzia zu zittern, ihre Zähne schlugen aufeinander, und sie glaubte sich dem Tod nahe. Sie wußte, daß sie die Stunden der Nacht dazu verwenden mußte, Hilfe und Auswege zu finden, aber ihr großes Entsetzen lähmte sie, so daß sie regungslos liegenblieb. »Wie sollte es nur möglich sein, bis zum nächsten Morgen meinen Herrn und seine sechzig Mann zu speisen?« dachte sie in ihrer Hoffnungslosigkeit. »Da kann ich ebensogut still liegen und warten, bis das Unglück über mich hereinbricht.«

Das einzige, was sie zu ihrer Rettung zu tun vermochte, war, Stunde für Stunde brennende Gebete zu Sancta Luzia von Syrakus emporzusenden. »O Sancta Luzia, meine teure Schutzpatronin«, bat sie, »morgen ist der Tag, an dem du den Märtyrertod erlittest und in das himmlische Paradies eingingst. Entsinne dich, wie dunkel und hart und kalt es ist, auf Erden zu leben. Komm zu mir in dieser Nacht und führe mich mit dir von hinnen! Komm und schließe meine Augen im Schlummer des Todes. Du weißt, daß dies mein einziger Ausweg ist, um Entehrung und schimpflicher Strafe zu entrinnen.«

Während sie so die Hilfe der heiligen Luzia anrief, vergingen die Stunden der Nacht, und der gefürchtete Morgen näherte sich. Viel früher, als sie es erwartet, ertönte der erste Hahnenschrei; die Knechte, die das Vieh zu versorgen hatten, wanderten über den Burghof zu ihren Verrichtungen, und die Pferde richteten sich lärmend in ihren Ställen auf.

»Jetzt erwacht auch Herr Eskil«, dachte sie. »Gleich wird er mir befehlen, seinen Morgentrunk zu holen, und dann muß ich eingestehen, daß ich so töricht gehandelt habe, daß ich weder Eier noch Met besitze, den ich ihm wärmen kann.

In diesem Augenblick der höchsten Gefahr für die junge Burgfrau konnte ihre himmlische Freundin, die heilige Luzia, die sich wohl sagen mußte, daß ihr Schützling nur aus allzu großer Barmherzigkeit gefehlt hatte, nicht länger ihrer Lust widerstehen, ihr beizuspringen. Der irdische Leib der Heiligen, der Hunderte von Jahren in der engen Grabkammer in Syrakus' Katakomben geruht hatte, erfüllte sich mit einem Mal mit lebendigem Geist, nahm seine Schönheit und den Gebrauch seiner Glieder wieder an, hüllte sich in ein Kleid aus Sternenlicht gewoben, und begab sich wiederum in jene Welt hinaus, wo sie einst gelitten und geliebt hatte.

Und nur wenige Augenblicke später sah der verdutzte Wächter im Pförtnerturm zu Börtsholm, wie ein nächtliches Wunder, eine Feuerkugel, ganz weit im Süden auftauchte. Sie durchschnitt die Luft so rasch, daß das Auge dem Fluge nicht folgen konnte, kam gerade auf Börtsholm zu, flog so nahe an dem Wächter vorbei, daß sie ihn fast streifte, und war verschwunden. Aber auf diesem Feuerball, so wollte es zum mindesten den Wächter bedünken, schwebte eine junge Jungfrau so, daß sie sich mit den Zehenspitzen darauf stützte, während sie die Arme hoch erhoben hielt und sich gleichsam gaukelnd und tanzend des glühenden Nachens bediente.

Nahezu im selben Augenblick sah die in Angst und Beben wachende Frau Luzia einen Schimmer durch eine Türspalte der Schlafkammer dringen. Und als sich gleich darauf die Türe auftat, trat zu ihrer Verwunderung und Freude eine schöne Jungfrau in Gewändern so weiß wie Sternenlicht in das Gemach. Ihr langes schwarzes Haar war mit einer Pflanzenranke gebunden, aber an dieser Ranke saßen nicht gewöhnliche Blätter und Blumen, sondern blinkende Sternlein. Diese Sternlein erhellten die ganze Kammer, und doch dünkte es Frau Luzia, daß sie ein Nichts waren gegen die Augen der holden Fremden, die nicht nur in dem klarsten Glanze schimmerten, sondern auch himmlische Liebe und Barmherzigkeit ausstrahlten.

In der Hand trug die fremde Jungfrau eine große Kupferkanne, aus der ein milder Duft von edlem Traubensaft drang, und mit dieser schwebte sie durch die Kammer zu Herrn Eskil hin, goß von dem Weine in eine kleinere Schale und bot ihm zu trinken.

Herr Eskil, der gut geschlafen hatte, erwachte, als der Lichtschein auf seine Augenlider fiel, und führte die Schale an seine Lippen. In dem halbwachen Zustand, in dem er sich befand, erfaßte er kaum mehr von dem Wunder, als daß der Wein, der ihm kredenzt wurde, sehr wohlschmeckend war, und er leerte die Schale bis auf den letzten Tropfen.

Aber dieser Wein, der kaum etwas andres sein konnte als der edle Malvasier, der Ruhm des Südens und aller Weine Krone, war so schlafbringend, daß er kaum die Schale niedergestellt hatte, als er schon schlafend in sein Bett zurücksank. Und im selben Augenblick schwebte die schöne heilige Jungfrau aus dem Zimmer, Frau Luzia in einem Zustand bebender Verwunderung und neuerwachter Hoffnung zurücklassend.

Die lichte Helferin begnügte sich aber nicht damit, nur Herrn Eskil zu bewirten. An dem dunklen kalten Wintermorgen durchwanderte sie die düsteren Säle der schwedischen Burg, und jedem der schlummernden Kriegsknechte bot sie eine Schale des freudenbringenden Weins des Südens.

Alle, die ihn tranken, dünkte es, daß sie himmlische Wollust gekostet hatten. Sie säumten auch nicht, sofort in einen Schlummer zu versinken, von Träumen von Gefilden erfüllt, wo ewiger Sommer und ewige Sonne herrschten.

Aber kaum hatte Frau Luzia die holde Erscheinung verschwinden gesehen, als die Angst und die Ohnmacht, die sie die ganze Nacht bedrückt hatten, ganz und gar von ihr wichen. Sie legte rasch ihre Kleider an und rief dann alle Hausgenossen zur Arbeit.

Den langen Wintermorgen waren diese alle damit beschäftigt, Herrn Eskils Willkommensmahl zu bereiten. Junge Kälber, Ferkel, Gänse und Hühner mußten in aller Eile ihr Leben lassen, Teige wurden geknetet, Feuer unter den

Bratspießen und in den Backöfen entzündet, Kohl wurde geschmort, Rüben geschält und Honigkuchen zum Nachtisch gebacken.

Die Tische im Bankettsaal wurden mit Tüchern bedeckt, die teuren Wachskerzen aus den tiefen Truhen ausgepackt, und auf die Bänke wurden blaue Federpolster und Gewebe gebreitet.

Während all dieser Vorbereitungen schliefen der Burgherr und seine Mannen weiter. Als Herr Eskil endlich erwachte, sah er an dem Stand der Sonne, daß die Mittagsstunde angebrochen war. Er verwunderte sich nicht nur über seinen langen Schlummer, sondern vielleicht noch mehr darüber, daß er den Verdruß verschlafen hatte, der ihn am vorigen Abend gequält. Seine Frau hatte sich ihm in seinen Morgenträumen in großer Sanftmut und Holdseligkeit gezeigt, und er wunderte sich nun über sich selbst, daß er sich versucht gefühlt hatte, sie zu einer harten schimpflichen Strafe zu verurteilen.

»Vielleicht steht es doch nicht so schlimm, wie Frau Rangela mir vorgespielt hat«, dachte er. »Freilich kann ich sie nicht als meine Gemahlin behalten, wenn sie mein Hab und Gut vergeudet hat, aber es mag genügen, sie ohne weitere Strafe zu ihren Eltern heimzuschicken.«

Als er aus seiner Kammer trat, empfingen ihn seine acht Kinder, die ihn in den Bankettsaal führten. Da saßen seine Mannen schon auf den Bänken und warteten ungeduldig auf sein Erscheinen, um die Mahlzeit in Angriff nehmen zu können. Denn die Tische vor ihnen bogen sich unter allen erdenklichen Speisen.

Frau Luzia setzte sich, ohne irgendwelche Angst zu zeigen, an die Seite ihres Mannes; doch war sie nicht von aller Unruhe befreit, denn wenn sie auch in aller Eile eine Mahlzeit hatte zurüsten können, war sie doch ganz ohne Bier und Met, die sich nicht so rasch herstellen ließen. Und sie war sehr im Zweifel, ob Herr Eskil sich bei einem Frühmahl, bei dem es an Getränken fehlte, wohlverpflegt fühlen würde.

Aber da gewahrte sie auf dem Tisch vor sich die große Kupferkanne, die die heilige Jungfrau getragen hatte. Die stand da, bis an den Rand mit duftendem Wein gefüllt. Wieder fühlte sie innige Freude über den Schutz der barmherzigen Heiligen, und sie bot Herrn Eskil von dem Wein, während sie ihm erzählte, wie er nach Börtsholm gekommen war, was Herr Eskil mit der allergrößten Verwunderung vernahm.

Als Herr Eskil ein paarmal von dem Wein gekostet hatte, der aber diesmal nicht einschläfernd, sondern nur belebend und veredelnd wirkte, faßte Frau Luzia wieder Mut und erzählte ihm von ihrer Fahrt. Anfangs saß Herr Eskil sehr ernst da, aber als sie von dem Pfarrer, Herrn Kolbjörn, zu erzählen anfing, da rief er: »Herr Kolbjörn ist mir ein treuer Freund, Frau Luzia. Ich bin von Herzen froh, daß Ihr ihm beistehen konntet.«

In gleicher Weise stellte es sich heraus, daß der Großbauer auf der Schereninsel Herrn Eskils Kamerad in vielen Feldzügen gewesen, daß unter den frommen Frauen sich eine seiner Basen befunden hatte, und daß Krämer-Lasse im Marktflecken ihm Kleider und Waffen aus dem Ausland zu verschaffen pflegte. Ehe noch Frau Luzia zu Ende gesprochen, war Herr Eskil nicht nur bereit, ihr zu verzeihen, sondern er war ihr von Herzen dankbar, weil sie so vielen seiner Freunde geholfen hatte.

Aber die Angst, die Frau Luzia in der Nacht durchgemacht hatte, drang noch einmal auf sie ein, und sie hatte Tränen in der Stimme, als sie endlich sagte: »Nun dünkt es mich selbst, lieber Herr, daß ich sehr übel dran getan, ohne Euch um Erlaubnis zu fragen, Euer Eigentum zu verschenken. Aber ich bitte Euch, meine große Jugend und Unerfahrenheit zu bedenken und mir um dessentwillen zu vergeben.«

Als Frau Luzia so sprach und Herr Eskil sich nun bewußt wurde, daß seiner Frau so große Frömmigkeit eigen war, daß eine der Bewohnerinnen des Himmels ihre irdische Gestalt wieder angenommen hatte, um ihr zu Hilfe zu eilen, und als er ferner bedachte, wie er, der für einen weisen, weitblickenden Mann gelten wollte, sie verdächtigt hatte und nahe daran gewesen war, seinen Zorn über sie zu ergießen, da empfand er so heftige Scham, daß er die Augen niederschlug und nicht imstande war, ihr mit einer Silbe zu antworten.

Als Frau Luzia ihn stumm mit gesenktem Kopfe sitzen sah, kehrte ihre Angst wieder, und sie wäre am liebsten weinend von ihrem Platz geflüchtet. Aber da kam, ungesehen von allen, die barmherzige heilige Luzia in den Saal, schmiegte sich an die junge Frau und flüsterte ihr ins Ohr, was sie weiter sagen sollte. Und diese Worte waren gerade die, welche Frau Luzia auszusprechen gewünscht hatte, aber ohne die himmlische Ermutigung hätte sie sich in ihrer Schüchternheit wohl nie dazu entschlossen.

»Noch um *eines* will ich Euch bitten, mein teurer Herr und Gemahl«, sagte sie, »und das wäre, daß Ihr mehr daheim weilen möget. Dann würde ich nie in die Versuchung kommen, gegen Euren Willen zu handeln, auch könnte ich Euch dann all die Liebe zeigen, die ich für Euch fühle, so daß sich niemand zwischen Euch und mich zu drängen vermöchte.«

Als diese Worte gesagt waren, merkten alle, daß sie höchlich nach Herrn Eskils Sinn waren. Er hob den Kopf, und die große Freude, die er fühlte, verjagte seine Scham.

Eben wollte er seiner Frau die liebreichste Antwort geben, als einer von Frau Rangelas Vögten in den Bankettsaal gestürzt kam. Er erzählte mit hastigen Worten, daß Frau Rangela zu früher Morgenstunde nach Börtsholm aufgebrochen war, um zu Frau Luzias Bestrafung zurechtzukommen. Aber unterwegs war sie etlichen Bauern begegnet, die sie schon lange des Brückengeldes wegen haßten, und als diese sie in nächtlicher Dunkelheit trafen, von einem einzigen Diener begleitet, hatten sie zuerst diesen in die Flucht gejagt, dann hatten sie Frau Rangela vom Pferde gerissen und sie jämmerlich ermordet.

Nun war Frau Rangelas Vogt auf der Suche nach den

Mördern, und er begehrte, daß auch Herr Eskil Mannen aussende, um sich an der Suche zu beteiligen.

Aber da erhob sich Herr Eskil und sprach mit strenger lauter Stimme: »Es mag den Anschein haben, als wäre es am schicklichsten, daß ich nun meiner Frau auf ihre Bitten Antwort gäbe, aber ehe ich dies tue, will ich zuerst mit Frau Rangela fertig sein. Und nun sage ich, meinethalben mag sie immerhin ungerächt daliegen, und nimmermehr will ich meine Diener aussenden, um Bluthandwerk um ihretwillen zu üben, denn ich glaube sicherlich, sie ist über ihre Taten gefallen.«

Als dies gesagt war, wandte er sich Frau Luzia zu, und nun war seine Stimme so mild, daß man kaum glauben konnte, daß ein solcher Ton in seiner Kehle wohne.

»Aber meiner lieben Hausfrau will ich nun sagen, daß ich ihr von Herzen gern verzeihe, ebenso wie ich hoffe, daß sie meine Heftigkeit entschuldigen möge. Und da es ihr Wunsch ist, werde ich den König bitten, daß er einen andern als mich zu seinem Ratgeber wählen möge, denn ich will nun in den Dienst zweier edler Damen treten. Die eine davon ist meine Gattin, die andre die heilige Luzia von Syrakus, der ich in all den Kirchen und Kapellen, die ich auf meinen Gütern habe, Altäre errichten will, sie bittend, daß sie bei uns, die wir in der Kälte des Nordens schmachten, jenen Funken und Leitstern der Seele brennend erhalten möge, der da heißt Barmherzigkeit.«

Am dreizehnten Dezember zu früher Morgenstunde, wenn Kälte und Finsternis Gewalt über Värmland hatten, kehrte noch in meiner Kindheit die heilige Luzia von Syrakus in alle Häuser ein, die zwischen den Bergen Norwegens und dem Gullspangälf zerstreut lagen. Sie trug noch, wenigstens in den Augen der Kinder, ein Kleid weiß von Sternenlicht, sie hatte im Haar einen grünen Kranz mit brennenden Lichterblumen, und sie weckte stets die Schlummernden mit einem warmen duftenden Trunk aus ihrer Kupferkanne.

Nie sah ich zu jener Zeit ein herrlicheres Bild, als wenn die Türe sich auftat und sie in das Dunkel der Kammer trat. Und ich wünschte, daß sie nie aufhörte, sich in den Heimstätten Värmlands zu zeigen. Denn sie ist das Licht, das die Dunkelheit bezwingt, sie ist die Legende, die die Vergessenheit überwindet, sie ist die Herzenswärme, die vereiste Gefilde mitten im harten Winter lieblich und sonnig macht.

Der Weg zwischen Himmel und Erde

Es war einmal ein alter Oberst namens Beerencreutz, der hatte viele Jahre auf Ekeby bei der Majorin gelebt und im Kavaliersflügel gewohnt.

Aber als die Majorin tot war und das fröhliche Kavaliersleben ein Ende hatte, da mietete sich der Oberst in einem Bauernhof im Kilser Kirchspiel ein, das am Südende des langen Lövensees liegt. Hier hatte er zwei Stuben im oberen Stockwerk inne, eine große, in die man zuerst kam, und eine kleinere. Die Bauersleute wohnten im Erdgeschoß, und außer Beerencreutz hielt sich niemand im Oberstock auf.

Hier lebte er lange Zeit, bis er sein fünfundsiebzigstes Jahr erreichte. Er war ganz allein, er hatte nicht einmal einen Diener, der für ihn sorgte. Er räumte selbst seine Zimmer auf, kochte sein Essen, so gut es eben ging, und striegelte und fütterte sein Pferd. Er sagte, daß er all dies selbst verrichten wolle, weil er so besser mit all seiner freien Zeit fertig werde, aber es mag wohl eher sein, daß der wirkliche Beweggrund der war, daß er zu arm war, um sich jemand zur Hilfe zu halten. An Beschäftigung schien es ihm nie zu fehlen. Es fiel ihm sogar schwer, mit allen den vielfältigen Arbeiten, die er unter den Händen hatte, zu Rande zu kommen.

In dem großen Zimmer hatte der Oberst jenen merkwürdigen Teppich aufgezogen, über den man im ganzen Kilser Kirchspiel sprach und staunte. Der wurde nicht auf einem Webstuhl gewebt, sondern die Fäden waren von Wand zu Wand gespannt, so daß, wer ins Zimmer kam, nichts anderes glauben konnte, als daß er in ein riesengroßes Spinnennetz geraten sei. An diesem Gewebe kroch der Oberst ein gut Teil des Tages hin und her, setzte ein Garnende hier ein und eins dort und prüfte und wählte, um die rechten Fäden zu finden. Wenn der Oberst den Teppich fertig gebracht hätte, so würde er sich wohl an Schönheit mit den Teppichen aus Kandahar und Buchara hätte messen können, aber die Art der Verfertigung war so langwierig, daß er nicht mehr als ein paar Felder so zustande bringen konnte, wie er sie haben wollte.

In dem inneren Zimmer hatte der Oberst sein Bett stehen. Er lag immer in einem kleinen Feldbett, das er im Kriege benutzt hatte, als er in Deutschland gegen Napoleon gekämpft hatte. Aber sonst hatte er große ansehnliche Möbel in diesem Zimmer. Da war unter anderem ein mächtiges Mahagonisofa, ein alter Klapptisch auf schwarzen Ebenholzbeinen, ein Sekretär mit Messingbeschlägen und ein großer Spiegel in bauchigem Glasrahmen, mit zierlicher Vergoldung geschmückt. All diese Stücke waren aus dem Elternhaus des Obersten, und sie legten Zeugnis dafür ab, daß, wenn er auch jetzt arm war, er doch in einem reichen, vornehmen Hause aufgewachsen war.

Hier in diesem Zimmer lag der Oberst in einer Sommernacht und schlief, als er plötzlich dadurch erwachte, daß jemand mit schweren Schritten die Treppe zum Obergeschoß heraufkam. Der nächtliche Wanderer stampfte so auf, daß es durchs ganze Haus dröhnte, dabei fest und sicher, als wäre es ein alter Soldat.

Als der Oberst die Augen aufschlug, merkte er an der Dämmerung um sich her, daß es noch mitten in der Nacht sein mußte. Aber so recht dunkel war es nicht in der Stube, denn es war ja die helle Zeit des Jahres, und da der Oberst eine Treppe hoch wohnte und keine Nachbarn hatte, hatte er sich weder Läden noch Rollgardinen angeschafft.

»Das ist doch merkwürdig mit diesen Bauern, nie können sie es lernen, die Haustür zuzuschließen«, dachte der Oberst. Er war ein Mann der Ordnung und lag beständig im Krieg mit den Hausleuten, weil sie sich meistens zum Schlafen hinlegten, ohne zuzusperren. So hatten sie es wohl auch an diesem Abend gemacht, und nun war richtig ein Unberufener ins Haus eingedrungen.

Ein Dieb konnte es wohl kaum sein, der mit so schweren Schritten einhertrabte, und wohl auch kein Betrunkener, der sich einen Ort suchte, wo er seinen Rausch ausschlafen konnte. Aber jemand, der da nichts zu suchen hatte, war es auf jeden Fall, denn der Oberst wußte, daß keiner von den Hausleuten in dieser taktfesten Weise auftreten konnte.

Der Oberst lag da und wartete, daß der Nachtwanderer bis auf den Dachboden hinaufgehen würde, aber da hatte er sich verrechnet. Sowie die schweren Schritte die Treppe heraufgekommen waren, marschierten sie auf seine eigene Türe los, und er glaubte sogar zu hören, wie der Schlüssel sich im Schloß drehte.

»Ja, damit kannst du dich vergnügen, solange du willst«, dachte der Oberst, »davon wirst du nicht viel haben.«

Denn er wußte natürlich, daß er am Abend vorher seine Tür mit Haken und Riegel versperrt hatte. Gerade weil die Flurtüre unten fast nie verriegelt wurde, achtete der Oberst so genau darauf, daß oben bei ihm alles ordentlich verschlossen war.

Aber jetzt hörte er zu seinem großen Staunen, wie der Fremde die Tür so leicht aufschob, als wäre sie mit einem Wollfaden befestigt gewesen, und ins Arbeitszimmer trat.

Da war das große Teppichgewebe ausgespannt, es war also nicht so leicht, hindurch zu wandern, namentlich jetzt, wo der Raum im Halbdunkel lag.

»Jetzt wird sich der Halunke in meinen Teppich verwikkeln und eine schreckliche Wirrnis anrichten«, dachte der Oberst und war schon im Begriff, aus dem Bett zu springen und den Kerl hinauszuwerfen. Aber da hörte er, wie der Fremde durch das ganze Zimmer zur Schlafzimmertür ging, mit Schritten, so gleichmäßig, als marschierte er im Takt zu einem Militärmarsch auf dem Troßnäser Feld, und sich in keiner Weise von Kette oder Einschlag behindern ließ.

Die Blicke des Obersten flogen zur Tür. Es war nicht so dunkel, als daß er nicht mit Sicherheit sehen konnte, daß der Riegel vorgeschoben war.

»Ja, jetzt wirst du doch nicht weiterkommen, du ver-«

Er blieb mitten im Fluche stecken, denn die Tür sprang auf und schlug an die Wand, ganz so, als wäre sie unversperrt gewesen, und ein heftiger Windstoß aus einem offenen Fenster hätte sie aufgerissen.

Da setzte sich der Oberst im Bett auf und rief mit seiner alten dröhnenden Kommandostimme: »Wer da?«, so daß es von den Wänden widerhallte.

Noch einmal war er drauf und dran, aus dem Bett zu springen, um den Fremdling hinauszuweisen, noch einmal war er so starr vor Staunen, daß er still sitzenblieb. Er sah nämlich den, der ins Zimmer gekommen war, gar nicht. Die Türe stand sperrangelweit offen, der Oberst konnte ins nächste Zimmer sehen, bis zu den gegenüberliegenden Fenstern sogar, hell genug war es, aber er sah nicht einmal den Schatten eines Menschen.

Aber daß jemand in seinem Zimmer war, daran konnte kein Zweifel sein. Er hatte die Schritte gehört, bis sie hinter der Schwelle haltmachten. Und jetzt hörte er, wie der Fremde die Hacken zusammenschlug, den Degen schulterte, so daß das Gehänge klirrte und rasselte, und seinen »Wer da«-Ruf mit einem »Der Tod, Oberst« beantwortete. Es war eine wunderliche Stimme, die da gesprochen hatte. Gar nicht menschlich, aber dabei weder unheimlich noch erschreckend. Es dünkte den Oberst, daß die Worte aus einer Orgel oder einem anderen großen Instrument gekommen sein könnten. Sie klangen ernst und streng, aber mit so großem Wohllaut, daß eine Sehnsucht in seiner Seele entzündet wurde, bald in jenes Land hinübergeführt zu werden, dem diese Töne entstammten.

»Dann mach doch gleich ein Ende«, rief der Oberst und riß das Hemd auf, so, als erwartete er einen Degenstich mitten durchs Herz.

Aber der Fremde kehrte sich nicht an die Aufforderung.

»Komme vor nächster Mitternacht wieder, Oberst«, erklang die Stimme.

Dann klappten die Hacken zusammen, der Degen wurde mit starkem Klirren geschultert, und es wurde rechtsum kehrtgemacht. Die schweren Schritte entfernten sich, die Tür schlug zu, der Riegel schnappte von selbst ein, und alles war wieder wie zuvor.

Der Oberst war in seiner Bestürzung in die Kissen zurückgesunken. Er lag still da und horchte den schweren Schritten, folgte ihnen die Treppe hinunter, über den unteren Flur und hinaus durch die Flurtür.

In dem Augenblick, wo der Fremde das Haus verlassen und in den Hof treten mußte, wo es soviel heller war als in den Zimmern, sprang der Oberst aus dem Bett und eilte an ein Fenster. Jetzt mußte er den Fremden sehen können, wenn er überhaupt zu unterscheiden war. Er drückte das Gesicht an die Scheibe und spähte. Alles auf dem Hof, die Gehpfade zwischen den Häusern, den Brunnen und den Brunneneimer, die Karren und die Holzhaufen konnte er sehen, aber niemanden, der sich dazwischen bewegte. Der Fuß des nächtlichen Wanderers trat den Boden mit solcher Kraft, daß der Oberst auf die Stelle weisen zu können vermeinte, wo er sich befinden mußte, aber sehen konnte er ihn nicht.

Der Oberst zuckte die Achseln. Er hatte die ganze Zeit über gewußt, daß es so sein würde. Er hatte versucht, sich einzubilden, daß das Ganze nur der Streich eines übermütigen Jungen sei, der sich den Spaß machen wollte, ihn zu erschrecken, aber im tiefsten Inneren wußte er es besser. Es war ja nichts Menschliches in der Stimme gelegen, die er eben gehört hatte.

Er war sich also ganz klar darüber, was der nächste Tag bringen würde, und obgleich er es mit großer Ruhe aufnahm, wie es einem alten Krieger ziemt, verspürte er doch keine Lust mehr, diese Nacht weiterzuschlafen. Er kleidete sich darum an und verwendete darauf ebenso große Sorgfalt, als wäre er zur Musterung einberufen worden: weißes Stärkhemd, Vatermörder und seine besten schwarzen Kleider. Das weiße Haar kämmte er, bis es wie Silber glänzte, und kratzte die Bartstoppeln von Wangen und Kinn. Er dachte daran, daß gar bald nicht mehr er selbst, sondern ein anderer sich seiner irdischen Hülle annehmen würde, und da wollte er, daß sie sich in guter Verfassung befände.

Dann rückte der Oberst einen Lehnstuhl an ein Fenster, suchte die alte Bibel seiner Mutter hervor, und setzte sich mit ihr auf den Knien nieder, um zu warten, bis es so hell wurde, daß er zum Lesen sehen konnte. Es währte auch nicht allzu lange, da kamen ein paar rote Wölkchen im Osten zum Vorschein, und bald war die Finsternis verjagt, wenn es auch noch eine geraume Weile dauern mußte, bis man die Sonne selbst zu Gesicht bekam.

Nun setzte der Oberst die Brille auf die Nase und las ein paar Seiten. Dann sah er vom Buch auf und grübelte nach. Es war ja kein Geistlicher zur Hand, der ihm zurechthelfen konnte, er saß ganz allein da und versuchte, mit unserem Herrgott irgendwie ins reine zu kommen.

In seinem langen Leben hatte der Oberst eine ganze Reihe von Dingen mitgemacht, die nicht gerade so beschaffen waren, daß er in einer solchen Stunde gerne daran zurückdachte. Wie er so in dem Buch las, vernahm er starke, drohende Worte von jenem Gott, der die Sünde haßt; und dabei stieg eine drückende Erinnerung nach der anderen in ihm auf. Es waren große Dinge und kleine. Manche konnte er ohne weiteres herausgreifen und sagen, was daran war, aber da waren auch andere, mit denen er nicht so rasch fertigwerden konnte. Auf welche Seite des Rechenschaftsbuches sollte er solches schreiben, das übel ausgegangen war, obwohl er es ursprünglich nicht böse gemeint hatte, oder solches, das er sich selbst nie als Sünde angerechnet hatte, aber das nach diesem Buch hier wohl so genannt werden mußte?

Er hatte wohl auch allerlei auf der Haben-Seite zu buchen, aber auch damit ging es ihm nicht anders. Je länger er an die Sache dachte, desto unsicherer wurde er, was er sich zugute schreiben durfte. Er sah keine Möglichkeit, mit klarer geordneter Rechnung vortreten zu können. Und da der Oberst ein stolzer und ehrlicher Mann war, litt er unter der Schmach, sich vor seinem Schöpfer als ungetreuer

Hausvogt zeigen zu müssen und nicht vor ihm bestehen zu können.

Er wurde immer düsterer und mißmutiger, je länger er in seiner Seelenprüfung fortfuhr. Ein eiskalter, pechschwarzer Strom der Sünde und Erbärmlichkeit wälzte sich heran und überflutete ihn. Er war schon drauf und dran, den Humor zu verlieren, und das war das letzte, das er an einem solchen Tage einbüßen wollte.

Unterdessen hatte sich der Himmel immer mehr erhellt, und plötzlich kamen die ersten Sonnenstrahlen herangeeilt und vergoldeten die schwarzen Buchstaben in der Bibel des Obersten.

Da hob der Alte den Kopf und blickte nach Osten, wo der große Sonnenball den Himmel hinanrollte, glänzend und majestätisch, und von der Welt Besitz ergriff.

Und vor diesem Schauspiel mußte er wohl irgendwie zu der Erkenntnis gekommen sein, daß er bald einem Wesen entgegentreten würde von so wunderbarer Herrlichkeit, daß es ihm nicht möglich war, es zu erfassen oder zu begreifen. Er, der der Sonne ihre Bahn vorschrieb, er war einer, der nicht rechnete, wie wir rechnen, nicht maß, wie wir messen. Es lohnte nicht, hier zu sitzen und sich zu ängstigen und zu bangen. Vor ihm kam doch alles zu kurz, vor ihm, der die Kraft und das Licht war, die Freude und das Wunder.

Der Oberst klappte das Buch zusammen, erhob sich und legte die geballte Faust darauf. »Mit dir kann ich nicht zurechtkommen«, sagte er. »Aber vielleicht ist es leichter, die Sache in Ordnung zu bringen, wenn ich zum König komme, als wenn ich's beim Untergericht versuche.«

Damit begab sich der Oberst mit wiedergewonnener Seelenruhe zum Schreibtisch, nahm Feder und Papier zur Hand und zeichnete auf, wie er sein Begräbnis angeordnet haben wollte. Auch verfügte er, daß sein altes Pferd erschossen werden sollte, und der, der den Schuß abgab, sollte einen kleinen Silberbecher für die Mühe haben.

Er schloß auch seine Rechnungen ab, zeichnete auf, was

er besaß und was er schuldig war, und bestimmte, wem seine Möbel und Hausgeräte zufallen sollten. Das meiste schenkte er einem kleinen Mädchen, dem jüngsten Kind des Hauses, in dem er wohnte. Dieses Kind hatte dem Obersten immer große Liebe bewiesen und hatte stets bei ihm in der Stube sitzen wollen, wenn er arbeitete. Dies wollte er nun vergelten, so gut er es konnte.

Bis alles niedergeschrieben und geordnet war, zeigte die Uhr schon acht, und dann hatte der Oberst seine gewöhnlichen Morgenarbeiten zu verrichten. Er fegte die Zimmer, sah nach dem Pferd und bereitete seinen Morgenimbiß. Aber als es gegen zehn ging, war er mit allem fertig, und nun stand es ihm frei, diesen seinen letzten Tag so anzuwenden, wie es ihn gut dünkte.

Er sagte sich selbst, daß er den Tag in irgendeiner besonders festlichen Weise verleben müsse. Er konnte ihn doch nicht so hingehen lassen wie alle anderen.

Lange saß er auf einem Schaukelbrett vor dem Bauernhof und grübelte nach. »Nein, heute habe ich keine Lust, mich hinzusetzen, und Fäden in mein Gewebe zu knüpfen«, dachte er. »Der Teppich wird ja doch auf keinen Fall fertig. Ich will das Karriol anspannen und irgendwohin fahren. Mein letzter Tag! Es schickt sich nicht für jemanden, der so Großes erlebt hat wie ich, ihn in einem Bauernhof zu verbringen, unter Leuten, die nicht einmal wissen, wer ich gewesen bin.«

Die Lebenslust flammte mit der ganzen einstigen Kraft in dem Obersten auf. Er sagte sich, er wolle diesen Tag reich und glänzend machen.

Er wollte in die Welt hinausfahren, wollte noch einmal die früheren Freuden genießen. Von allen konnte er ja nicht mehr kosten, aber eine oder einige, die besten, die süßesten.

Der Oberst sprang eilig auf, ging in den Stall, spannte das Pferd ein und holte seinen alten Uniformmantel, der trotz lebenslänglichen Dienstes noch nicht abgetragen war, legte ihn hinter sich in das Karriol und fuhr vom Hof weg. Er fuhr geradeaus, bis zu einer Stelle, wo nicht weniger als fünf Wege sich begegneten.

Hier hielt der Oberst das Pferd an, denn gerade hier mußte es sich entscheiden, von welcher Art die Freude sein sollte, die er an seinem letzten Tag genießen wollte. Diese fünf Wege konnten ihn zu all dem führen, was für ihn noch irgendwelche Lockung barg.

Gerade vor ihm lag die große Landstraße, die nach Karlstad ging. Er konnte sie einschlagen und in ein paar Stunden dort sein. Ein paar gute Freunde aus alter Zeit hatte er noch in der Stadt. Er konnte sie im Gasthof versammeln und ein Fest feiern. Sie würden miteinander scherzen und sich tolle Geschichten erzählen, sie würden edlen Wein trinken und Bellman singen. Und zuletzt würden sie auch ein Spielchen machen. Zitterte der Oberst nicht vor Sehnsucht, noch einmal die blanken Karten zwischen seinen Fingern zu halten? Er war ja einmal der wilde Beerencreutz gewesen, der unverbesserliche Spieler, der ein ganzes Vermögen auf eine Karte setzen konnte! Sehnte er sich nicht nach dem Anreiz des Spiels mehr als nach irgend etwas anderem von all dem, was er in den Jahren seiner Armut hatte entbehren müssen?

Aber der Oberst saß still im Karriol, ohne das Pferd zu mahnen, auf den Weg zur Stadt einzubiegen. Es war solch ein wunderlicher Wunsch in ihm, an diesem Tage. Er hätte einen Weg einschlagen mögen, der nicht bei irgendeinem Ziel aufhörte, das er schon kannte. Er wollte zu etwas Unbekanntem kommen. Er wollte einem Weg folgen, der ihn weit fort in das Unendliche führte. Das war ein ungereimter Wunsch vom Obersten, aber er bewirkte es doch, daß er sich von dem Wege nach Karlstad ab- und einem anderen zuwandte.

Rechts vom Karlstader Weg lief ein anderer, der ihn nach Troßnäs führen würde, dem großen Exerzierfeld, wo die Värmländer Jäger in diesen Tagen zu Waffenübungen versammelt waren. Der Oberst wußte, wenn er, der alte Kommandant, hinkäme, das Regiment ihn, zur Parade aufgestellt, empfangen würde. Die Gesichter der jungen grünen

Jäger würden ihm entgegenstrahlen, denn sie kannten sehr wohl den Ruf der Tapferkeit, der ihn umschwebte. Die Regimentsmusik würde schmettern, die Trommeln wirbeln und die liebe Fahne in der Luft über seinem Haupte wehen. Er würde alte Offiziere treffen, die noch zu seiner Zeit in den Dienst getreten waren, und mit ihnen würde er die Tage seines Ruhms wieder durchleben und seine alten Heldentaten wieder erzählen und preisen hören. Wollte der Oberst nicht an seinem letzten Tage die Zeiten wieder leben, wo er vor Lust glühte, sich fürs Vaterland zu opfern? Wollte er nicht noch einmal in diesen Reihen stehen, die er einst zu blutigem Kampf und ruhmvollem Sieg geführt? Gab es eine stattlichere Art für ihn, dem Tod zu begegnen als dort drüben, wo noch Menschen lebten, die von der Zeit seiner Größe und seines Ruhms Zeugnis ablegen konnten?

Einen Augenblick sah es aus, als wollte der Oberst das Pferd in die Richtung nach Troßnäs lenken, aber nur einen Augenblick. Diese seltsame Sehnsucht, die sich seiner bemächtigt hatte nach einem Weg, der kein Ende hatte, der zu etwas unsäglich Fernem führte, zwang ihn, sich nach einer anderen Seite zu wenden.

Links von dem Wege nach Karlstad stand eine Allee mit schönen Bäumen, die konnte Beerencreutz in kürzester Frist zu dem größten Herrenhof der Gegend führen, wenn er es nur wollte. Und in diesem Herrenhof regierte noch heute die schöne, gefährliche, die unwiderstehliche hohe Dame, die Beerencreutz einmal geliebt hatte. Sie war jetzt alt, auch sie, aber sie war doch viele Jahre jünger als er, und überdies konnte eine Frau wie sie nie aufhören, reizend zu sein.

Beerencreutz wußte, daß, wenn er sie nach all den langen Jahren der freiwilligen Trennung an diesem letzten Tage seines Lebens aufsuchte, sie ihn zu einem Tage im Paradiese gestalten würde. Wie in seiner Jugend würde er mit ihr durch hohe Säle über spiegelblankes Parkett gehen. Reichtum und Überfluß würden ihn umgeben, wie sie sie umgaben. Er würde einmal wieder aus der Armut und dem Elend seines einsamen Alters herauskommen. Wollte er nicht noch einmal Menschen sehen mit feinen Sitten, mit weich klingenden Stimmen, mit schönen Gewändern, mit verbindlichen Redewendungen? Wollte er nicht noch einmal unter seinesgleichen leben? Wollte er nicht den einzigen kurzen Liebestraum seines Lebens noch einmal träumen?

Beerencreutz wandte das Pferd nach dieser Seite, aber er zog auch diesmal die Zügel wieder an. Auch dieser Weg führte zu einem bestimmten Ziel. Er konnte sehen, wo er aufhörte. Er führte nicht weit fort zu dem Unbekannten, zu dem, wovon er einen süßen Vorgeschmack auf den Lippen fühlte, obgleich er nicht wußte, was es war oder wie er es finden sollte.

Da war ein anderer Weg, der ging nach Nordwesten, und wenn Beerencreutz ihn einschlug, dann kam er zu dem Haus, das er geliebt hatte, zu dem größten Eisenwerk in Värmland, zu dem Ekeby der Majorin und der Kavaliere. Da wohnte heute wohl niemand, den er kannte, aber er wußte, daß alle Türen weit aufspringen würden, wenn der berühmte Kavalier käme, einer der letzten aus der Schar, die den Hof zu einem Heim der Freude und des Gesanges gemacht hatten, zu einem Reich des Tanzes und der Abenteuer. Der Kavalierflügel würde ihn mit einer ganzen Welt von Erinnerungen empfangen. Der stolze Gießbach donnerte noch drohend an einer Schmiede vorbei, die Beerencreutz mit erbaut hatte. Wollte der Oberst nicht noch einmal Ekebys Schönheit und die Herrlichkeit der Natur am langen Lövensee schauen? Wollte er nicht fühlen, wie seine Augen feucht bei der Erinnerung an die Menschen wurden, die sein Leben reich und seine Tage kurz gemacht hatten? Wollte er sie nicht aufs neue vor die Augen seiner Seele treten sehen, die stolze Majorin, die schöne Marianne, den bösen Sintram, den großen Bezauberer Gösta Berling?

Noch einmal schüttelte Beerencreutz den Kopf. »Ich hätte einmal hingehen sollen«, dachte er, »aber nicht heute. Jetzt muß ich dahin fahren, wo ich jenen Durst stillen kann, den ich in mir fühle, jenen Durst nach etwas, das unmöglich zu erreichen ist.«

Er wandte die Augen dem letzten Wege zu. Wenn er diesen wählte, so kam er, wenn der Tag sich neigte, zu einem kleinen Häuschen, das Lövdala hieß und Liljecrona, dem großen Geiger, gehörte. Es war ein kleines, unscheinbares Gehöft. Das einzige, was er da genießen konnte, war ein bißchen Musik.

Aber als der Oberst diesen Weg sah, fühlte er, daß er nach dieser Richtung fahren mußte. Diese Sehnsucht, die den ganzen Tag in ihm gelebt hatte, zog ihn dorthin.

Der Oberst wunderte sich beinahe selbst darüber, daß er so wählte, aber er fuhr doch auf jeden Fall den Weg weiter. Ziemlich spät am Tage kam er nach Lövdala und wurde dort wohl aufgenommen und bewirtet. Liljecrona freute sich, einen Mann aus jenen denkwürdigen Ekebyer Tagen zu treffen, und wie immer, wenn er sich irgendwie bewegt fühlte, nahm er die Geige hervor und fing an zu spielen.

Aber Liljecrona war jetzt alt, auch er, und er spielte nicht mehr wie einstmals in der Welt. Es klang jetzt, als wäre sein Spiel suchend und zögernd. Man hätte sagen können, daß er zu etwas Neuem hintasten wollte, daß er sich in irgend etwas zur Klarheit spielen wollte, worüber er nachgrübelte und das auszusprechen Worte nicht hinreichten.

Es gab Leute, die sagten, Liljecronas Musik tauge jetzt nicht so viel wie ehedem, und auch der Oberst hatte das Gerücht gehört, daß er zurückgegangen sei. Aber wie er nun dasaß und ihm lauschte, fühlte er mit einemmal auf seinen Lippen einen Vorgeschmack von etwas unbeschreiblich Süßem und Lockendem. Er, der in wenigen Stunden sterben sollte, begriff, daß Liljecrona daran war, einen Weg zu bahnen, der nie zu einem Ziele kommen konnte, einen Weg, den er weiterbauen wollte, immer weiter, bis in die Unendlichkeit.

Und während er lauschte, wie die Musik sich durch die Zweifel und Hindernisse hindurchkämpfte, um weiterzudringen als Gedanke und Ahnung, wurde ihm so weich ums

Herz, daß er anfing, seinem Gastfreund zu erzählen, was für einen Besuch er in dieser Nacht gehabt hatte, und wie er nun sicher wüßte, daß dieser Tag sein letzter sei.

Das rührte Liljecrona.

»Und weil du das wußtest, Bruderherz, darum bist du heute zu mir gekommen?« fragte er.

»Ich fuhr nicht deinethalben hierher, Bruderherz«, sagte Beerencreutz, und seine Augen starrten mit einem wunderlich leeren Blick vor sich hin. »Es wird wohl so sein, daß ich nach Lövdala gefahren bin, um dein Spiel zu hören, Bruder. Jetzt, wie ich so hier saß und dir zuhörte, dachte ich mir, daß es dies und nichts anderes gewesen sein kann, was ich an einem solchen Tag hören wollte. Siehst du, Bruderherz, es ist etwas Eigenes um die Musik.«

»Ja, gewiß«, sagte Liljecrona, »da hast du recht, Bruder. Es ist etwas Eigenes um die Musik.«

»Ja«, sagte der Oberst, »vielleicht ist es das, daß sie nicht recht auf der Erde daheim ist. Herrgott, Bruder, wenn man es so recht bedenkt, so ist sie doch rein nichts. Man kann sie nicht zu fassen kriegen, und sie kann einem nichts sagen, was man versteht und begreift. Glaubst du nicht, Bruderherz, daß die Musik die Sprache ist, die dort droben gesprochen wird«, fuhr er fort und wies mit der Hand nach oben, »wenn auch nur ein schwacher Widerhall zu uns hinunter dringt?«

»Du meinst, Bruderherz«, sagte Liljecrona, dem es nicht leicht fiel, die Worte zu finden, wenn es sich um Dinge handelte, die besser gespielt wurden.

»Ich meine, daß sie der Erde und dem Himmel angehört«, sagte Beerencreutz. »Sie ist wohl als ein Weg für uns zu einem anderen hinüber gedacht. Und nun sollst du weiter an diesem Wege bauen, so daß ich noch ein Weilchen dem zuwandern kann, das kein Ende hat.«

Das tat Liljecrona. Er spielte sein eigenes Suchen und sein eigenes bebendes Wundern, und der alte Oberst saß an dem stillen Sommerabend da und lauschte. Plötzlich sank er zusammen und fiel zu Boden.

Liljecrona eilte zu ihm hin. Er wurde aufgehoben und auf ein Bett gelegt.

»Mir ist gut«, sagte er, »ich gehe auf dem Weg zwischen Himmel und Erde. Dank sei dir, Dank, Bruderherz.«

Mehr sagte er nicht. Und ein paar Stunden darauf war er tot.

CHRISTUSLEGENDEN

Die Heilige Nacht

Als ich fünf Jahre alt war, hatte ich einen großen Kummer. Ich weiß kaum, ob ich seitdem einen größeren gehabt habe.

Das war, als meine Großmutter starb. Bis dahin hatte sie jeden Tag auf dem Ecksofa in ihrer Stube gesessen und Märchen erzählt.

Ich weiß es nicht anders, als daß Großmutter dasaß und erzählte, vom Morgen bis zum Abend, und wir Kinder saßen still neben ihr und hörten zu. Das war ein herrliches Leben. Es gab keine Kinder, denen es so gut ging wie uns.

Ich erinnere mich nicht an sehr viel von meiner Großmutter. Ich erinnere mich, daß sie schönes, kreideweißes Haar hatte, und daß sie sehr gebückt ging, und daß sie immer dasaß und an einem Strumpf strickte.

Dann erinnere ich mich auch, daß sie, wenn sie ein Märchen erzählt hatte, ihre Hand auf meinen Kopf zu legen pflegte, und dann sagte sie: »Und das alles ist so wahr, wie daß ich dich sehe und du mich siehst.«

Ich entsinne mich auch, daß sie schöne Lieder singen konnte, aber das tat sie nicht alle Tage. Eines dieser Lieder handelte von einem Ritter und einer Meerjungfrau, und es hatte den Kehrreim: »Es weht so kalt, es weht so kalt, wohl über die weite See.«

Dann entsinne ich mich eines kleinen Gebets, das sie mich lehrte, und eines Psalmverses.

Von all den Geschichten, die sie mir erzählte, habe ich nur eine schwache, unklare Erinnerung. Nur an eine einzige von ihnen erinnere ich mich so gut, daß ich sie erzählen könnte. Es ist eine kleine Geschichte von Jesu Geburt.

Seht, das ist beinahe alles, was ich noch von meiner Großmutter weiß, außer dem, woran ich mich am besten erinnere, nämlich dem großen Schmerz, als sie dahinging.

Ich erinnere mich an den Morgen, an dem das Ecksofa leer stand und es unmöglich war, zu begreifen, wie die Stunden des Tages zu Ende gehen sollten. Daran erinnere ich mich. Das vergesse ich nie.

Und ich erinnere mich, daß wir Kinder hingeführt wurden, um die Hand der Toten zu küssen. Und wir hatten Angst, es zu tun, aber da sagte uns jemand, daß wir nun zum letztenmal Großmutter für all die Freude danken könnten, die sie uns gebracht hatte. Und ich erinnere mich, wie Märchen und Lieder vom Hause wegfuhren, in einen langen, schwarzen Sarg gepackt, und niemals wiederkamen.

Ich erinnere mich, daß etwas aus dem Leben verschwunden war. Es war, als hatte sich die Tür zu einer ganzen schönen, verzauberten Welt geschlossen, in der wir früher frei aus und ein gehen durften. Und nun gab es niemand mehr, der sich darauf verstand, diese Tür zu öffnen.

Und ich erinnere mich, daß wir Kinder so allmählich lernten, mit Spielzeug und Puppen zu spielen und zu leben wie andere Kinder auch, und da konnte es ja den Anschein haben, als vermißten wir Großmutter nicht mehr, als erinnerten wir uns nicht mehr an sie.

Aber noch heute, nach vierzig Jahren, wie ich da sitze und die Legenden über Christus sammle, die ich drüben im Morgenland gehört habe, wacht die kleine Geschichte von Jesu Geburt, die meine Großmutter zu erzählen pflegte, in mir auf. Und ich bekomme Lust, sie noch einmal zu erzählen und sie auch in meine Sammlung mit aufzunehmen.

Es war an einem Weihnachtstag, alle waren zur Kirche gefahren, außer Großmutter und mir. Ich glaube, wir beide waren im ganzen Hause allein. Wir hatten nicht mitfahren können, weil die eine zu jung und die andere zu alt war. Und alle beide waren wir betrübt, daß wir nicht zum Mettegesang fahren und die Weihnachtslichter sehen konnten.

Aber wie wir so in unserer Einsamkeit saßen, fing Großmutter zu erzählen an.

»Es war einmal ein Mann«, sagte sie, »der in die dunkle Nacht hinausging, um sich Feuer zu leihen. Er ging von Haus zu Haus und klopfte an. ›Ihr lieben Leute, helft mir!‹ sagte er. ›Mein Weib hat eben ein Kindlein geboren, und ich muß Feuer anzünden, um sie und den Kleinen zu erwärmen.‹

Aber es war tiefe Nacht, so daß alle Menschen schliefen, und niemand antwortete ihm.

Der Mann ging und ging. Endlich erblickte er in weiter Ferne einen Feuerschein. Da wanderte er dieser Richtung zu und sah, daß das Feuer im Freien brannte. Eine Menge weißer Schafe lagen rings um das Feuer und schliefen, und ein alter Hirt wachte über der Herde. Als der Mann, der Feuer leihen wollte, zu den Schafen kam, sah er, daß drei große Hunde zu Füßen des Hirten ruhten und schliefen. Sie erwachten alle drei bei seinem Kommen und sperrten ihre weiten Rachen auf, als ob sie bellen wollten, aber man vernahm keinen Laut. Der Mann sah, daß sich die Haare auf ihrem Rücken sträubten, er sah, wie ihre scharfen Zähne funkelnd weiß im Feuerschein leuchteten, und wie sie auf ihn losstürzten. Er fühlte, daß einer nach seiner Hand schnappte, und daß einer sich an seine Kehle hängte. Aber die Kinnladen und die Zähne, mit denen die Hunde beißen wollten, gehorchten ihnen nicht, und der Mann litt nicht den kleinsten Schaden.

Nun wollte der Mann weitergehen, um das zu finden, was er brauchte. Aber die Schafe lagen so dicht nebeneinander, Rücken an Rücken, daß er nicht vorwärts kommen konnte. Da stieg der Mann auf die Rücken der Tiere und wanderte über sie hin dem Feuer zu. Und keins von den Tieren wachte auf oder regte sich.«

Soweit hatte Großmutter ungestört erzählen können, aber nun konnte ich es nicht lassen, sie zu unterbrechen. »Warum regten sie sich nicht, Großmutter?« fragte ich.

»Das wirst du nach einem Weilchen schon erfahren«, sagte Großmutter und fuhr mit ihrer Geschichte fort. »Als der Mann fast beim Feuer angelangt war, sah der Hirt auf. Es war ein alter, mürrischer Mann, der unwirsch und hart gegen alle Menschen war. Und als er einen Fremden kommen sah, griff er nach seinem langen, spitzigen Stabe, den er in der Hand zu halten pflegte, wenn er seine Herde hütete, und warf ihn nach ihm. Und der Stab fuhr zischend gerade auf den Mann los, aber ehe er ihn traf, wich er zur Seite und sauste, an ihm vorbei, weit über das Feld.«

Als Großmutter soweit gekommen war, unterbrach ich sie abermals. »Großmutter, warum wollte der Stock den Mann nicht schlagen?« Aber Großmutter ließ es sich nicht einfallen, mir zu antworten, sondern fuhr mit ihrer Erzählung fort.

»Nun kam der Mann zu dem Hirten und sagte zu ihm: ›Guter Freund, hilf mir und leih mir ein wenig Feuer. Mein Weib hat eben ein Kindlein geboren, und ich muß Feuer machen, um sie und den Kleinen zu erwärmen.‹ Der Hirt hätte am liebsten nein gesagt, aber als er daran dachte, daß die Hunde dem Manne nicht hatten schaden können, daß die Schafe nicht vor ihm davongelaufen waren und daß sein Stab ihn nicht fällen wollte, da wurde ihm ein wenig bange, und er wagte es nicht, dem Fremden das abzuschlagen, was er begehrte. ›Nimm, soviel du brauchst‹, sagte er zu dem Manne.

Aber das Feuer war beinahe ausgebrannt. Es waren keine Scheite und Zweige mehr übrig, sondern nur ein großer Gluthaufen, und der Fremde hatte weder Schaufel noch Eimer, worin er die roten Kohlen hätte tragen können.

Als der Hirt dies sah, sagte er abermals: ›Nimm, soviel du brauchst!‹ Und er freute sich, daß der Mann kein Feuer wegtragen konnte. Aber der Mann beugte sich hinunter, holte die Kohlen mit bloßen Händen aus der Asche und legte sie in seinen Mantel. Und weder versengten die Kohlen seine Hände, als er sie berührte, noch versengten sie seinen Mantel, sondern der Mann trug sie fort, als wenn es Nüsse oder Äpfel gewesen wären.«

Aber hier wurde die Märchenerzählerin zum drittenmal unterbrochen. »Großmutter, warum wollte die Kohle den Mann nicht brennen?«

»Das wirst du schon hören«, sagte die Großmutter, und dann erzählte sie weiter.

»Als dieser Hirt, der ein so böser, mürrischer Mann war, dies alles sah, begann er sich bei sich selbst zu wundern: ›Was kann dies für eine Nacht sein, wo die Hunde nicht beißen, die Schafe nicht erschrecken, die Lanze nicht tötet und das Feuer nicht brennt?‹ Er rief den Fremden zurück und sagte zu ihm: ›Was ist dies für eine Nacht? Und woher kommt es, daß alle Dinge dir Barmherzigkeit zeigen?‹

Da sagte der Mann: ›Ich kann es dir nicht sagen, wenn du selber es nicht siehst.‹ Und er wollte seiner Wege gehen, um bald ein Feuer anzünden und Weib und Kind wärmen zu können.

Aber da dachte der Hirt, er wolle den Mann nicht ganz aus dem Gesicht verlieren, bevor er erfahren hätte, was dies alles bedeute. Er stand auf und ging ihm nach, bis er dorthin kam, wo der Fremde daheim war. Da sah der Hirt, daß der Mann nicht einmal eine Hütte hatte, um darin zu wohnen, sondern er hatte sein Weib und sein Kind in einer Berggrotte liegen, wo es nichts gab als nackte, kalte Steinwände.

Aber der Hirt dachte, daß das arme unschuldige Kindlein vielleicht dort in der Grotte erfrieren würde, und obgleich er ein harter Mann war, wurde er davon doch ergriffen und beschloß, dem Kinde zu helfen. Und er löste sein Ränzel von der Schulter und nahm daraus ein weiches, weißes Schaffell hervor. Das gab er dem fremden Mann und sagte, er möge das Kind darauf betten.

Aber in demselben Augenblick, in dem er zeigte, daß auch er barmherzig sein konnte, wurden ihm die Augen geöffnet, und er sah, was er vorher nicht hatte sehen, und hörte, was er vorher nicht hatte hören können.

Er sah, daß rund um ihn ein dichter Kreis von kleinen, silberbeflügelten Englein stand. Und jedes von ihnen hielt ein Saitenspiel in der Hand, und alle sangen sie mit lauter Stimme, daß in dieser Nacht der Heiland geboren wäre, der die Welt von ihren Sünden erlösen solle.

Da begriff er, warum in dieser Nacht alle Dinge und Wesen so froh waren, daß sie niemand etwas zuleide tun wollten. Und nicht nur rings um den Hirten waren Engel, sondern er sah sie überall. Sie saßen in der Grotte, und sie saßen auf dem Berge, und sie flogen unter dem Himmel. Sie kamen in großen Scharen über den Weg gegangen, und wie sie vorbeikamen, blieben sie stehen und warfen einen Blick auf das Kind.

Es herrschte eitel Jubel und Freude und Singen und Spiel, und das alles sah er in der dunklen Nacht, in der er früher nichts zu gewahren vermocht hatte. Und er wurde so froh, daß seine Augen geöffnet waren, daß er auf die Knie fiel und Gott dankte.«

Aber als Großmutter soweit gekommen war, seufzte sie und sagte: »Aber was der Hirte sah, das könnten wir auch sehen, denn die Engel fliegen in jeder Weihnachtsnacht unter dem Himmel, wenn wir sie nur zu gewahren vermögen.«

Und dann legte Großmutter ihre Hand auf meinen Kopf und sagte: »Dies sollst du dir merken, denn es ist so wahr, wie daß ich dich sehe und du mich siehst. Nicht auf Lichter und Lampen kommt es an, und es liegt nicht an Mond und Sonne, sondern was nottut, ist, daß wir Augen haben, die Gottes Herrlichkeit sehen können.«

Die Vision des Kaisers

Es war zu der Zeit, da Augustus Kaiser in Rom war und Herodes König in Jerusalem.

Da geschah es einmal, daß eine sehr große und heilige Nacht sich auf die Erde herabsenkte. Es war die dunkelste Nacht, die man noch je gesehen hatte; man hätte glauben können, die ganze Erde sei unter ein Kellergewölbe geraten. Es war unmöglich, Wasser von Land zu unterscheiden, und man konnte sich auf dem vertrautesten Wege nicht zurechtfinden. Und dies konnte nicht anders sein, denn vom Himmel kam kein Lichtstrahl. Alle Sterne waren daheim in ihren Häusern geblieben, und der liebliche Mond hielt sein Gesicht abgewendet.

Und ebenso tief wie die Dunkelheit war auch das Schweigen und die Stille. Die Flüsse hatten in ihrem Laufe innegehalten, kein Lüftchen regte sich, und selbst das Espenlaub hatte zu zittern aufgehört. Wäre man dem Meere entlang gegangen, so hätte man gefunden, daß die Welle nicht mehr an den Strand schlug, und wäre man durch die Wüste gewandert, so hätte der Sand nicht unter dem Fuße geknirscht. Alles war versteinert und regungslos, um nicht die heilige Nacht zu stören. Das Gras vermaß sich nicht zu wachsen, der Tau konnte nicht fallen, und die Blumen wagten nicht, Wohlgeruch auszuhauchen.

In dieser Nacht jagten die Raubtiere nicht, bissen die Schlangen nicht, bellten die Hunde nicht. Und was noch herrlicher war, keins von den leblosen Dingen hätte die Weihe der Nacht dadurch stören wollen, daß es sich zu einer bösen Tat hergab. Kein Dietrich hätte ein Schloß öffnen können, und kein Messer wäre imstande gewesen, Blut zu vergießen.

Eben in dieser Nacht trat in Rom ein kleines Häufchen

Menschen aus den kaiserlichen Gemächern auf den Palatin und nahm seinen Weg über das Forum hinauf zum Kapitol. An dem eben zur Neige gegangenen Tage hatten nämlich die Räte den Kaiser gefragt, ob er etwas dagegen einzuwenden habe, daß sie ihm auf Roms heiligem Berge einen Tempel errichteten. Aber Augustus hatte nicht sogleich seine Zustimmung gegeben. Er wußte nicht, ob es den Göttern wohlgefällig wäre, daß er einen Tempel neben dem ihren besäße, und er hatte geantwortet, daß er erst seinem Schutzgeist ein nächtliches Opfer bringen wolle, um dadurch ihren Willen in dieser Sache zu erforschen. Er war es nun, der, von einigen Vertrauten geleitet, drang, dieses Opfer darzubringen. Augustus ließ sich in seiner Sänfte tragen, denn er war alt, und die hohen Treppen des Kapitols waren ihm beschwerlich. Er hielt selbst den Käfig mit den Tauben, die er opfern wollte. Nicht Priester noch Soldaten oder Ratsherren begleiteten ihn, sondern nur seine nächsten Freunde. Fackelträger gingen ihm voran, gleichsam um einen Weg in das nächtliche Dunkel zu bahnen, und ihm folgten Sklaven, die den dreifüßigen Altar trugen, die Kohlen, die Messer, das heilige Feuer und alles andere, was für das Opfer erforderlich war.

Auf dem Wege plauderte der Kaiser fröhlich mit seinen Vertrauten, und darum bemerkte niemand die unsägliche Stille und Verschwiegenheit der Nacht. Erst als sie auf dem obersten Teil des Kapitols den leeren Platz erreicht hatten, der für den neuen Tempel auserkoren war, wurde ihnen offenbar, daß etwas Ungewöhnliches bevorstand.

Dies konnte nicht eine Nacht sein wie alle andern, denn oben auf dem Rande des Felsens sahen sie das wunderbarste Wesen. Zuerst glaubten sie, es sei ein alter, verwitterter Olivenstamm, dann meinten sie, ein uraltes Steinbild vom Jupitertempel sei auf den Felsen hinausgewandert. Endlich gewahrten sie, daß dies niemand sein konnte als die alte Sibylle.

Etwas so Altes, so Wettergebräuntes und so Riesengroßes hatten sie niemals gesehen. Diese alte Frau war schreckenerregend. Wäre der Kaiser nicht gewesen, sie hätten sich alle heim in ihre Betten geflüchtet. »Sie ist es«, flüsterten sie einander zu, »die der Jahre so viele zählt, wie es Sandkörner an der Küste ihres Heimatlandes gibt. Warum ist sie gerade in dieser Nacht aus ihrer Höhle gekommen? Was kündet sie dem Kaiser und dem Reiche, sie, die ihre Prophezeiungen auf die Blätter der Bäume schreibt und weiß, daß der Wind das Orakelwort dem zuträgt, für den es bestimmt ist?«

Sie waren so erschrocken, daß sie alle auf die Knie gesunken wären und mit ihren Stirnen den Boden berührt hätten, wenn die Sibylle nur eine Bewegung gemacht hätte. Aber sie saß so still, als wäre sie leblos. Sie saß auf dem äußersten Rande des Felsens zusammengekauert, und die Augen mit der Hand beschattend, spähte sie hinaus in die Nacht. Sie saß da, als hätte sie den Hügel erstiegen, um etwas, was sich in weiter Ferne zutrug, besser zu sehen. Sie konnte also etwas sehen, sie, in einer solchen Nacht!

In dem selben Augenblick merkten der Kaiser und alle in seinem Gefolge, wie tief die Finsternis war. Keiner von ihnen konnte eine Handbreit vor sich sehen. Und welche Stille, welches Schweigen! Nicht einmal das dumpfe Gemurmel des Tiber konnten sie vernehmen. Aber die Luft wollte sie ersticken, der kalte Schweiß trat ihnen auf die Stirn, und ihre Hände waren starr und kraftlos. Sie dachten, es müsse etwas Furchtbares bevorstehen.

Aber niemand wollte zeigen, daß er Angst hatte, sondern alle sagten dem Kaiser, daß dies ein gutes Omen sei: die ganze Natur hielte den Atem an, um einen neuen Gott zu begrüßen.

Sie forderten Augustus auf, an das Opfer zu gehen, und sagten, daß die alte Sibylle wahrscheinlich aus ihrer Höhle gekommen wäre, um seinen Genius zu grüßen.

Aber in Wahrheit war die alte Sibylle von einer Vision so gefesselt, daß sie es nicht einmal wußte, daß Augustus auf das Kapitol gekommen war. Sie war im Geiste in ein fernes Land versetzt, und dort meinte sie über eine große Ebene zu wandern. In der Dunkelheit stieß sie mit dem Fuße unablässig an etwas, was sie für Erdhügelchen hielt. Sie bückte sich und tastete mit der Hand. Nein, es waren keine Erdhügelchen, sondern Schafe. Sie wanderte zwischen großen schlafenden Schafherden.

Nun gewahrte sie das Feuer der Hirten. Es brannte mitten auf dem Felde, und sie tastete sich hin. Die Hirten lagen um das Feuer und schliefen, und neben sich hatten sie lange, spitzige Stäbe, mit denen sie die Herden gegen wilde Tiere zu verteidigen pflegten. Aber die kleinen Tiere mit den funkelnden Augen und den buschigen Schwänzen, die sich zum Feuer schlichen, waren das nicht Schakale? Und doch schleuderten ihnen die Hirten keine Stäbe nach, die Hunde schliefen weiter, die Schafe flohen nicht, und die wilden Tiere legten sich an der Seite der Menschen zur Ruhe. Dies sah die Sibylle, aber sie wußte nichts von dem, was sich hinter ihr auf der Bergeshöhe zutrug. Sie wußte nicht, daß man da einen Altar errichtete, die Kohlen entzündete, das Räucherwerk ausstreute, und daß der Kaiser die eine Taube aus dem Käfig nahm, um sie zu opfern. Aber seine Hände waren so erstarrt, daß er den Vogel nicht zu halten vermochte. Mit einem einzigen Flügelschlag befreite sich die Taube und verschwand, hinauf in das nächtliche Dunkel.

Als dies geschah, blickten die Hofleute mißtrauisch zu der alten Sibylle hin. Sie glaubten, daß sie es wäre, die das Unglück verschuldet hätte.

Konnten sie wissen, daß die Sibylle noch immer an dem Kohlenfeuer der Hirten zu stehen meinte und daß sie nun einem schwachen Klange lauschte, der zitternd durch die totenstille Nacht drang? Sie hörte ihn lange, ehe sie merkte, daß er nicht von der Erde kam, sondern aus den Wolken. Endlich erhob sie das Haupt, und da sah sie lichte, schimmernde Gestalten durch die Dunkelheit gleiten. Es waren kleine Engelscharen, die gar holdselig singend und gleichsam suchend über der weiten Ebene hin und wider flogen.

Während die Sibylle so dem Engelgesange lauschte, bereitete sich der Kaiser gerade zu einem neuen Opfer. Er wusch seine Hände, reinigte den Altar und ließ sich die zweite

Taube reichen. Aber obgleich er sich bis zum äußersten anstrengte, um sie festzuhalten, entglitt der glatte Körper der Taube seiner Hand, und der Vogel schwang sich in die undurchdringliche Nacht empor.

Den Kaiser faßte ein Grauen. Er stürzte vor dem leeren Altar auf die Knie und betete zu seinem Genius. Er rief ihn um Kraft an, das Unheil abzuwenden, das diese Nacht zu künden schien.

Auch davon hatte die Sibylle nichts gehört. Sie lauschte mit ganzer Seele dem Engelgesang, der immer stärker wurde. Schließlich wurde er so mächtig, daß er die Hirten erweckte. Sie richteten sich auf dem Ellenbogen empor und sahen leuchtende Scharen silberweißer Engel in langen, wogenden Reihen gleich Zugvögeln droben durch das Dunkel schweben. Einige hatten Lauten und Violinen in den Händen, andere hatten Zithern und Harfen, und ihr Gesang klang fröhlich wie Kinderlachen und sorglos wie Lerchenzwitschern. Als die Hirten dieses hörten, machten sie sich auf, um zu dem Bergstädtlein zu gehen, wo sie daheim waren, und von dem Wunder zu erzählen.

Sie wanderten über einen schmalen, geschlängelten Pfad, und die alte Sibylle folgte ihnen. Mit einem Male wurde es oben auf dem Berg hell. Ein großer klarer Stern flammte mitten darüber auf, und die Stadt auf dem Bergesgipfel schimmerte wie Silber im Sternenlicht. Alle die umherirrenden Engelscharen eilten unter Jubelrufen hin, und die Hirten beschleunigten ihre Schritte, so daß sie beinahe liefen. Als sie die Stadt erreicht hatten, fanden sie, daß die Engel sich über einem niedrigen Stall in der Nähe des Stadttors gesammelt hatten. Es war ein ärmlicher Bau mit einem Dache aus Stroh und dem nackten Felsen als Rückwand. Darüber stand der Stern, und dahin scharten sich immer mehr und mehr Engel. Einige setzten sich auf das Strohdach oder ließen sich auf der steilen Felswand hinter dem Hause nieder, andere schwebten mit flatternden Flügeln darüber. Hoch, hoch hinauf war die Luft von den strahlenden Schwingen verklärt.

In demselben Augenblick, in dem der Stern über dem Bergstädtchen aufflammte, erwachte die ganze Natur, und die Männer, die auf der Höhe des Kapitols standen, mußten es auch merken. Sie fühlten frische, aber kosende Winde den Raum durchwehen, süße Wohlgerüche strömten rings um sie empor, Bäume rauschten, der Tiber begann zu murmeln, die Sterne strahlten, und der Mond stand mit einem Male hoch am Himmel und erleuchtete die Welt. Und aus den Wolken schwangen sich zwei Tauben nieder und setzten sich dem Kaiser auf die Schultern.

Als dies Wunder geschah, richtete sich Augustus in stolzer Freude empor, aber seine Freunde und Sklaven stürzten auf die Knie. »Ave Caesar!« riefen sie. »Dein Genius hat dir geantwortet. Du bist der Gott, der auf der Höhe des Kapitols angebetet werden soll.«

Und die Huldigung, die die hingerissenen Männer dem Kaiser zujubelten, war so laut, daß die alte Sibylle sie hörte. Sie wurde davon aus ihren Gesichten erweckt. Sie erhob sich von ihrem Platze auf dem Felsenrand und trat unter die Menschen. Es war, als hätte eine dunkle Wolke sich aus dem Abgrund erhoben, um über die Bergeshöhe hinabzustürzen. Sie war erschreckend in ihrem Alter. Wirres Haar hing in spärlichen Zotteln um ihren Kopf, die Gelenke der Glieder waren vergrößert, und die gedunkelte Haut überzog den Körper hart wie Baumrinde, Runzel an Runzel.

Aber gewaltig und ehrfurchtgebietend schritt sie auf den Kaiser zu. Mit der einen Hand umfaßte sie sein Handgelenk, mit der andern wies sie nach dem fernen Osten.

»Sieh!« gebot sie ihm, und der Kaiser schlug die Augen auf und sah. Der Raum tat sich vor seinen Blicken auf, und sie drangen ins ferne Morgenland. Und er sah einen dürftigen Stall unter einer steilen Felswand, und in der offenen Tür einige kniende Hirten. Im Stall sah er eine junge Mutter auf den Knien vor einem kleinen Kindlein, das auf einem Strohbündel am Boden lag.

Und die großen knochigen Finger der Sibylle wiesen auf dieses arme Kind.

»Ave Caesar!« sagte die Sibylle mit einem Hohnlachen. »Da ist der Gott, der auf der Höhe des Kapitols angebetet werden wird!

Da prallte Augustus vor ihr zurück, wie vor einer Wahnsinnigen.

Aber über die Sibylle kam der mächtige Sehergeist. Ihre trüben Augen begannen zu brennen, ihre Hände reckten sich zum Himmel empor, ihre Stimme verwandelte sich, so daß sie nicht ihre eigne zu sein schien, sondern solchen Klang und solche Kraft hatte, daß man sie über die ganze Welt hin hätte hören können. Und sie sprach Worte, die sie oben in den Sternen zu lesen schien.

»Anbeten wird man auf den Höhen des Kapitols den Welterneuerer, Christ oder Antichrist, doch nicht hinfällige Menschen.«

Als sie dies gesagt hatte, schritt sie durch die Reihen der schreckgelähmten Männer, ging langsam die Bergeshöhe hinunter und verschwand.

Aber Augustus ließ am nächsten Tage dem Volke streng verbieten, ihm einen Tempel auf dem Kapitol zu errichten. Anstatt dessen erbaute er dort ein Heiligtum für das neugeborene Gotteskind und nannte es ›Des Himmels Altar‹, Ara Coeli.

Der Brunnen der weisen Männer

In dem alten Lande Juda zog die Dürre umher, hohläugig und herb wanderte sie über gelbes Gras und verschrumpfte Disteln.

Es war Sommerzeit. Die Sonne brannte auf schattenlose Bergrücken, und der leiseste Wind wirbelte dichte Wolken von Kalkstaub aus dem weißgrauen Boden, die Herden standen in den Tälern um die versiegten Bäche geschart.

Die Dürre ging umher und prüfte die Wasservorräte. Sie wanderte zu Salomons Teichen und sah seufzend, daß ihre felsigen Ufer noch eine Menge Wasser umschlossen. Dann ging sie hinunter zu dem berühmten Davidsbrunnen bei Bethlehem und fand auch dort Wasser. Hierauf wanderte sie mit schleppenden Schritten über die große Heerstraße, die von Bethlehem nach Jerusalem führt.

Als sie ungefähr auf halbem Wege war, sah sie den Brunnen der weisen Männer, der dicht am Wegsaume liegt, und sie merkte sogleich, daß er nahe am Versiegen war. Die Dürre setzte sich auf die Brunnenschale, die aus einem einzigen großen ausgehöhlten Steine besteht, und sah in den Brunnen hinunter. Der blanke Wasserspiegel, der sonst ganz nahe der Öffnung sichtbar zu werden pflegte, war tief hinabgesunken, und Schlamm und Morast vom Grunde machten ihn unrein und trübe. Als der Brunnen das braungebrannte Gesicht der Dürre sich auf seinem matten Spiegel malen sah, ließ er ein Plätschern der Angst hören.

»Ich möchte wohl wissen, wann es mit dir zu Ende gehen wird«, sagte die Dürre, »du kannst wohl dort unten in der Tiefe keine Wasserader finden, die käme und dir neues Leben gäbe. Und von Regen kann, Gott sei Dank, vor zwei, drei Monaten keine Rede sein.«

»Du magst ruhig sein«, seufzte der Brunnen. »Nichts

kann mir helfen. Da wäre zum mindesten ein Quell vom Paradiese vonnöten.«

»Dann will ich dich nicht verlassen, bevor alles aus ist«, sagte die Dürre. Sie sah, daß der alte Brunnen in den letzten Zügen lag, und nun wollte sie die Freude haben, ihn Tropfen für Tropfen sterben zu sehen.

Sie setzte sich wohlgemut auf dem Brunnenrande zurecht und freute sich zu hören, wie der Brunnen in der Tiefe seufzte. Sie hatte auch großes Wohlgefallen daran, durstige Wanderer herankommen zu sehen, zu sehen, wie sie den Eimer hinuntersenkten und ihn mit nur wenigen Tropfen schlammvermengten Wassers auf dem Grunde heraufzogen.

So verging der ganze Tag, und als die Dunkelheit anbrach, sah die Dürre wieder in den Brunnen hinunter. Es blinkte noch ein wenig Wasser dort unten.

»Ich bleibe hier, die ganze Nacht über«, rief sie, »spute dich nur nicht. Wenn es so hell ist, daß ich wieder in dich hinabsehen kann, ist es sicherlich zu Ende mit dir.«

Die Dürre kauerte sich auf dem Brunnendache zusammen, während die heiße Nacht, die noch grausamer und qualvoller war als der Tag, sich auf das Land Juda herniedersenkte. Hunde und Schakale heulten ohne Unterlaß, und durstige Kühe und Esel antworteten ihnen aus ihren heißen Ställen. Wenn sich zuweilen der Wind regte, brachte er keine Kühlung, sondern war heiß und schwül wie die keuchenden Atemzüge eines großen schlafenden Ungeheuers.

Aber die Sterne leuchteten im allerholdesten Glanz, und ein kleiner, flimmernder Neumond warf ein schönes grünblaues Licht über die grauen Hügel. Und in diesem Schein sah die Dürre eine große Karawane zum Hügel heraufziehen, auf dem der Brunnen der weisen Männer lag.

Die Dürre saß und blickte auf den langen Zug und frohlockte aufs neue bei dem Gedanken an all den Durst, der zum Brunnen heraufzog und keinen Tropfen Wasser finden würde, um gelöscht zu werden. Da kamen so viele Tiere und Führer, daß sie den Brunnen hätten leeren können, selbst wenn er ganz voll gewesen wäre. Plötzlich wollte es sie bedünken, daß es etwas Ungewöhnliches, etwas Gespenstisches um diese Karawane wäre, die durch die Nacht daherzog. Alle Kamele kamen erst auf einem Hügel zum Vorschein, der gerade hinauf zum Horizont ragte; es war, als wären sie vom Himmel herniedergestiegen. Sie sahen im Mondlicht größer aus als gewöhnliche Kamele und trugen allzu leicht die Bürden, die auf ihnen lasteten.

Aber sie konnte doch nichts anderes glauben, als daß sie ganz wirklich wären, denn sie sah sie ja ganz deutlich. Sie konnte sogar unterscheiden, daß die drei vordersten Tiere Dromedare waren, Dromedare mit grauem, glänzendem Fell, und daß sie reich gezäumt, mit befransten Schabracken gesattelt waren und schöne, vornehme Reiter trugen.

Der ganze Zug machte beim Brunnen halt, die Dromedare legten sich mit dreimaligem scharfen Einknicken auf den Boden, und ihre Reiter stiegen ab. Die Packkamele blieben stehen, und wie sich ihrer immer mehr versammelten, schienen sie eine unübersehbare Wirrnis von hohen Hälsen und Buckeln und wunderlich aufgestapelten Bepackungen zu bilden.

Die drei Dromedarreiter kamen sogleich auf die Dürre zu und begrüßten sie, indem sie die Hand an Stirn und Brust legten. Sie sah, daß sie blendend weiße Gewänder und ungeheure Turbane trugen, an deren oberem Rand ein klar funkelnder Stern befestigt war, der leuchtete, als sei er geradewegs vom Himmel genommen.

»Wir kommen aus einem fernen Lande«, sagte der eine der Fremdlinge, »und wir bitten dich, sag uns, ob dies wirklich der Brunnen der weisen Männer ist.«

»Er wird heute so genannt«, sagte die Dürre, »aber morgen gibt es hier keinen Brunnen mehr. Er wird heute nacht sterben.«

»Das leuchtet mir wohl ein, da ich dich hier sehe«, sagte der Mann. »Aber ist dies denn nicht einer der heiligen Brunnen, die niemals versiegen? Oder woher hat er sonst seinen Namen?«

»Ich weiß, daß er heilig ist«, sagte die Dürre, »aber was kann das helfen? Die drei Weisen sind im Paradiese.«

Die drei Wanderer sahen einander an. »Kennst du wirklich die Geschichte des alten Brunnens?« fragten sie.

»Ich kenne die Geschichte aller Brunnen und Flüsse und Bäche und Quellen«, sagte die Dürre stolz.

»Mach uns doch die Freude und erzähl sie uns«, baten die Fremdlinge. Und sie setzten sich um die alte Feindin alles Wachsenden und lauschten.

Die Dürre räusperte sich und rückte sich auf dem Brunnenrande zurecht wie ein Märchenerzähler auf seinem Hochsitz; dann begann sie zu erzählen.

»In Gabes in Medien, einer Stadt, die dicht am Rande der Wüste liegt und die mir daher oft eine liebe Zuflucht war, lebten vor vielen Jahren drei Männer, die ob ihrer Weisheit berühmt waren. Sie waren auch sehr arm, und das war etwas sehr Ungewöhnliches, denn in Gabes wurde das Wissen hoch in Ehren gehalten und reichlich bezahlt. Aber diesen drei Männern konnte es kaum anders gehen, denn der eine von ihnen war über die Maßen alt, einer war mit dem Aussatz behaftet, und der dritte war ein Neger mit wulstigen Lippen. Die Menschen hielten den ersten für zu alt, um sie etwas lehren zu können, dem zweiten wichen sie aus Furcht vor Ansteckung aus, und dem dritten wollten sie nicht zuhören, weil sie zu wissen glaubten, daß noch niemals Weisheit aus Äthiopien gekommen wäre.

Die drei Weisen schlossen sich jedoch in ihrem Unglück aneinander. Sie bettelten tagsüber an derselben Tempelpforte und schliefen nachts auf demselben Dache. Auf diese Weise konnten sie sich wenigstens dadurch die Zeit verkürzen, daß sie gemeinsam über alles Wunderbare nachgrübelten, das sie an Dingen und Menschen bemerkten.

Eines Nachts, als sie Seite an Seite auf einem Dache schliefen, das dicht mit rotem, betäubendem Mohn bewachsen war, erwachte der älteste von ihnen, und kaum hatte er einen Blick um sich geworfen, als er auch die beiden andern weckte.

›Gepriesen sei unsere Armut, die uns nötigt, im Freien zu schlafen‹, sprach er zu ihnen. ›Wacht auf und erhebt eure Blicke zum Himmel.‹«

»Nun wohl«, sagte die Dürre mit etwas milderer Stimme, »dies war eine Nacht, die keiner, der sie gesehen hat, vergessen kann. Der Raum war so hell, daß der Himmel, der zumeist doch einem festen Gewölbe gleicht, nun tief und durchsichtig erschien und mit Wogen erfüllt wie ein Meer. Das Licht wallte droben auf und nieder, und die Sterne schienen in verschiedenen Tiefen zu schwimmen, einzelne mitten in den Lichtwellen, andere auf deren Oberfläche.

Aber ganz fern, hoch oben, sahen die drei Männer ein schwaches Dunkel auftauchen. Und dieses Dunkel durcheilte den Raum wie ein Ball und kam immer näher, und wie es so herankam, begann es sich zu erhellen, aber es erhellte sich so wie Rosen – möge Gott sie alle welken lassen –, wenn sie aus der Knospe springen. Es wurde immer größer, und die dunkle Hülle darum ward nach und nach gesprengt, und das Licht strahlte in vier klaren Blättern zu seinen Seiten aus. Endlich, als es so tief herniedergekommen war wie der nächste der Sterne, machte es halt. Da bogen sich die dunklen Enden ganz zur Seite, und Blatt um Blatt entfaltete sich schönes, rosenfarbenes Licht, bis es gleich einem Stern unter Sternen strahlte.

Als die armen Männer dies sahen, sagte ihnen ihre Weisheit, daß in dieser Stunde auf Erden ein mächtiger König geboren würde, einer, dessen Macht höher steigen sollte als die Cyrus' oder Alexanders. Und sie sagten zueinander: ›Lasset uns zu den Eltern des Neugeborenen gehen und ihnen sagen, was wir gesehen haben. Vielleicht lohnen sie es uns mit einem Beutel Münzen oder einem Armband aus Gold.‹

Sie ergriffen ihre langen Wanderstäbe und machten sich auf den Weg. Sie wanderten durch die Stadt und hinaus zum Stadttor, aber da standen sie einen Augenblick unschlüssig, denn jetzt breitete sich vor ihnen die große Wüste aus, die die Menschen verabscheuen. Da sahen sie, wie der neue Stern einen schmalen Lichtstreifen über den Wüstensand warf, und sie wanderten voll Zuversicht weiter mit dem Stern als Wegweiser.

Sie gingen die ganze Nacht über das weite Sandfeld, und auf ihrer Wanderung sprachen sie von dem jungen neugeborenen König, den sie in einer Wiege aus Gold schlafend finden würden, mit Edelsteinen spielend. Sie kürzten die Stunden der Nacht, indem sie davon sprachen, wie sie vor seinen Vater, den König, und seine Mutter, die Königin, treten würden und ihnen sagen, daß der Himmel ihrem Sohne Macht und Stärke, Schönheit und Glück verheiße, größer als Salomons Glück.

Sie brüsteten sich damit, daß Gott sie erkoren hatte, den Stern zu sehen. Sie sagten sich, daß die Eltern des Neugeborenen sie nicht mit weniger als zwanzig Beuteln Gold entlohnen könnten, vielleicht würden sie ihnen sogar so viel geben, daß sie niemals mehr die Qualen der Armut zu fühlen brauchten.

Ich lag wie der Löwe in der Wüste auf der Lauer«, fuhr die Dürre fort, »um mich mit allen Qualen des Durstes auf diese Wanderer zu stürzen; aber sie entkamen mir, die ganze Nacht führte der Stern sie, und am Morgen, als der Himmel sich erhellte und die andern Sterne verblichen, blieb dieser beharrlich und leuchtete über der Wüste, bis er sie zu einer Oase geführt hatte, wo sie eine Quelle und Dattelbäume fanden. Da ruhten sie den ganzen Tag, und erst mit sinkender Nacht, als sie den Sternenstrahl wieder den Wüstensand umranden sahen, gingen sie weiter.

Nach Menschenweise zu sehen«, fuhr die Dürre fort, »war es eine schöne Wanderung. Der Stern geleitete sie, daß sie weder zu hungern noch zu dürsten brauchten. Er führte sie an den scharfen Disteln vorbei, er vermied den tiefen, losen Flugsand, sie entgingen dem grellen Sonnenschein und den heißen Wüstenstürmen. Die Weisen sagten beständig zueinander: ›Gott schützt uns und segnet unsere Wanderung. Wir sind seine Sendboten.‹

Aber so allmählich gewann ich doch Macht über sie«, erzählte die Dürre weiter, »und in einigen Tagen waren die

Herzen dieser Sternenwanderer in eine Wüste verwandelt, ebenso trocken wie die, durch die sie wanderten. Sie waren mit unfruchtbarem Stolz und versengender Gier erfüllt.

›Wir sind Gottes Sendboten‹, wiederholten die drei Weisen, ›der Vater des neugeborenen Königs belohnt uns nicht zu hoch, wenn er uns eine mit Gold beladene Karawane schenkt.‹

Endlich führte der Stern sie über den vielgerühmten Jordanfluß und hinauf zu den Hügeln des Landes Juda. Und eines Nachts blieb er über der kleinen Stadt Bethlehem stehen, die unter grünen Olivenbäumen auf einem felsigen Hügel hervorschimmert.

Die drei Weisen sahen sich nach Schlössern und befestigten Türmen und Mauern und all dem andern um, was zu einer Königsstadt gehört, aber davon sahen sie nichts. Und was noch schlimmer war, das Sternenlicht leitete sie nicht einmal in die Stadt hinein, sondern blieb bei einer Grotte am Wegsaum stehen. Da glitt das milde Licht durch die Öffnung hinein und zeigte den drei Wanderern ein kleines Kind, das im Schoße seiner Mutter lag und in Schlaf gesungen wurde.

Aber ob auch die drei Weisen nun sahen, daß das Licht gleich einer Krone das Haupt des Kindes umschloß, blieben sie vor der Grotte stehen. Sie traten nicht ein, um dem Kleinen Ruhm und Königreiche zu prophezeien. Sie wendeten sich, und ohne ihre Gegenwart zu verraten, flohen sie vor dem Kinde und gingen wieder den Hügel hinan.

›Sind wir zu Bettlern ausgezogen, die ebenso arm und gering sind wie wir selber?‹ sagten sie. ›Hat Gott uns hierher geführt, damit wir unseren Scherz treiben und dem Sohn eines Schafhirten alle Ehre weissagen? Dieses Kind wird nie etwas andres erreichen, als hier im Tale seine Herden zu hüten.‹«

Die Dürre hielt inne und nickte ihren Zuhörern bekräftigend zu. Hab' ich nicht recht? schien sie sagen zu wollen. Es gibt mancherlei, was dürrer ist als der Wüstensand. Aber nichts ist unfruchtbarer als das Menschenherz.

»Die drei Weisen waren nicht lange gegangen, als es ihnen einfiel, daß sie sich wohl verirrt hätten, dem Sterne nicht richtig gefolgt wären«, fuhr die Dürre fort, »und sie hoben ihre Augen empor, um den Stern und den rechten Weg wiederzufinden. Aber da war der Stern, dem sie vom Morgenlande her gefolgt waren, vom Himmel verschwunden.«

Die drei Fremdlinge machten eine heftige Bewegung, ihre Gesichter drückten tiefes Leiden aus.

»Was sich nun begab«, begann die Sprecherin von neuem, »ist, nach Menschenart zu urteilen, vielleicht etwas Erfreuliches. Gewiß ist, daß die drei Männer, als sie den Stern nicht mehr sahen, sogleich begriffen, daß sie gegen Gott gesündigt hatten. Und es geschah mit ihnen«, fuhr die Dürre schaurend fort, »was mit dem Boden im Herbste geschieht, wenn die Regenzeit beginnt. Sie zitterten vor Schrecken wie die Erde vor Blitz und Donner, ihr Wesen erweichte sich, die Demut sproß wie grünes Gras in ihren Sinnen empor.

Drei Tage und drei Nächte wanderten sie im Lande umher, um das Kind zu finden, das sie anbeten sollten. Aber der Stern zeigte sich ihnen nicht, sie verirrten sich immer mehr und fühlten die größte Trauer und Betrübnis. In der dritten Nacht langten sie bei diesem Brunnen an, um zu trinken. Und da hatte Gott ihnen ihre Sünde verziehen, so daß sie, als sie sich über das Wasser beugten, dort tief unten das Spiegelbild des Sternes sahen, der sie aus dem Morgenland herbeigeführt hatte.

Sogleich gewahrten sie ihn auch am Himmelszelt, und er führte sie aufs neue zur Grotte in Bethlehem, und sie fielen vor dem Kinde auf die Knie und sagten: ›Wir bringen dir Goldschalen voll Räucherwerk und köstlicher Gewürze. Du wirst der größte König werden, der auf Erden gelebt hat und leben wird von ihrer Erschaffung bis zu ihrem Untergange.‹ Da legte das Kind seine Hand auf ihre gesenkten Köpfe, und als sie sich erhoben – siehe, da hatte es ihnen Gaben gegeben, größer als ein König sie hätte schenken können. Denn der alte Bettler war jung geworden, und der Aussätzige gesund, und der Schwarze war ein schöner, weißer Mann. Und man sagt, sie waren so herrlich, daß sie von dannen zogen und Könige wurden, jeder in seinem Reich.«

Die Dürre hielt in ihrer Erzählung inne, und die drei Fremdlinge priesen sie. »Du hast gut erzählt«, sagten sie. »Aber es wundert mich, daß die drei Weisen nichts für den Brunnen tun, der ihnen den Stern zeigte. Sollten sie eine solche Wohltat ganz vergessen haben?«

»Muß nicht dieser Brunnen immer da sein«, sagte der zweite Fremdling, »um die Menschen daran zu erinnern, daß sich das Glück, das auf den Höhen des Stolzes entschwindet, in den Tiefen der Demut wiederfinden läßt?« – »Sind die Dahingeschiedenen schlechter als die Lebenden?« sagte der dritte. »Stirbt die Dankbarkeit bei denen, die im Paradiese leben?«

Aber als sie dieses sagten, fuhr die Dürre mit einem Schrei empor. Sie hatte die Fremdlinge erkannt, sie sah, wer die Wanderer waren. Und sie entfloh wie eine Rasende, um nicht sehen zu müssen, wie die weisen Männer ihre Diener riefen und ihre Kamele, die alle mit Wassersäcken beladen waren, herbeiführten und den armen sterbenden Brunnen mit Wasser füllten, das sie aus dem Paradiese gebracht hatten.

Das Kindlein von Bethlehem

Vor dem Stadttor in Bethlehem stand ein römischer Kriegsknecht Wache. Er trug Harnisch und Helm, er hatte ein
kurzes Schwert an der Seite und hielt eine lange Lanze in
der Hand. Den ganzen Tag stand er beinahe regungslos, so
daß man ihn wirklich für einen Mann aus Eisen halten
konnte. Die Stadtleute gingen durch das Tor aus und ein,
Obstverkäufer und Weinhändler stellten ihre Körbe und
Gefäße auf den Boden neben den Kriegsknecht hin, aber er
gab sich kaum die Mühe, den Kopf zu wenden, um ihnen
nachzusehen.

Das ist doch nichts, um es zu betrachten, schien er sagen
zu wollen. Was kümmere ich mich um euch, die ihr arbeitet
und Handel treibt und mit Ölkrügen und Weinschläuchen
angezogen kommt! Laßt mich ein Kriegsheer sehen, das
sich aufstellt, um dem Feinde entgegenzuziehen! Laßt mich
das Gewühl sehen und den heißen Streit, wenn ein Reiter-
trupp sich auf eine Schar Fußvolk stürzt! Laßt mich die
Tapferen sehen, die mit Sturmleitern vorwärts eilen, um die
Mauern einer belagerten Stadt zu ersteigen! Nichts andres
kann mein Auge erfreuen als der Krieg. Ich sehne mich danach, Roms Adler in der Luft blinken zu sehen. Ich sehne
mich nach dem Schmettern der Kupferhörner, nach schimmernden Waffen, nach rot verspritzendem Blut.

Gerade vor dem Stadttor erstreckte sich ein prächtiges
Feld, das ganz mit Lilien bewachsen war. Der Kriegsknecht
stand jeden Tag da, die Blicke gerade auf dieses Feld gerichtet, aber es kam ihm keinen Augenblick in den Sinn, die au-
ßerordentliche Schönheit der Blumen zu bewundern. Zuweilen merkte er, daß die Vorübergehenden stehenblieben
und sich an den Lilien freuten, und dann staunte er, daß sie
ihre Wanderung verzögerten, um etwas so Unbedeutendes

anzuschauen. Diese Menschen wissen nicht, was schön ist, dachte er. Und wie er so dachte, sah er nicht mehr die grünenden Felder und die Olivenhügel rings um Bethlehem vor seinen Augen, sondern er träumte sich fort in eine glühend heiße Wüste in dem sonnenreichen Libyen. Er sah eine Legion Soldaten in einer langen geraden Linie über den gelben Sand ziehen. Nirgends gab es Schutz vor den Sonnenstrahlen, nirgends einen labenden Quell, nirgends war eine Grenze der Wüste oder ein Ziel der Wanderung zu erblicken. Er sah die Soldaten, von Hunger und Durst ermattet, mit schwankenden Schritten vorwärts wandern. Er sah einen nach dem andern zu Boden stürzen, von der glühenden Sonnenhitze gefällt. Aber trotz allem zog die Truppe stetig vorwärts, ohne zu zaudern, ohne daran zu denken, den Feldherrn im Stich zu lassen oder umzukehren.

Sehet hier, was schön ist! dachte der Kriegsknecht. Seht, was den Blick eines tapfern Mannes verdient! Während der Kriegsknecht Tag für Tag an demselben Platze auf seinem Posten stand, hatte er die beste Gelegenheit, die schönen Kinder zu betrachten, die rings um ihn spielten. Aber es war mit den Kindern wie mit den Blumen. Er begriff nicht, daß es der Mühe wert sein könnte, sie zu betrachten. Was ist dies, um sich daran zu freuen? dachte er, als er die Menschen lächeln sah, wenn sie den Spielen der Kinder zusahen. Es ist seltsam, daß sich jemand über ein Nichts freuen kann.

Eines Tages, als der Kriegsknecht wie gewöhnlich auf seinem Posten vor dem Stadttore stand, sah er ein kleines Knäblein, das ungefähr drei Jahre alt sein mochte, auf diese Wiese kommen, um zu spielen. Es war ein armes Kind, das in ein kleines Schaffell gekleidet war und ganz allein spielte. Der Soldat stand und beobachtete den kleinen Ankömmling, beinahe ohne es selbst zu merken. Das erste, was ihm auffiel, war, daß der Kleine so leicht über das Feld lief, daß er auf den Spitzen der Grashalme zu schweben schien. Aber als er dann anfing, seine Spiele zu verfolgen, da staunte er noch mehr. »Bei meinem Schwert«, sagte er schließlich,

»dieses Kind spielt nicht wie andre! Was kann das sein, womit es sich da ergötzt?«

Das Kind spielte nur wenige Schritte von dem Kriegsknecht entfernt, so daß er darauf achten konnte, was es vornahm. Er sah, wie es die Hand ausstreckte, um eine Biene einzufangen, die auf dem Rande einer Blume saß und so schwer mit Blütenstaub beladen war, daß sie kaum die Flügel zum Fluge zu erheben vermochte. Er sah zu seiner großen Verwunderung, daß die Biene sich, ohne einen Versuch zu entfliehen und ohne ihren Stachel zu gebrauchen, fangen ließ. Aber als der Kleine die Biene sicher zwischen seinen Fingern hielt, lief er fort zu einer Spalte in der Stadtmauer, wo ein Schwarm Bienen seine Wohnstatt hatte, und setzte das Tierchen dort ab. Und sowie er auf diese Weise einer Biene geholfen hatte, eilte er sogleich von dannen, um einer andern beizustehen. Den ganzen Tag sah ihn der Soldat Bienen einfangen und sie in ihr Heim tragen.

Dieses Knäblein ist wahrlich törichter als irgend jemand, den ich bis heute gesehen habe, dachte der Kriegsknecht. Wie kann es ihm einfallen, zu versuchen, diesen Bienen beizustehen, die sich so gut ohne ihn helfen und die ihn obendrein mit ihrem Stachel stechen können! Was für ein Mensch soll aus ihm werden, wenn er am Leben bleibt?

Der Kleine kam Tag für Tag wieder und spielte draußen auf der Wiese, und der Kriegsknecht konnte es nicht lassen, sich über ihn und seine Spiele zu wundern. Es ist recht seltsam, dachte er, nun habe ich volle drei Jahre an diesem Tor Wache gestanden, und noch niemals habe ich etwas zu Gesicht bekommen, was meine Gedanken beschäftigt hätte, außer diesem Kinde. Aber der Kriegsknecht hatte durchaus keine Freude an dem Kinde. Im Gegenteil, der Kleine erinnerte ihn an eine furchtbare Weissagung eines alten jüdischen Sehers. Dieser hatte nämlich prophezeit, daß einmal eine Zeit des Friedens sich auf die Erde senken würde. Während eines Zeitraums von tausend Jahren würde kein Blut vergossen, kein Krieg geführt werden, sondern die Menschen würden einander lieben wie Brüder. Wenn der

Kriegsknecht daran dachte, daß etwas so Entsetzliches wirklich eintreffen könnte, dann durcheilte seinen Körper ein Schauder, und er umklammerte hart seine Lanze, gleichsam um eine Stütze zu suchen.

Und je mehr nun der Kriegsknecht von dem Kleinen und seinen Spielen sah, desto häufiger mußte er an das Reich des tausendjährigen Friedens denken. Zwar fürchtete er nicht, daß es schon angebrochen sein könnte, aber er liebte es nicht, an etwas so Verabscheuungswürdiges auch nur denken zu müssen.

Eines Tages, als der Kleine zwischen den Blumen auf dem schönen Felde spielte, kam ein sehr heftiger Regenschauer aus den Wolken herniedergeprasselt. Als er merkte, wie groß und schwer die Tropfen waren, die auf die zarten Lilien niederschlugen, schien er für seine schönen Freundinnen besorgt zu werden. Er eilte zu der schönsten und größten unter ihnen und beugte den steifen Stengel, der die Blüten trug, zur Erde, so daß die Regentropfen die untere Seite der Kelche trafen. Und sowie er mit einer Blumenstaude in dieser Weise verfahren war, eilte er zu einer anderen und beugte ihren Stengel in gleicher Weise, so daß die Blumenkelche sich der Erde zuwendeten. Und dann zu einer dritten und vierten, bis alle Blumen der Flur gegen heftigen Regen geschützt waren.

Der Kriegsknecht mußte bei sich lächeln, als er die Arbeit des Knaben sah. »Ich fürchte, die Lilien werden ihm keinen Dank dafür wissen«, sagte er. »Alle Stengel sind natürlich abgebrochen. Es geht nicht an, die steifen Pflanzen auf diese Art zu beugen.«

Aber als der Regenschauer endlich aufhörte, sah der Kriegsknecht das Knäblein zu den Lilien eilen und sie aufrichten. Und zu seinem unbeschreiblichen Staunen richtete das Kind ohne die mindeste Mühe die steifen Stengel gerade. Es zeigte sich, daß kein einziger von ihnen gebrochen oder beschädigt war. Es eilte von Blume zu Blume, und alle geretteten Lilien strahlten bald in vollem Glanze auf der Flur.

Als der Kriegsknecht dies sah, bemächtigte sich seiner ein seltsamer Groll. Sieh doch an, welch ein Kind! dachte er. Es ist kaum zu glauben, daß es etwas so Törichtes beginnen kann. Was für ein Mann soll aus diesem Kleinen werden, der es nicht einmal ertragen kann, eine Lilie zerstört zu sehen? Wie würde es ablaufen, wenn so einer in den Krieg müßte? Was würde er anfangen, wenn man ihm den Befehl gäbe, ein Haus anzuzünden, das voller Frauen und Kinder wäre, oder ein Schiff in Grund zu bohren, das mit seiner ganzen Besatzung über die Wellen führe?

Wieder mußte er an die alte Prophezeiung denken, und er begann zu fürchten, daß die Zeit wirklich angebrochen sein könnte, zu der sie in Erfüllung gehen sollte. Sintemalen ein Kind gekommen ist wie dieses, ist diese fürchterliche Zeit vielleicht ganz nahe. Schon jetzt herrscht Friede auf der ganzen Welt, und sicherlich wird der Tag des Krieges niemals mehr anbrechen. Von nun an werden alle Menschen von derselben Gemütsart sein wie dieses Kind. Sie werden fürchten, einander zu schaden, ja, sie werden es nicht einmal übers Herz bringen, eine Biene oder eine Blume zu zerstören. Keine großen Heldentaten werden mehr vollbracht. Keine herrlichen Siege wird man erringen, und kein glänzender Triumphator wird zum Kapitol hinanziehen. Es wird für einen tapferen Mann nichts mehr geben, was er ersehnen könnte.

Und der Kriegsknecht, der noch immer hoffte, neue Kriege zu erleben und sich durch Heldentaten zu Macht und Reichtum aufzuschwingen, war so ergrimmt gegen den kleinen Dreijährigen, daß er drohend die Lanze nach ihm ausstreckte, als er das nächste Mal an ihm vorbeilief.

An einem andern Tage jedoch waren es weder die Bienen noch die Lilien, denen der Kleine beizustehen suchte, sondern er tat etwas, was den Kriegsknecht noch viel unnötiger und undankbarer deuchte.

Es war ein furchtbar heißer Tag, und die Sonnenstrahlen, die auf den Helm und die Rüstung des Soldaten fielen, erhitzten sich so, daß ihm war, als trüge er ein Kleid aus Feuer.

Für die Vorübergehenden hatte es den Anschein, als müßte er schrecklich unter der Wärme leiden. Seine Augen traten blutunterlaufen aus dem Kopfe, und die Haut seiner Lippen verschrumpfte, aber den Kriegsknecht, der gestählt war und die brennende Hitze in Afrikas Sandwüsten ertragen hatte, deuchte es, daß dies eine geringe Sache wäre, und er ließ es sich nicht einfallen, seinen gewohnten Platz zu verlassen. Er fand im Gegenteil Gefallen daran, den Vorübergehenden zu zeigen, daß er so stark und ausdauernd war und nicht Schutz vor der Sonne zu suchen brauchte.

Während er so dastand und sich beinahe lebendig braten ließ, kam der kleine Knabe, der auf dem Felde zu spielen pflegte, plötzlich auf ihn zu. Er wußte wohl, daß der Legionär nicht zu seinen Freunden gehörte, und er pflegte sich zu hüten, in den Bereich seiner Lanze zu kommen, aber nun trat er dicht an ihn heran, betrachtete ihn lange und genau und eilte dann in vollem Laufe über den Weg. Als er nach einer Weile zurückkam, hielt er beide Hände ausgebreitet wie eine Schale und brachte auf diese Weise ein paar Tropfen Wasser mit.

Ist dies Kind jetzt gar auf den Einfall gekommen, fortzulaufen und für mich Wasser zu holen? dachte der Soldat. Das ist wirklich ohne allen Verstand. Sollte ein römischer Legionär nicht ein bißchen Wärme ertragen können? Was braucht dieser Kleine herumzulaufen, um denen zu helfen, die keiner Hilfe bedürfen! Mich gelüstet nicht nach seiner Barmherzigkeit. Ich wünschte, daß er und alle, die ihm gleichen, nicht mehr auf dieser Welt wären.

Der Kleine kam sehr behutsam heran. Er hielt seine Finger fest zusammengepreßt, damit nichts verschüttet werde oder überlaufe. Während er sich dem Kriegsknecht näherte, hielt er die Augen ängstlich auf das kleine bißchen Wasser geheftet, das er mitbrachte, und sah also nicht, daß dieser mit tief gerunzelter Stirn und abweisenden Blicken dastand. Endlich blieb er dicht vor dem Legionär stehen und bot ihm das Wasser.

Im Gehen waren seine schweren, lichten Locken ihm

immer tiefer in die Stirn und die Augen gefallen. Er schüttelte ein paarmal den Kopf, um das Haar zurückzuwerfen, damit er aufblicken könnte. Als ihm dies endlich gelang und er den harten Ausdruck in dem Gesichte des Kriegsknechts gewahrte, erschrak er gar nicht, sondern blieb stehen und lud ihn mit einem bezaubernden Lächeln ein, von dem Wasser zu trinken, das er mitbrachte. Aber der Kriegsknecht hatte keine Lust, eine Wohltat von diesem Kinde zu empfangen, das er als seinen Feind betrachtete. Er sah nicht hinab in sein schönes Gesicht, sondern stand starr und regungslos und machte nicht Miene, als verstünde er, was das Kind für ihn tun wollte.

Aber das Knäblein konnte gar nicht fassen, daß der andre es abweisen wollte. Es lächelte noch immer ebenso vertrauensvoll, stellte sich auf die Zehenspitzen und streckte die Hände so hoch in die Höhe, als es vermochte, damit der groß gewachsene Soldat das Wasser leichter erreiche.

Der Legionär fühlte sich jedoch so verunglimpft dadurch, daß ein Kind ihm helfen wollte, daß er nach seiner Lanze griff, um den Kleinen in die Flucht zu jagen.

Aber nun begab es sich, daß gerade in demselben Augenblick die Hitze und der Sonnenschein mit solcher Heftigkeit auf den Kriegsknecht hereinbrachen, daß er rote Flammen vor seinen Augen lodern sah und fühlte, wie sein Gehirn im Kopfe schmolz. Er fürchtete, daß die Sonne ihn morden würde, wenn er nicht augenblicklich Linderung fände.

Und außer sich vor Schrecken über die Gefahr, in der er schwebte, schleuderte er die Lanze zu Boden, umfaßte mit beiden Händen das Kind, hob es empor und schlürfte soviel er konnte von dem Wasser, das es in den Händen hielt.

Es waren freilich nur ein paar Tropfen, die seine Zunge benetzten, aber mehr waren auch nicht vonnöten. Sowie er das Wasser gekostet hatte, durchrieselte wohlige Erquikkung seinen Körper, und er fühlte Helm und Harnisch nicht mehr lasten und brennen. Die Sonnenstrahlen hatten ihre tödliche Macht verloren. Seine trockenen Lippen wurden wieder weich, und die roten Flammen tanzten nicht mehr vor seinen Augen.

Bevor er noch Zeit hatte, dies alles zu merken, hatte er das Kind schon zu Boden gestellt, und es lief wieder fort und spielte auf der Flur. Nun begann er erstaunt zu sich selber zu sagen: Was war dies für ein Wasser, das das Kind mir bot? Es war ein herrlicher Trank. Ich muß ihm wahrlich meine Dankbarkeit zeigen.

Aber da er den Kleinen haßte, schlug er sich diese Gedanken alsbald aus dem Sinn. Es ist ja nur ein Kind, dachte er, es weiß nicht, warum es so oder so handelt. Es spielt nur das Spiel, das ihm am besten gefällt. Findet es vielleicht Dankbarkeit bei den Bienen oder bei den Lilien? Um dieses Knäbleins willen brauche ich mir keinerlei Ungemach zu bereiten. Es weiß nicht einmal, daß es mir beigestanden hat.

Und er empfand womöglich noch mehr Groll gegen das Kind, als er ein paar Augenblicke später den Anführer der römischen Soldaten, die in Bethlehem lagen, durch das Tor kommen sah. Man sehe nur, dachte er, in welcher Gefahr ich durch den Einfall des Kleinen geschwebt habe! Wäre Voltigius nur um ein weniges früher gekommen, er hätte mich mit einem Kinde in den Armen dastehen sehen.

Der Hauptmann schritt jedoch gerade auf den Kriegsknecht zu und fragte ihn, ob sie hier miteinander sprechen könnten, ohne daß jemand sie belauschte. Er hätte ihm ein Geheimnis anzuvertrauen. »Wenn wir uns nur zehn Schritte von dem Tore entfernen«, antwortete der Kriegsknecht, »so kann uns niemand hören.«

»Du weißt«, sagte der Hauptmann, »daß König Herodes einmal ums andre versucht hat, sich eines Kindleins zu bemächtigen, das hier in Bethlehem aufwächst. Seine Seher und Priester haben ihm gesagt, daß dieses Kind seinen Thron besteigen werde, und außerdem haben sie prophezeit, daß der neue König ein tausendjähriges Reich des Friedens und der Heiligkeit gründen werde. Du begreifst also, daß Herodes ihn gerne unschädlich machen will.«

»Freilich begreife ich es«, sagte der Kriegsknecht eifrig, »das muß doch das leichteste auf der Welt sein.«

»Es wäre allerdings sehr leicht«, sagte der Hauptmann, »wenn der König nur wüßte, welches von allen Kindern hier in Bethlehem gemeint ist.« Die Stirne des Kriegsknechts legte sich in tiefe Falten. »Es ist bedauerlich, daß seine Wahrsager ihm hierüber keinen Aufschluß geben können.«

»Jetzt aber hat Herodes eine List gefunden, durch die er glaubt, den jungen Friedensfürsten unschädlich machen zu können«, fuhr der Hauptmann fort. »Er verspricht jedem eine herrliche Gabe, der ihm hierin beistehen will.«

»Was immer Voltigius befehlen mag, es wird auch ohne Lohn oder Gabe vollbracht werden«, sagte der Soldat.

»Habe Dank«, sagte der Hauptmann. »Höre nun des Königs Plan! Er will den Jahrestag der Geburt seines jüngsten Sohnes durch ein Fest feiern, zu dem alle Knaben in Bethlehem, die zwischen zwei und drei Jahre alt sind, mit ihren Müttern geladen werden sollen. Und bei diesem Feste –« Er unterbrach sich und lachte, als er den Ausdruck des Abscheus sah, der sich auf dem Gesichte des Soldaten malte.

»Guter Freund«, fuhr er fort, »du brauchst nicht zu befürchten, daß Herodes uns als Kinderwärter verwenden will. Neige nun dein Ohr zu meinem Munde, so will ich dir seine Absichten anvertrauen.«

Der Hauptmann flüsterte lange mit dem Kriegsknecht, und als er ihm alles mitgeteilt hatte, fügte er hinzu: »Ich brauche dir wohl nicht erst zu sagen, daß die strengste Verschwiegenheit nötig ist, wenn nicht das ganze Vorhaben mißlingen soll.«

»Du weißt, Voltigius, daß du dich auf mich verlassen kannst«, sagte der Kriegsknecht.

Als der Anführer sich entfernt hatte und der Kriegsknecht wieder allein auf seinem Posten stand, sah er sich nach dem Kinde um. Das spielte noch immer unter den Blumen, und er ertappte sich bei dem Gedanken, daß es sie so leicht und anmutsvoll umschwebe wie ein Schmetterling.

Auf einmal fing der Krieger zu lachen an. »Ja, richtig«, sagte er, »dieses Kind wird mir nicht lange mehr ein Dorn im Auge sein. Es wird ja auch an jenem Abende zum Fest des Herodes geladen werden.«

Der Kriegsknecht harrte den ganzen Tag auf seinem Posten aus, bis der Abend anbrach und es Zeit wurde, die Stadttore für die Nacht zu schließen.

Als dies geschehen war, wanderte er durch schmale, dunkle Gäßchen zu einem prächtigen Palaste, den Herodes in Bethlehem besaß.

Im Innern dieses gewaltigen Palastes befand sich ein großer, steingepflasterter Hof, der von Gebäuden umkränzt war, an denen entlang drei offene Galerien liefen, eine über der anderen. Auf der obersten dieser Galerien sollte, so hatte es der König bestimmt, das Fest für die bethlehemitischen Kinder stattfinden.

Diese Galerie war, gleichfalls auf den ausdrücklichen Befehl des Königs, so umgewandelt, daß sie einem gedeckten Gange in einem herrlichen Lustgarten glich. Über die Decke schlangen sich Weinranken, von denen üppige Trauben herabhingen, und den Wänden und Säulen entlang standen kleine Granat- und Orangenbäumchen, die über und über mit reifen Früchten bedeckt waren. Der Fußboden war mit Rosenblättern bestreut, die dicht und weich lagen wie ein Teppich, und entlang der Balustrade, den Deckengesimsen, den Tischen und den niedrigen Ruhebetten, überall erstreckten sich Girlanden von weißen strahlenden Lilien.

In diesem Blumenhain standen hier und da große Marmorbassins, wo gold- und silberglitzernde Fischlein in durchsichtigem Wasser spielten. Auf den Bäumen saßen bunte Vögel aus fernen Ländern, und in einem Käfig hockte ein alter Rabe, der ohne Unterlaß sprach.

Zu Beginn des Festes zogen Kinder und Mütter in die Galerie ein. Die Kinder waren gleich beim Betreten des Palastes in weiße Gewänder mit Purpurborten gekleidet wor-

den, und man hatte ihnen Rosenkränze auf die dunkellok-
kigen Köpfchen gedrückt. Die Frauen kamen stattlich heran
in ihren roten und blauen Gewändern und ihren weißen
Schleiern, die von hohen kegelförmigen Kopfbedeckungen,
mit Goldmünzen und Ketten besetzt, herniederwallten.
Einige trugen ihr Kind hoch auf der Schulter sitzend, andere führten ihr Söhnlein an der Hand, und einige wieder, deren Kinder scheu und verschüchtert waren, hatten sie auf
ihre Arme gehoben.

Die Frauen ließen sich auf dem Boden der Galerie nieder.
Sowie sie Platz genommen hatten, kamen Sklaven herbei
und stellten niedrige Tischchen vor sie hin, worauf sie aus-
erlesene Speisen und Getränke stellten, so wie es sich bei
dem Feste eines Königs geziemt. Und alle diese glücklichen
Mütter begannen zu essen und zu trinken, ohne jene stolze
anmutvolle Würde abzulegen, die die schönste Zier der
bethlehemitischen Frauen ist.

Der Wand der Galerie entlang und beinahe von Blumengirlanden und fruchtbeladenen Bäumen verdeckt, waren
doppelte Reihen von Kriegsknechten in voller Rüstung aufgestellt. Sie standen vollkommen regungslos, als hätten sie
nichts mit dem zu schaffen, was rund um sie vorging. Die
Frauen konnten es nicht lassen, bisweilen einen verwunderten Blick auf die Schar von Geharnischten zu werfen.
»Wozu bedarf es ihrer?« flüsterten sie. »Meint Herodes,
daß wir uns nicht zu betragen wüßten? Glaubt er, daß es einer solchen Menge Kriegsknechte bedürfte, um uns im
Zaume zu halten?«

Aber andere flüsterten zurück, daß es so wäre, wie es bei
einem König sein müßte. Herodes selbst gäbe niemals ein
Fest, ohne daß sein ganzes Haus von Kriegsknechten erfüllt
wäre. Um sie zu ehren, stünden die bewaffneten Legionäre
da und hielten Wacht in der Galerie.

Zu Beginn des Festes waren die kleinen Kinder scheu und
unsicher und hielten sich still zu ihren Müttern. Aber bald
begannen sie sich in Bewegung zu setzen und von den
Herrlichkeiten Besitz zu ergreifen, die Herodes ihnen bot.

Es war ein Zauberland, das der König für seine kleinen Gäste geschaffen hatte. Als sie die Galerie durchwanderten, fanden sie Bienenkörbe, deren Honig sie plündern konnten, ohne daß eine einzige erzürnte Biene sie daran hinderte. Sie fanden Bäume, die mit sanftem Neigen ihre fruchtbeladenen Zweige zu ihnen heruntersenkten. Sie fanden in einer Ecke Zauberkünstler, die in einem Nu ihre Taschen voll Spielzeug zauberten, und in einem andern Winkel der Galerie einen Tierbändiger, der ihnen ein paar Tiger zeigte, so zahm, daß sie auf ihrem Rücken reiten konnten. Aber in diesem Paradiese mit allen seinen Wonnen gab es doch nichts, was den Sinn der Kleinen so angezogen hätte wie die lange Reihe von Kriegsknechten, die unbeweglich an der einen Seite der Galerie standen. Ihre Blicke wurden von den glänzenden Helmen gefesselt, von den strengen, stolzen Gesichtern, von den kurzen Schwertern, die in reichverzierten Scheiden staken.

Während sie miteinander spielten und tollten, dachten sie doch unablässig an die Kriegsknechte. Sie hielten sich noch fern von ihnen, aber sie sehnten sich danach, ihnen nahe zu kommen, zu sehen, ob sie lebendig wären und sich wirklich bewegen könnten.

Das Spiel und die Festesfreude steigerten sich mit jedem Augenblicke, aber die Soldaten standen noch immer regungslos. Es erschien den Kleinen unfaßlich, daß Menschen so nah bei diesen Trauben und allen diesen Leckerbissen stehen konnten, ohne die Hand auszustrecken und danach zu greifen.

Endlich konnte einer der Knaben seine Neugierde nicht länger bemeistern. Er näherte sich behutsam, zu rascher Flucht bereit, einem der Geharnischten, und da der Soldat noch immer regungslos blieb, kam er immer näher. Schließlich war er ihm so nahe, daß er nach seinen Sandalenriemen und seinen Beinschienen tasten konnte.

Da, als wäre dies ein unerhörtes Verbrechen gewesen, setzten sich mit einem Male alle diese Eisenmänner in Bewegung. In unbeschreiblicher Raserei stürzten sie sich auf die Kinder und packten sie. Einige schwangen sie über ihre Köpfe wie Wurfgeschosse und schleuderten sie zwischen den Lampen und Girlanden über die Balustrade der Galerie hinunter zu Boden, wo sie auf den Marmorfliesen zerschellten. Einige zogen ihr Schwert und durchbohrten die Herzen der Kinder, andere wieder zerschmetterten ihre Köpfe an der Wand, ehe sie sie auf den nächtlich dunklen Hof warfen.

Im ersten Augenblick nach dem Vorfall herrschte Totenstille. Die kleinen Körper schwebten noch in der Luft, die Frauen waren vor Entsetzen versteinert. Aber auf einmal erwachten alle diese Unglücklichen zum Verständnis dessen, was geschehen war, und mit einem einzigen entsetzten Schrei stürzten sie auf die Schergen.

Auf der Galerie waren noch Kinder, die beim ersten Anfall nicht eingefangen worden waren. Die Kriegsknechte jagten sie, und ihre Mütter warfen sich vor ihnen nieder und umfaßten mit bloßen Händen die blanken Schwerter, um den Todesstreich abzuwenden. Einige der Frauen, deren Kinder schon tot waren, stürzten sich auf die Kriegsknechte, packten sie an der Kehle und versuchten Rache für ihre Kleinen zu nehmen, indem sie deren Mörder erdrosselten.

In dieser wilden Verwirrung, während grauenvolle Schreie durch den Palast hallten und die grausamsten Bluttaten verübt wurden, stand der Kriegsknecht, der am Stadttor Wache zu halten pflegte, ohne sich zu regen, am obersten Absatz der Treppe, die von der Galerie hinunterführte. Er nahm nicht am Kampfe und am Morden teil; nur gegen die Frauen, denen es gelungen war, ihre Kinder an sich zu reißen, und die nun versuchten, mit ihnen die Treppe hinunterzufliehen, erhob er das Schwert, und sein bloßer Anblick, wie er da düster und unerbittlich stand, war so schrecklich, daß die Fliehenden sich lieber die Balustrade hinunterstürzten oder in das Streitgewühl zurückkehrten, als daß sie sich der Gefahr ausgesetzt hätten, sich an ihm vorbeizudrängen.

Voltigius hat wahrlich recht daran getan, mir diesen Posten zuzuweisen, dachte der Kriegsknecht. Ein junger, unbedachter Krieger hätte seinen Posten verlassen und sich in das Gewühl gestürzt. Hätte ich mich von hier fortlocken lassen, so wären mindestens ein Dutzend Kinder entwischt.

Während er so dachte, fiel sein Blick auf ein junges Weib, das sein Kind an sich gerissen hatte und jetzt in eiliger Flucht auf ihn zugestürzt kam. Keiner der Legionäre, an denen sie vorbeieilen mußte, konnte ihr den Weg versperren, weil sie sich in vollem Kampfe mit andern Frauen befanden, und so war sie bis zum Ende der Galerie gelangt.

Sieh da, eine, die drauf und dran ist, glücklich zu entwischen! dachte der Kriegsknecht. Weder sie noch das Kind ist verwundet. Stünd' ich jetzt nicht hier.

Die Frau stürzte so rasch auf den Kriegsknecht zu, als ob sie flöge, und er hatte nicht Zeit, ihr Gesicht oder das des Kindes deutlich zu sehen. Er streckte nur das Schwert gegen sie aus, und mit dem Kinde in ihren Armen stürzte sie darauf zu. Er erwartete, sie im nächsten Augenblicke mit dem Kinde durchbohrt zu Boden sinken zu sehen.

Doch in demselben Augenblick hörte der Soldat ein zorniges Summen über seinem Haupte, und gleich darauf fühlte er einen heftigen Schmerz in einem Auge. Der war so scharf und peinvoll, daß er ganz verwirrt und betäubt ward, und das Schwert fiel aus seiner Hand auf den Boden.

Er griff mit der Hand ans Auge, faßte eine Biene und begriff, daß, was ihm den entsetzlichen Schmerz verursacht hatte, nur der Stachel des kleinen Tieres gewesen war. Blitzschnell bückte er sich nach dem Schwerte, in der Hoffnung, daß es noch nicht zu spät wäre, die Fliehenden aufzuhalten.

Aber das kleine Bienlein hatte seine Sache sehr gut gemacht. In der kurzen Zeit, für die es den Kriegsknecht geblendet hatte, war es der jungen Mutter gelungen, an ihm vorüber die Treppe hinunterzustürzen, und obschon er ihr in aller Hast nacheilte, konnte er sie nicht mehr finden. Sie war verschwunden, und in dem ganzen großen Palaste konnte sie niemand entdecken.

Am nächsten Morgen stand der Kriegsknecht mit einigen seiner Kameraden dicht vor dem Stadttore Wache. Es war früh am Tage und die schweren Tore waren eben erst geöffnet worden. Aber es war, als ob niemand darauf gewartet hätte, daß sie sich an diesem Morgen auftun sollten, denn keine Scharen von Feldarbeitern strömten aus der Stadt, wie es sonst am Morgen der Brauch war. Alle Einwohner von Bethlehem waren so starr vor Entsetzen über das Blutbad in der Nacht, daß niemand sein Heim zu verlassen wagte.

»Bei meinem Schwerte«, sagte der Soldat, wie er da stand und in die enge Gasse hinunterblickte, die zu dem Tore führte, »ich glaube, daß Voltigius einen unklugen Entschluß gefaßt hat. Es wäre besser gewesen, die Tore zu verschließen und jedes Haus der Stadt durchsuchen zu lassen, bis er den Knaben gefunden hätte, dem es gelang, bei dem Feste zu entkommen.

Voltigius rechnet darauf, daß seine Eltern versuchen werden, ihn von hier fortzuführen, sobald sie erfahren, daß die Tore offenstehen, und er hofft auch, daß ich ihn gerade hier im Tore fangen werde. Aber ich fürchte, daß dies keine kluge Berechnung ist. Wie leicht kann es ihnen gelingen, ein Kind zu verstecken!« Und er erwog, ob sie wohl versuchen würden, das Kind in dem Obstkorb eines Esels zu verbergen oder in einem ungeheuren Ölkrug oder unter den Kornballen einer Karawane.

Während er so stand und wartete, daß man versuche, ihn dergestalt zu überlisten, erblickte er einen Mann und eine Frau, die eilig die Gasse heraufschritten und sich dem Tore näherten. Sie gingen rasch und warfen ängstliche Blicke hinter sich, als wären sie auf der Flucht vor irgendeiner Gefahr. Der Mann hielt eine Axt in der Hand und umklammerte sie mit festem Griff, als wäre er entschlossen, sich mit Gewalt einen Weg zu bahnen, wenn jemand sich ihm entgegenstellte.

Aber der Kriegsknecht sah nicht so sehr den Mann an als die Frau. Er sah, daß sie ebenso hochgewachsen war wie die junge Mutter, die ihm am Abend vorher entkommen war.

Er bemerkte auch, daß sie ihren Rock über den Kopf geworfen trug. Sie trägt ihn vielleicht so, dachte er, um zu verbergen, daß sie ein Kind im Arm hält.

Je näher sie kamen, desto deutlicher sah der Kriegsknecht das Kind, das die Frau auf dem Arme trug, sich unter dem gehobenen Kleide abzeichnen. Ich bin sicher, daß sie es ist, die mir gestern abend entschlüpfte, dachte er. Ich konnte ihr Gesicht freilich nicht sehen, aber ich erkenne die hohe Gestalt wieder. Und da kommt sie nun mit dem Kinde auf dem Arm, ohne auch nur zu versuchen, es verborgen zu halten. Wahrlich, ich hatte nicht gewagt, auf einen solchen Glücksfall zu hoffen.

Der Mann und die Frau setzten ihre hurtige Wanderung bis zum Stadttor fort. Sie hatten offenbar nicht erwartet, daß man sie hier aufhalten würde, sie zuckten vor Schrekken zusammen, als der Kriegsknecht seine Lanze vor ihnen fällte und ihnen den Weg versperrte.

»Warum verwehrst du uns, ins Feld hinaus an unsre Arbeit zu gehen?« fragte der Mann.

»Du kannst gleich gehen«, sagte der Soldat, »ich muß vorher nur sehen, was dein Weib unter dem Kleide verborgen hält.«

»Was ist daran zu sehen?« sagte der Mann. »Es ist nur Brot und Wein, wovon wir den Tag über leben müssen.«

»Du sprichst vielleicht die Wahrheit«, sagte der Soldat, »aber wenn es so ist, warum läßt sie mich nicht gutwillig sehen, was sie trägt?«

»Ich will nicht, daß du es siehst«, sagte der Mann. »Und ich rate dir, daß du uns vorbei läßt.«

Damit erhob der Mann die Axt, aber die Frau legte die Hand auf seinen Arm.

»Lasse dich nicht in Streit ein!« bat sie. »Ich will etwas andres versuchen. Ich will ihn sehen lassen, was ich trage, und ich bin gewiß, daß er ihm nichts zuleide tun kann.«

Und mit einem stolzen und vertrauenden Lächeln wendete sie sich dem Soldaten zu und lüftete einen Zipfel ihres Kleides.

In demselben Augenblick prallte der Soldat zurück und schloß die Augen, wie von einem starken Glanze geblendet. Was die Frau unter ihrem Kleide verborgen hielt, strahlte ihm so blendendweiß entgegen, daß er zuerst gar nicht wußte, was er sah.

»Ich glaubte, du hieltest ein Kind im Arme«, sagte er.

»Du siehst, was ich trage«, erwiderte die Frau. Da endlich sah der Soldat, daß das, was so blendete und leuchtete, nur ein Büschel weißer Lilien war, von derselben Art, wie sie draußen auf dem Felde wuchsen. Aber ihr Glanz war viel reicher und strahlender. Er konnte es kaum ertragen, sie anzusehen.

Er streckte seine Hand zwischen die Blumen. Er konnte den Gedanken nicht loswerden, daß es ein Kind sein müsse, was die Frau da trug, aber er fühlte nur die weichen Blumenblätter.

Er war bitter enttäuscht und hätte in seinem Zornesmute gern den Mann und die Frau gefangengenommen, aber er sah ein, daß er für ein solches Verfahren keinen Grund ins Treffen führen konnte.

Als die Frau seine Verwirrung sah, sagte sie: »Willst du uns nicht ziehen lassen?«

Der Kriegsknecht zog stumm die Lanze zurück, die er vor die Toröffnung gehalten hatte, und trat dann zur Seite.

Aber die Frau zog ihr Kleid wieder über die Blumen und betrachtete gleichzeitig, was sie auf dem Arme trug, mit holdseligem Lächeln. »Ich wußte, du würdest ihm nichts zuleide tun können, wenn du es nur sähest«, sagte sie zu dem Kriegsknechte.

Hierauf eilten sie von dannen, aber der Kriegsknecht blieb stehen und blickte ihnen nach, solange sie noch zu sehen waren.

Und während er ihnen mit den Blicken folgte, deuchte es ihn wieder ganz sicher, daß sie kein Büschel Lilien im Arm trüge, sondern ein wirkliches, lebendiges Kind.

Indes er noch so stand und den beiden Wanderern nachsah, hörte er von der Straße her laute Rufe. Es waren Voltigius und einige seiner Mannen, die herbeigeeilt waren.

»Halte sie auf!« riefen sie. »Schließe das Tor vor ihnen! Lasse sie nicht entkommen!«

Und als sie bei dem Kriegsknecht angelangt waren, erzählten sie, daß sie die Spur des entronnenen Knaben gefunden hätten. Sie hätten ihn nun in seiner Behausung gesucht, aber da wäre er wieder entflohen. Sie hätten seine Eltern mit ihm fortgehen sehen. Der Vater wäre ein starker, graubärtiger Mann, der eine Axt trüge, die Mutter eine hochgewachsene Frau, die das Kind unter den hinaufgenommenen Rockfalten verborgen hielte.

In demselben Augenblick, wo Voltigius dies erzählte, kam ein Beduine auf einem guten Pferde zum Tore hereingeritten. Ohne ein Wort zu sagen, stürzte der Kriegsknecht auf den Reiter zu. Er riß ihn mit Gewalt vom Pferde herunter und warf ihn zu Boden. Und mit einem Satze war er selbst auf dem Pferde und sprengte den Weg entlang.

Ein paar Tage darauf ritt der Kriegsknecht durch die furchtbare Bergwüste, die sich über den südlichen Teil von Judäa erstreckt. Er verfolgte noch immer die drei Flüchtlinge aus Bethlehem, und er war außer sich, daß diese fruchtlose Jagd niemals ein Ende nahm.

»Es sieht wahrlich aus, als wenn diese Menschen die Gabe hätten, in den Erdboden zu versinken«, murrte er. »Wie viele Male bin ich ihnen in diesen Tagen so nahe gewesen, daß ich dem Kinde gerade meine Lanze nachschleudern wollte, und dennoch sind sie mir entkommen! Ich fange zu glauben an, daß ich sie nie und nimmer einholen werde.«

Er fühlte sich mutlos wie einer, der zu merken glaubte, daß er gegen etwas Übermächtiges ankämpfe. Er fragte sich, ob es möglich sei, daß die Götter diese Menschen vor ihm beschützten.

»Es ist alles vergebliche Mühe. Besser, ich kehre um, ehe ich vor Hunger und Durst in dieser öden Wildnis vergehe!« sagte er einmal ums andere zu sich selber.

Aber dann packte ihn die Furcht davor, was ihn bei der Heimkehr erwartete, wenn er unverrichteter Dinge zurückkäme. Er war es, der nun schon zweimal das Kind hatte entkommen lassen. Es war nicht wahrscheinlich, daß Voltigius oder Herodes ihm so etwas verzeihen würden.

»Solange Herodes weiß, daß eins von Bethlehems Kindern noch lebt, wird er immer unter derselben Angst leiden«, sagte der Kriegsknecht. »Das wahrscheinlichste ist, daß er versuchen wird, seine Qualen dadurch zu lindern, daß er mich ans Kreuz schlagen läßt.«

Es war eine heiße Mittagsstunde, und er litt furchtbar auf dem Ritt durch diese baumlose Felsgegend, auf einem Wege, der sich durch tiefe Talklüfte schlängelte, wo kein Lüftchen sich regte. Pferd und Reiter waren dem Umstürzen nahe.

Seit mehreren Stunden hatte der Kriegsknecht jede Spur von den Fliehenden verloren, und er fühlte sich mutloser denn je.

Ich muß es aufgeben, dachte er. Wahrlich, ich glaube nicht, daß es der Mühe lohnt, sie weiter zu verfolgen. Sie müssen in dieser furchtbaren Wüstenei ja so oder so zugrunde gehen.

Während er diesen Gedanken nachhing, gewahrte er in einer Felswand, die sich nahe dem Wege erhob, den gewölbten Eingang einer Grotte.

Sogleich lenkte er sein Pferd zu der Grottenöffnung. Ich will ein Weilchen in der kühlen Felshöhle rasten, dachte er. Vielleicht kann ich dann die Verfolgung mit frischer Kraft aufnehmen.

Als er gerade in die Grotte treten wollte, wurde er von etwas Seltsamem überrascht. Zu beiden Seiten des Eingangs wuchsen zwei schöne Lilienstauden. Sie standen hoch und aufrecht, voller Blüten. Sie verbreiteten einen berauschenden Honigduft, und eine Menge Bienen umschwärmten sie.

Dies war ein so ungewohnter Anblick in dieser Wüste, daß der Kriegsknecht etwas Wunderliches tat. Er brach eine große weiße Blume und nahm sie in die Felshöhle mit.

Die Grotte war weder tief noch dunkel, und sowie er

unter ihre Wölbung trat, sah er, daß schon drei Wanderer da weilten. Es waren ein Mann, eine Frau und ein Kind, die ausgestreckt auf dem Boden lagen, in tiefen Schlummer gesunken.

Niemals hatte der Kriegsknecht sein Herz so pochen fühlen wie bei diesem Anblick. Es waren gerade die drei Flüchtlinge, denen er so lange nachgejagt war. Er erkannte sie alsogleich. Und hier lagen sie schlafend, außerstande, sich zu verteidigen, ganz und gar in seiner Gewalt.

Sein Schwert fuhr rasselnd aus der Scheide und er beugte sich hinunter über das schlummernde Kind.

Behutsam senkte er das Schwert zu seinem Herzen und zielte genau, um es mit einem einzigen Stoße aus der Welt schaffen zu können.

Mitten im Zustoßen hielt er einen Augenblick inne, um das Gesicht des Kindes zu sehen. Nun er sich des Sieges sicher wußte, war es ihm eine grausame Wollust, sein Opfer zu betrachten.

Aber als er das Kind sah, da war seine Freude womöglich noch größer, denn er erkannte das kleine Knäblein wieder, das er mit Bienen und Lilien auf dem Felde vor dem Stadttore hatte spielen sehen.

Ja, gewiß, dachte er, das hätte ich schon längst begreifen sollen. Darum habe ich dieses Kind immer gehaßt. Es ist der verheißene Friedensfürst.

Er senkte das Schwert wieder, indes er dachte: Wenn ich den Kopf dieses Kindes vor Herodes niederlege, wird er mich zum Anführer seiner Leibwache machen. Während er die Schwertspitze dem Schlafenden immer näher brachte, sprach er voll Freude zu sich selber: »Diesmal wenigstens wird niemand dazwischenkommen und ihn meiner Gewalt entreißen!«

Aber der Kriegsknecht hielt noch die Lilie in der Hand, die er am Eingang der Grotte gepflückt hatte, und während er so dachte, flog eine Biene, die in ihrem Kelch verborgen gewesen war, zu ihm auf und umkreiste summend einmal ums andere seinen Kopf.

Der Kriegsknecht zuckte zusammen. Er erinnerte sich auf einmal der Bienen, denen das Knäblein beigestanden hatte, und ihm fiel ein, daß es eine Biene gewesen war, die dem Kinde geholfen hatte, vom Gastmahl des Herodes zu entrinnen.

Dieser Gedanke versetzte ihn in Staunen. Er hielt das Schwert still und blieb stehen und horchte auf die Biene.

Nun hörte er das Summen des kleinen Tierchens nicht mehr. Aber während er so ganz still stand, atmete er den starken süßen Duft ein, der von der Lilie ausströmte, die er in der Hand hielt.

Da mußte er an die Lilien denken, denen das Knäblein beigestanden hatte, und er erinnerte sich, daß es ein Büschel Lilien war, die das Kind vor seinen Blicken verborgen und ihm geholfen hatten, durch das Stadttor zu entkommen.

Er wurde immer gedankenvoller, und er zog das Schwert an sich.

»Die Biene und die Lilien haben ihm seine Wohltaten vergolten«, flüsterte er sich selber zu.

Er mußte daran denken, daß der Kleine einmal auch ihm eine Wohltat erwiesen hatte, und eine tiefe Röte stieg in sein Gesicht. »Kann ein römischer Legionär vergessen, einen empfangenen Dienst zu vergelten?« flüsterte er.

Er kämpfte einen kurzen Kampf mit sich selbst. Er dachte an Herodes und an seine eigene Lust, den jungen Friedensfürsten zu vernichten.

»Es steht mir nicht wohl an, dieses Kind zu töten, das mir das Leben gerettet hat«, sagte er schließlich.

Und er beugte sich nieder und legte sein Schwert neben das Kind, damit die Flüchtlinge beim Erwachen erführen, welcher Gefahr sie entgangen waren.

Da sah er, daß das Kind wach war. Es lag und sah ihn mit seinen schönen Augen an, die gleich Sternen leuchteten.

Und der Kriegsknecht beugte sein Knie vor dem Kinde. »Herr, du bist der Mächtigste«, sagte er. »Du bist der starke Sieger. Du bist der, den die Götter lieben. Du bist der, der auf Schlangen und Skorpione treten kann.« Er küßte seine

Füße und ging dann sacht aus der Grotte, indes der Kleine dalag und ihm mit großen, erstaunten Kinderaugen nachsah.

Die Flucht nach Ägypten

Fern in einer der Wüsten des Morgenlandes wuchs vor vielen, vielen Jahren eine Palme, die ungeheuer alt und ungeheuer hoch war. Alle, die durch die Wüste zogen, mußten stehenbleiben und sie betrachten, denn sie war viel größer als andre Palmen, und man pflegte von ihr zu sagen, daß sie sicherlich höher werden würde als Obelisken und Pyramiden.

Wie nun diese große Palme in ihrer Einsamkeit dastand und hinaus über die Wüste schaute, sah sie eines Tages etwas, was sie dazu brachte, ihre gewaltige Blätterkrone vor Staunen auf dem schmalen Stamme hin und her zu wiegen. Dort am Wüstenrande kamen zwei einsame Menschen herangewandert. Sie waren noch in der Entfernung, in der Kamele so klein wie Ameisen erscheinen. Aber es waren sicherlich zwei Menschen.

Zwei, die Fremdlinge in der Wüste waren, denn die Palme kannte das Wüstenvolk, ein Mann und ein Weib, die weder Wegweiser noch Lasttiere hatten, weder Zelte noch Wassersäcke.

»Wahrlich«, sagte die Palme zu sich selbst, »diese beiden sind hergekommen, um zu sterben.«

Die Palme warf rasche Blicke um sich.

»Es wundert mich«, fuhr sie fort, »daß die Löwen nicht schon zur Stelle sind, um diese Beute zu erjagen. Aber ich sehe keinen einzigen in Bewegung. Auch keinen Räuber der Wüste sehe ich. Aber sie kommen wohl noch.«

»Ihrer harret ein siebenfältiger Tod«, dachte die Palme weiter. »Die Löwen werden sie verschlingen, die Schlangen sie beißen, der Durst wird sie vertrocknen, der Sandsturm sie begraben, die Räuber werden sie fällen, der Sonnenstich wird sie verbrennen, die Furcht sie vernichten.«

Und sie versuchte, an etwas andres zu denken. Dieser Menschen Schicksal stimmte sie wehmütig. Aber im ganzen Umkreis der Wüste, die unter der Palme ausgebreitet lag, fand sie nichts, was sie nicht schon seit Tausenden von Jahren gekannt und betrachtet hätte. Nichts konnte ihre Aufmerksamkeit fesseln. Sie mußte wieder an die beiden Wanderer denken.

»Bei der Dürre und dem Sturme!« sagte sie, des Lebens gefährlichste Feinde anrufend, »was ist es, was dieses Weib auf dem Arme trägt? Ich glaube gar, diese Toren führen auch ein kleines Kind mit sich.«

Die Palme, die weitsichtig war, wie es die Alten zu sein pflegten, sah wirklich richtig. Die Frau trug auf dem Arme ein Kind, das den Kopf an ihre Schulter gelehnt hatte und schlief.

»Das Kind ist nicht einmal hinlänglich bekleidet«, fuhr die Palme fort. »Ich sehe, daß die Mutter ihren Rock aufgehoben und es damit eingehüllt hat. Sie hat es in großer Hast aus seinem Bette gerissen und ist mit ihm fortgestürzt. Jetzt verstehe ich alles: Diese Menschen sind Flüchtlinge . . .«

»Aber dennoch sind sie Toren«, fuhr die Palme fort. »Wenn nicht ein Engel sie beschützt, hätten sie lieber die Feinde ihr Schlimmstes tun lassen sollen, statt sich hinaus in die Wüste zu begeben. Ich kann mir denken, wie alles zugegangen ist. Der Mann stand bei der Arbeit, das Kind schlief in der Wiege, die Frau war ausgegangen, um Wasser zu holen. Als sie zwei Schritte vor die Tür gemacht hatte, sah sie die Feinde angestürmt kommen. Sie ist zurückgestürzt, sie hat das Kind an sich gerissen, dem Manne zugerufen, er solle ihr folgen, und ist aufgebrochen. Dann sind sie tagelang auf der Flucht gewesen, sie haben ganz gewiß keinen Augenblick geruht. Ja, so ist alles zugegangen, aber ich sage dennoch, wenn nicht ein Engel sie beschützt . . .

Sie sind so erschrocken, daß sie weder Müdigkeit noch andre Leiden fühlen können, aber ich sehe, wie der Durst aus ihren Augen leuchtet. Ich kenne doch wohl das Gesicht eines dürstenden Menschen.«

Und als die Palme an den Durst dachte, ging ein krampfhaftes Zucken durch ihren langen Stamm, und die zahllosen Spitzen ihrer langen Blätter rollten sich zusammen, als würden sie über ein Feuer gehalten.

»Wäre ich ein Mensch«, sagte sie, »ich würde mich nie in die Wüste hinauswagen. Der ist gar mutig, der sich hierher wagt, ohne Wurzeln zu haben, die hinunter zu den niemals versiegenden Wasseradern dringen. Hier kann es gefährlich sein, selbst für Palmen. Selbst für eine solche Palme wie mich.

Wenn ich ihnen raten könnte, ich würde sie bitten umzukehren. Ihre Feinde können niemals so grausam gegen sie sein wie die Wüste. Vielleicht glauben sie, daß es leicht sei, in der Wüste zu leben. Aber ich weiß, daß es selbst mir zuweilen schwergefallen ist, am Leben zu bleiben. Ich weiß noch, wie einmal in meiner Jugend ein Sturmwind einen ganzen Berg Sand über mich schüttete. Ich war daran, zu ersticken. Wenn ich hätte sterben können, wäre dies meine letzte Stunde gewesen.«

Die Palme fuhr fort, laut zu denken, wie alte Einsiedler zu tun pflegen.

»Ich höre ein wunderbar melodisches Rauschen durch meine Krone eilen«, sagte sie. »Die Spitzen aller meiner Blätter müssen in Schwingungen beben. Ich weiß nicht, was mich beim Anblick dieser armen Fremdlinge durchfährt. Aber dieses betrübte Weib ist so schön. Sie bringt mir das Wunderbarste, das ich erlebt, wieder in Erinnerung.« Und während die Blätter fortfuhren, sich in einer rauschenden Melodie zu regen, dachte die Palme daran, wie einmal, vor sehr langer Zeit, zwei strahlende Menschen Gäste der Oase gewesen waren. Es war die Königin von Saba, die hierhergekommen war, mit ihr der weise Salomo. Die schöne Königin wollte wieder heimkehren in ihr Land, der König hatte sie ein Stück Weges geleitet, und nun wollten sie sich trennen. – »Zur Erinnerung an diese Stunde«, sagte da die Königin, »pflanze ich einen Dattelkern in die Erde, und ich will, daß daraus eine Palme werde, die wachsen und leben soll, bis im Lande Juda ein König ersteht, der größer ist als Salomo.« Und als sie dies gesagt hatte, senkte sie den Kern in die Erde, und ihre Tränen netzten ihn.

»Woher mag es kommen, daß ich just heute daran denke?« fragte sich die Palme. »Sollte diese Frau so schön sein, daß sie mich an die herrlichste der Königinnen erinnert, an sie, auf deren Wort ich erwachsen bin und gelebt habe bis zum heutigen Tage?

Ich höre meine Blätter immer stärker rauschen«, sagte die Palme, »und es klingt wehmütig wie ein Totengesang. Es ist, als weissagten sie, daß jemand bald aus dem Leben scheiden müsse. Es ist gut zu wissen, daß es nicht mir gilt, da ich nicht sterben kann.«

Die Palme nahm an, daß das Todesrauschen in ihren Blättern den beiden einsamen Wanderern gelten müsse. Sicherlich glaubten auch diese selbst, daß ihre letzte Stunde nahe. Man sah es an dem Ausdruck ihrer Züge, als sie an einem der Kamelskelette vorüberwanderten, die den Weg umgrenzten. Man sah es an den Blicken, die sie ein paar vorüberfliegenden Geiern nachsandten. Es konnte ja gar nicht anders sein. Sie waren verloren.

Sie hatten die Palme und die Oase erblickt und eilten nun darauf zu, um Wasser zu finden. Aber als sie endlich herankamen, sanken sie in Verzweiflung zusammen, denn die Quelle war ausgetrocknet. Das ermattete Weib legte das Kind nieder und setzte sich weinend an den Rand der Quelle. Der Mann warf sich neben ihr hin, er lag und hämmerte mit beiden Fäusten auf die trockene Erde. Die Palme hörte, wie sie miteinander davon sprachen, daß sie sterben müßten.

Sie hörte auch aus ihren Reden, daß der König Herodes alle Kindlein im Alter von zwei und drei Jahren hatte töten lassen, aus Furcht, daß der große, erwartete König der Juden geboren sein könnte.

»Es rauscht immer mächtiger in meinen Blättern«, dachte die Palme. »Diesen armen Flüchtlingen schlägt bald ihr letztes Stündlein.«

Sie vernahm auch, daß die beiden die Wüste fürchteten. Der Mann sagte, es wäre besser gewesen, zu bleiben und mit den Kriegsknechten zu kämpfen, statt zu fliehen. Sie hätten so einen leichteren Tod gefunden.

»Gott wird uns beistehen«, sagte die Frau.

»Wir sind einsam unter Raubtieren und Schlangen«, sagte der Mann. »Wir haben nicht Speise und Trank. Wie soll Gott uns beistehen können?« Er zerriß seine Kleider in Verzweiflung und drückte sein Gesicht auf den Boden. Er war hoffnungslos, wie ein Mann mit einer Todeswunde im Herzen.

Die Frau saß aufrecht, die Hände über den Knien gefaltet. Doch die Blicke, die sie über die Wüste warf, sprachen von einer Trostlosigkeit ohne Grenzen.

Die Palme hörte, wie das wehmütige Rauschen in ihren Blättern immer stärker wurde. Die Frau mußte es auch gehört haben, denn sie hob die Augen zur Baumkrone auf. Und zugleich erhob sie unwillkürlich ihre Arme und Hände.

»O Datteln, Datteln!« rief sie.

Es lag so große Sehnsucht in der Stimme, daß die alte Palme wünschte, sie wäre nicht höher als der Ginsterbusch und ihre Datteln so leicht erreichbar wie die Hagebutten des Dornenstrauches. Sie wußte wohl, daß ihre Krone voll von Dattelbüscheln hing, aber wie sollten wohl Menschen zu so schwindelnder Höhe hinaufreichen?

Der Mann hatte schon gesehen, wie unerreichbar hoch die Datteln hingen. Er hob nicht einmal den Kopf. Er bat nur die Frau, sich nicht nach dem Unmöglichen zu sehnen.

Aber das Kind, das für sich selbst umhergetrippelt war und mit Hälmchen und Gräsern gespielt hatte, hatte den Ausruf der Mutter gehört.

Der Kleine konnte sich wohl nicht denken, daß seine Mutter nicht alles bekommen könnte, was sie sich wünschte. Sowie man von Datteln sprach, begann er den Baum anzugucken. Er sann und grübelte, wie er die Datteln herunterbekommen sollte. Seine Stirn legte sich beinah in Falten unter dem hellen Gelock. Endlich huschte ein Lächeln über sein Antlitz. Er hatte das Mittel herausgefunden. Er ging auf die Palme zu und streichelte sie mit seiner kleinen Hand und sagte mit einer süßen Kinderstimme: »Palme, beuge dich! Palme, beuge dich!«

Aber, was war das nur? Was war das? Die Palmenblätter rauschten, als wäre ein Orkan durch sie gefahren, und den langen Palmenstamm hinauf lief Schauer um Schauer. Und die Palme fühlte, daß der Kleine Macht über sie hatte. Sie konnte ihm nicht widerstehen.

Und sie beugte sich mit ihrem hohen Stamme vor dem Kinde, wie Menschen sich vor Fürsten beugen. In einem gewaltigen Bogen senkte sie sich zur Erde und kam endlich so tief herunter, daß die Krone mit den bebenden Blättern über den Wüstensand fegte.

Das Kind schien weder erschrocken noch erstaunt zu sein, sondern mit einem Freudenrufe kam es und pflückte Traube um Traube aus der Krone der alten Palme.

Als das Kind genug genommen hatte und der Baum noch immer auf der Erde lag, ging es wieder heran und liebkoste ihn und sagte mit der holdesten Stimme: »Palme, erhebe dich! Palme, erhebe dich!«

Und der große Baum erhob sich still und ehrfürchtig auf seinem biegsamen Stamm, indes die Blätter gleich Harfen spielten.

»Jetzt weiß ich, für wen sie die Todesmelodie spielen«, sagte die alte Palme zu sich selbst, als sie wieder aufrecht stand. »Nicht für einen von diesen Menschen.«

Aber der Mann und das Weib lagen auf den Knien und lobten Gott.

»Du hast unsre Angst gesehen und sie von uns genommen. Du bist der Starke, der den Stamm der Palme beugt wie schwankes Rohr. Vor welchem Feinde sollten wir erbeben, wenn deine Stärke uns schützt?«

Als die nächste Karawane durch die Wüste zog, sahen die Reisenden, daß die Blätterkrone der großen Palme verwelkt war.

»Wie kann das zugehen?« sagte ein Wanderer. »Diese Palme sollte ja nicht sterben, bevor sie einen König gesehen hätte, der größer wäre als Salomo.«

»Vielleicht hat sie ihn gesehen«, antwortete ein anderer von den Wüstenfahrern.

In Nazareth

Einmal zu der Zeit, da Jesus erst fünf Jahre alt war, saß er auf der Schwelle vor seines Vaters Werkstatt in Nazareth und war damit beschäftigt, aus einem Klümpchen geschmeidigen Tons, das er von den Töpfern auf der anderen Seite der Straße erhalten hatte, Tonkuckucke zu verfertigen. Er war so glücklich wie nie zuvor, denn alle Kinder des Viertels hatten Jesus gesagt, daß der Töpfer ein mürrischer Mann sei, der sich weder durch freundliche Blicke noch durch honigsüße Worte erweichen ließe, und er hatte niemals gewagt, etwas von ihm zu verlangen.

Aber siehe da, er wußte kaum, wie es zugegangen war: er hatte nur auf seiner Schwelle gestanden und sehnsüchtig den Nachbarn betrachtet, wie er da an seinen Formen arbeitete, und da war er aus seinem Laden gekommen und hatte ihm so viel Ton geschenkt, daß er gereicht hätte, um einen Weinkrug daraus zu fertigen.

Auf der Treppenstufe vor dem nächsten Hause saß Judas, der häßlich und rothaarig war und das Gesicht voller blauer Flecke und die Kleider voller Risse hatte, die er sich bei seinen beständigen Kämpfen mit den Gassenjungen zugezogen hatte. Für den Augenblick war er still, er reizte niemand und balgte sich nicht, sondern arbeitete an einem Stück Ton, in gleicher Weise wie Jesus. Aber diesen Ton hatte er sich nicht selbst verschaffen können: er traute sich kaum, dem Töpfer unter die Augen zu treten, denn dieser beschuldigte ihn, daß er Steine auf sein zerbrechliches Gut zu werfen pflege, und hätte ihn mit Stockhieben verjagt; Jesus war es, der seinen Vorrat mit ihm geteilt hatte.

Wie die zwei Kinder ihre Tonkuckucke fertig machten, stellten sie sie in einem Kreise vor sich auf. Sie sahen so aus, wie Tonkuckucke zu allen Zeiten ausgesehen haben, sie hatten einen großen roten Klumpen als Füße, um darauf zu stehen, kurze Schwänze, keinen Hals und kaum sichtbare Flügel.

Aber wie das auch sein mochte, alsbald zeigte sich ein Unterschied in der Arbeit der kleinen Kameraden. Judas' Vögel waren so schief, daß sie immer umpurzelten, und wie er sich auch mit seinen kleinen harten Fingern mühte, er konnte ihre Körper doch nicht niedlich und wohlgeformt machen. Er sah zuweilen verstohlen zu Jesus hinüber, um zu sehen, wie der das anstellte, daß seine Vögel gleichmäßig und glatt wurden wie die Eichenblätter in den Wäldern auf dem Berge Tabor.

Mit jedem Vogel, den Jesus fertig hatte, wurde er glücklicher. Einer deuchte ihn schöner als der andere, und er betrachtete sie alle mit Stolz und Liebe. Sie sollten seine Spielgefährten werden, seine kleinen Geschwister, sie sollten in seinem Bette schlafen, mit ihm Zwiesprache halten, ihm ihre Lieder singen, wenn seine Mutter ihn allein ließ. Er hatte sich nie so reich gedünkt, niemals mehr würde er sich einsam oder verlassen fühlen können.

Der hochgewachsene Wasserträger ging vorbei, gebeugt unter seinem schweren Sack, und gleich nach ihm kam der Gemüsehändler, der mitten zwischen den großen leeren Weidenkörben auf dem Rücken seines Esels baumelte. Der Wasserträger legte seine Hand auf Jesus' blondlockigen Kopf und fragte ihn nach seinen Vögeln, und Jesus erzählte, daß sie Namen hätten und daß sie singen könnten. Alle seine kleinen Vögelchen wären aus fremden Ländern zu ihm gekommen und erzählten ihm Dinge, von denen nur sie und er wüßten. Und Jesus sprach so, daß der Wasserträger und der Gemüsehändler lange ihre Verrichtungen vergaßen, um ihm zu lauschen.

Als sie weiterziehen wollten, wies Jesus auf Judas. »Seht, was für schöne Vögel Judas macht!« sagte er.

Da hielt der Gemüsehändler gutmütig seinen Esel an und fragte Judas, ob auch seine Vögel Namen hätten und singen könnten. Aber Judas wußte nichts hierüber, er schwieg eigensinnig und hob die Augen nicht von seiner Arbeit; der Gemüsehändler stieß ärgerlich einen seiner Vögel mit dem Fuße weg und ritt weiter. So verstrich der Nachmittag, und die Sonne sank so tief, daß ihr Schein durch das niedrige Stadttor hereinschreiten konnte, das sich, mit einem römischen Adler geschmückt, am Ende der Straße erhob. Dieses Sonnenlicht, das um die Neige des Tages kam, war ganz rosenrot, und, als wäre es aus Blut gemischt, gab es seine Farben allem, was ihm in den Weg kam, während es durch das schmale Gäßchen rieselte. Es malte die Gefäße des Töpfers ebenso wie die Planke, die unter der Säge des Zimmermanns knirschte, und das weiße Tuch, das Marias Gesicht umgab. Aber am allerschönsten blinkte der Sonnenschein in den kleinen Wasserpfützen, die sich zwischen den großen holprigen Steinfliesen, die die Straße bedeckten, angesammelt hatten. Und plötzlich steckte Jesus seine Hand in die Pfütze, die ihm zunächst war. Es war ihm eingefallen, daß er seine grauen Vögel mit dem glitzernden Sonnenschein anmalen wollte, der dem Wasser, den Hausmauern, kurz allem ringsum eine so schöne Farbe verliehen hatte.

Da war es dem Sonnenlicht eine Freude, sich auffangen zu lassen wie die Farbe aus einem Malertiegel, und als Jesus es über die kleinen Tonvögelchen strich, da lag es still und bedeckte sie vom Kopfe bis zum Fuße mit diamantähnlichem Glanze.

Judas, der hie und da einen Blick hinüber zu Jesus warf, um zu sehen, ob dieser mehr und schönere Vögel mache als er, stieß einen Ausruf des Entzückens aus, als er sah, wie Jesus seine Tonkuckucke mit Sonnenschein bemalte, den er aus den Wassertümpeln der Gasse auffing. Und Judas tauchte seine Hand auch in das leuchtende Wasser und suchte das Sonnenlicht aufzufangen.

Aber das Sonnenlicht ließ sich nicht von ihm fangen. Es glitt zwischen seinen Fingern hindurch, und wie hurtig er sich auch mühte, die Hände zu regen, um es zu greifen, es entschlüpfte ihm doch, und er konnte seinen armen Vögeln kein bißchen Farbe schaffen.

»Warte, Judas!« sagte Jesus. »Ich will kommen und deine Vögel malen.«

»Nein«, sagte Judas, »du darfst sie nicht anrühren. Sie sind gut genug, wie sie sind.«

Er stand auf, während seine Stirn sich furchte und seine Lippen sich aufeinanderpreßten.

Und er setzte seinen breiten Fuß auf die Vögel und verwandelte sie einen nach dem andern in kleine abgeplattete Lehmklumpen.

Als seine Vögel alle zerstört waren, ging er auf Jesus zu, der dasaß und seine kleinen Tonvögel streichelte, die wie Juwelen funkelten. Judas betrachtete sie eine Weile schweigend, aber dann hob er den Fuß und trat einen von ihnen nieder.

Als Judas den Fuß zurückzog und den ganzen kleinen Vogel in grauen Lehm verwandelt sah, empfand er eine solche Wollust, daß er zu lachen begann, und er hob den Fuß, um noch einen zu zertreten.

»Judas«, rief Jesus, »was tust du? Weißt du nicht, sie sind lebendig und können singen?«

Aber Judas lachte und zertrat noch einen Vogel.

Jesus sah sich nach Hilfe um. Judas war groß, und Jesus hatte nicht die Kraft, ihn zurückzuhalten. Er schaute nach seiner Mutter aus. Sie war nicht weit weg, aber ehe sie heränkäme, konnte Judas schon alle seine Vögel zerstört haben.

Die Tränen traten Jesus in die Augen. Judas hatte schon vier seiner Vögel zertreten, es waren nur noch drei.

Er war seinen Vögeln gram, daß sie so stille standen und sich niedertreten ließen, ohne auf die Gefahr zu achten.

Jesus klatschte in die Hände, um sie zu wecken, und rief ihnen zu: »Fliegt, fliegt!«

Da begannen die drei Vögel ihre kleinen Flügel zu regen und ängstlich flatternd vermochten sie sich auf den Rand des Daches zu schwingen, wo sie geborgen waren.

Aber als Judas sah, daß die Vögel auf Jesus' Wort die Flügel regten und flogen, da fing er zu weinen an. Er raufte sein Haar, wie er es die Alten hatte tun sehen, wenn sie in großer Angst und Sorge waren, und warf sich Jesus zu Füßen.

Und da lag Judas und wälzte sich vor Jesus im Staube wie ein Hund und küßte seine Füße und bat, daß er seinen Fuß erheben und ihn niedertreten möge, wie er mit den Tonvögeln getan hatte.

Denn Judas liebte Jesus und bewunderte ihn und betete ihn an und haßte ihn zugleich.

Aber Maria, die die ganze Zeit über das Spiel der Kinder mit angesehen hatte, stand jetzt auf und hob Judas empor und setzte ihn auf ihren Schoß und liebkoste ihn.

»Du armes Kind!« sagte sie zu ihm. »Du weißt nicht, daß du etwas versucht hast, was kein Geschöpf vermag. Vermiß dich nicht mehr, solches zu tun, wenn du nicht der unglücklichste aller Menschen werden willst! Wie sollte es wohl dem von uns ergehen, der es unternähme, mit ihm zu wetteifern, der mit Sonnenschein malt und dem toten Lehm den Odem des Lebens einhaucht?«

Im Tempel

Es waren einmal ein paar arme Leute, ein Mann, eine Frau und ihr kleines Söhnlein, die gingen in dem großen Tempel in Jerusalem umher. Der Sohn war ein bildschönes Kind. Er hatte Haare, die in weichen Locken lagen, und Augen, die ganz wie Sterne leuchteten.

Der Sohn war nicht im Tempel gewesen, seit er so groß war, daß er verstehen konnte, was er sah; und jetzt gingen seine Eltern mit ihm umher und zeigten ihm alle Herrlichkeiten. Da waren lange Säulenreihen, da waren vergoldete Altäre, da waren heilige Männer, die saßen und ihre Schüler unterwiesen, da war der oberste Priester mit seinem Brustschild aus Edelsteinen, da waren Vorhänge aus Babylon, die mit Goldrosen durchwebt waren, da waren die großen Kupfertore, die so schwer waren, daß es eine Arbeit für dreißig Männer war, sie in ihren Angeln hin und her zu schwingen.

Aber der kleine Knabe, der erst zwölf Jahre zählte, kümmerte sich nicht viel um das alles. Seine Mutter erzählte ihm, daß, was sie ihm zeigten, das Merkwürdigste auf der Welt sei. Sie sagte ihm, daß es wohl lange dauern würde, ehe er noch einmal so etwas zu sehen bekäme. In dem armen Nazareth, wo sie daheim waren, gab es nichts anderes anzugucken als die grauen Gassen. Ihre Ermahnungen fruchteten aber nicht viel. Der kleine Knabe sah aus, als wäre er gerne aus dem herrlichen Tempel fortgelaufen, wenn er dafür in der engen Gasse in Nazareth hätte spielen dürfen.

Aber es war wunderlich: je gleichgültiger der Knabe sich zeigte, desto froher und vergnügter wurden die Eltern.

Sie nickten einander über seinen Kopf hinweg zu und waren eitel Zufriedenheit.

Endlich sah der Kleine so müde und erschöpft aus, daß er

der Mutter leid tat. »Wir sind zu weit mit dir gegangen«, sagte sie. »Komm, du sollst dich ein Weilchen ausruhen!«

Sie ließ sich neben einer Säule nieder und sagte ihm, er solle sich auf den Boden legen und den Kopf in ihren Schoß betten. Und er tat es und schlummerte sogleich ein.

Kaum war er eingeschlafen, da sagte die Frau zu dem Manne: »Ich habe nichts so gefürchtet wie die Stunde, da er Jerusalems Tempel betreten würde. Ich glaubte, wenn er dieses Haus Gottes erblickte, würde er für alle Zeit hierbleiben wollen.«

»Auch mir hat vor dieser Fahrt gebangt«, sagte der Mann. »Zur Zeit, da er geboren wurde, geschahen mancherlei Zeichen, die darauf deuteten, daß er ein großer Herrscher werden würde. Aber was sollte ihm die Königswürde bringen als Sorgen und Gefahren? Ich habe immer gesagt, daß es das beste für ihn wie für uns wäre, wenn er niemals etwas andres würde als ein Zimmermann in Nazareth.«

»Seit seinem fünften Jahre«, sagte die Mutter nachdenklich, »sind keine Wunder um ihn geschehen. Und er selber erinnert sich an nichts von dem, was sich in seiner frühesten Kindheit zugetragen hat. Er ist jetzt ganz wie ein Kind unter andern Kindern. Gottes Wille möge vor allem geschehen, aber ich habe fast zu hoffen begonnen, daß der Herr in seiner Gnade einen andern für die großen Schicksale erwählen und mir meinen Sohn lassen werde.«

»Was mich betrifft«, sagte der Mann, »so bin ich gewiß, daß alles gut gehen wird, wenn er gar nichts von den Zeichen und Wundern erfährt, die sich in seinen ersten Lebensjahren begeben haben.«

»Ich spreche nie mit ihm über etwas von diesem Wunderbaren«, sagte die Frau. »Aber ich fürchte immer, daß ohne mein Hinzutun etwas geschehen könnte, was ihn erkennen läßt, wer er ist. Vor allem hatte ich Angst, ihn in diesen Tempel zu führen.«

»Du kannst froh sein, daß die Gefahr nun vorüber ist«, sagte der Mann. »Bald haben wir ihn wieder daheim in Nazareth.«

»Ich habe mich vor den Schriftgelehrten im Tempel gefürchtet«, sagte die Frau. »Ich fürchte mich vor den Wahrsagern, die hier auf ihren Matten sitzen. Ich glaubte, wenn er ihnen unter die Augen träte, würden sie aufstehen und sich vor dem Kinde beugen und es als den König der Juden grüßen. Es ist seltsam, daß sie seiner Herrlichkeit nicht gewahr werden. Ein solches Kind ist ihnen noch niemals vor Augen gekommen.«

Sie saß eine Weile schweigend und betrachtete das Kind. »Ich kann es kaum verstehen«, sagte sie. »Ich glaubte, wenn er diese Richter sehen würde, die in dem heiligen Hause sitzen und die Zwiste des Volkes schlichten, und diese Lehrer, die zu ihren Jüngern sprechen, und diese Priester, die dem Herrn dienen, so würde er aufwachen und rufen: ›Hier unter diesen Richtern, diesen Lehrern, diesen Priestern zu leben, bin ich geboren.‹«

»Was sollte dies wohl für ein Glück sein, zwischen diesen Säulengängen eingesperrt zu sitzen?« fiel der Mann ein. »Es ist besser für ihn, auf den Hügeln und Bergen rings um Nazareth umherzuwandern.«

Die Mutter seufzte ein wenig. »Er ist so glücklich bei uns daheim«, sagte sie. »Wie zufrieden ist er, wenn er die Schafherden auf ihren einsamen Wanderungen begleiten darf, oder wenn er über die Felder geht und der Arbeit der Landleute zusieht! Ich kann nicht glauben, daß wir unrecht gegen ihn handeln, wenn wir versuchen, ihn für uns zu behalten.«

»Wir ersparen ihm nur das größte Leid«, sagte der Mann.

Sie fuhren fort, so miteinander zu sprechen, bis das Kind aus seinem Schlummer erwachte.

»Sieh da«, sagte die Mutter, »hast du dich jetzt ausgeruht? Stehe nun auf, denn der Abend bricht an, und wir müssen heim zum Lagerplatz.«

Sie befanden sich in dem entferntesten Teil des Gebäudes, als sie die Wanderung zum Ausgang antraten. Nach wenigen Augenblicken hatten sie ein altes Gewölbe zu durchschreiten, das sich noch aus der Zeit erhalten hatte, als zum ersten Male ein Tempel an dieser Stelle errichtet worden war, und da, an eine Wand gelehnt, stand ein altes Kupferhorn von ungeheurer Länge und Schwere gleich einer Säule da, damit man es an den Mund führe und darauf blase. Es stand da, bucklig und verschrammt, innen und außen voll Staub und Spinngeweben, und von einer kaum sichtbaren Schlinge von altertümlichen Buchstaben umgeben. Tausend Jahre mochten wohl vergangen sein, seit jemand versucht hatte, ihm einen Ton zu entlocken.

Aber als der kleine Knabe das ungeheure Horn erblickte, blieb er verwundert stehen. »Was ist das?« fragte er.

»Das ist das goldene Horn, das die Stimme des Weltenfürsten genannt wird«, antwortete die Mutter. »Mit ihm rief Moses die Kinder Israels zusammen, als sie in der Wüste zerstreut waren. Nach seiner Zeit hat niemand es vermocht, ihm auch nur einen einzigen Ton zu entlocken. Aber wer dies vermag, wird alle Völker der Erde unter seiner Gewalt sammeln.«

Sie lächelte über dies, was sie für ein altes Märchen hielt, aber der kleine Knabe blieb vor dem großen Horn stehen, bis sie ihn fortrief. Von allem, was er in dem Tempel gesehen, war dieses Horn das erste, was ihm wohlgefiel.

Er hätte gern verweilt, um es lange und genau anzusehen.

Sie waren nicht lange gegangen, als sie in einen großen weiten Tempelhof kamen. Hier befand sich im Berggrunde selbst eine Kluft, tief und weit, so wie sie von Urzeit an gewesen war. Diese Spalte hatte König Salomo nicht ausfüllen wollen, als er den Tempel baute. Keine Brücke hatte er darüber geschlagen, kein Gitter hatte er vor dem schwindelnden Abgrund errichtet. Statt dessen hatte er über die Kluft eine mehrere Ellen lange Klinge aus Stahl gespannt, scharfgeschliffen, mit der Schneide nach oben. Und nach einer Unendlichkeit von Jahren und Wechselfällen lag die Klinge noch über dem Abgrund. Jetzt war sie doch beinahe verrostet, sie war nicht mehr sicher an ihren Endpunkten befestigt, sondern zitterte und schaukelte sich, sowie jemand mit schweren Schritten über den Tempelhof ging.

Als die Mutter den Knaben über einen Umweg an der Kluft vorbeiführte, fragte er sie: »Was ist dieses für eine Brücke?«

»Die ist von König Salomo hingelegt worden«, antwortete die Mutter, »und wir nennen sie die Paradiesesbrücke. Wenn du diese Kluft auf dieser zitternden Brücke zu überschreiten vermagst, deren Schneide dünner ist als ein Sonnenstrahl, so kannst du gewiß sein, ins Paradies zu kommen.«

Und sie lächelte und eilte weiter, aber der Knabe blieb stehen und betrachtete die schmale, bebende Stahlklinge, bis die Mutter nach ihm rief.

Als er ihr gehorchte, seufzte er, weil sie ihm diese zwei wunderbaren Dinge nicht früher gezeigt hatte, so daß er vollauf Zeit gehabt hätte, sie zu betrachten.

Sie gingen nun ohne Aufenthalt, bis sie den großen Eingangsportikus mit seinen fünffachen Säulenreihen erreichten. Hier standen in einer Ecke ein paar Säulen aus schwarzem Marmor, auf demselben Fußgestell so nahe aneinander aufgerichtet, daß man kaum einen Strohhalm dazwischen durchzuschieben vermochte. Sie waren hoch und majestätisch, mit reichgeschmückten Kapitälen, um die eine Reihe seltsam geformter Tierköpfe lief. Aber nicht ein Zollbreit dieser schönen Säulen war ohne Risse und Schrammen, sie waren beschädigt und abgenützt wie nichts andres im Tempel. Sogar der Boden rings um sie war blankgescheuert und ein wenig ausgehöhlt von den Tritten vieler Füße.

Wieder hielt der Knabe seine Mutter an und fragte sie: »Was sind dies für Säulen?«

»Es sind Säulen, die unser Vater Abraham aus dem fernen Chaldäa hierher nach Palästina gebracht hat und die er die Pforte der Gerechtigkeit nannte. Wer sich zwischen ihnen durchdrängen kann, der ist gerecht vor Gott und hat niemals eine Sünde begangen.«

Der Knabe blieb stehen und sah mit großen Augen die Säulen an.

»Du willst wohl nicht versuchen, dich zwischen ihnen

durchzuzwängen?« sagte die Mutter und lachte. »Du siehst, wie ausgetreten der Boden rings um sie ist, von den vielen, die versucht haben, sich durch den schmalen Spalt zu drängen, aber du kannst es mir glauben, es ist keinem gelungen. Spute dich nun! Ich höre das Donnern der Kupfertore, an die die dreißig Tempeldiener ihre Schultern stemmen, um sie in Bewegung zu setzen.«

Aber die ganze Nacht lag der kleine Knabe im Zelte wach, und er sah nichts andres vor sich als die Pforte der Gerechtigkeit und die Paradiesesbrücke und die Stimme des Weltenfürsten. Von so wunderbaren Dingen hatte er nie zuvor gehört. Und er konnte sie sich nicht aus dem Kopfe schlagen.

Und am Morgen des nächsten Tages erging es ihm ebenso. Er konnte an nichts andres denken.

An diesem Morgen sollten sie die Heimreise antreten. Die Eltern hatten viel zu tun, bis sie das Zelt abgebrochen und einem großen Kamel aufgeladen hatten und bis alles andere in Ordnung kam. Sie sollten nicht allein fahren, sondern in Gesellschaft von vielen Verwandten und Nachbarn, und da soviel Leute fortziehen sollten, ging das Einpacken natürlich sehr langsam vonstatten.

Der kleine Knabe half nicht bei der Arbeit mit, sondern mitten in dem Hasten und Eilen saß er still da und dachte an die drei wunderbaren Dinge.

Plötzlich fiel ihm ein, daß er noch Zeit hatte, in den Tempel zu gehen und sie noch einmal anzusehen. Da war noch viel, was aufgeladen werden mußte. Er könnte wohl noch vor dem Aufbruch vom Tempel zurückkommen.

Er eilte von dannen, ohne jemanden zu sagen, wohin er sich begab. Er glaubte nicht, daß dies nötig sei. Er wollte ja bald wieder da sein.

Es währte nicht lange, so erreichte er den Tempel und trat in die Säulenhalle, wo die zwei schwarzen Geschwistersäulen aufgestellt waren.

Sowie er sie erblickte, begannen seine Augen vor Freude zu leuchten. Er setzte sich auf den Boden neben sie und starrte zu ihnen empor. Wenn er daran dachte, daß, wer sich zwischen diesen zwei Säulen durchdrängen könnte, gerecht vor Gott wäre und niemals eine Sünde begangen hätte, da deuchte es ihn, daß er niemals etwas so Wunderbares beschaut hätte.

Er dachte, wie herrlich es sein müßte, sich zwischen diesen zwei Säulen durchdrängen zu können, aber sie standen so nah nebeneinander, daß es unmöglich war, es auch nur zu versuchen. So saß er wohl eine Stunde regungslos vor den Säulen, aber davon wußte er nichts. Er glaubte, daß er sie nur ein paar Augenblicke betrachtet hätte.

Aber es begab sich, daß in der prächtigen Säulenhalle, in der der Knabe saß, die Richter des Hohen Rats versammelt waren, um dem Volke bei seinen Zwistigkeiten zurechtzuhelfen. Der ganze Portikus war voller Menschen, die wegen Grenzmarken klagten, die man verschoben hatte, über Schafe, die aus der Herde geraubt und mit falschen Zeichen versehen worden waren, über Schuldner, die ihre Schulden nicht bezahlen wollten. Unter allen den andern kam auch ein reicher Mann, der in schleppende Purpurgewänder gekleidet war und eine arme Witwe vor den Richterstuhl führte, die ihm einige Sekel Silber schuldig sein sollte. Die arme Witwe jammerte und sagte, daß der Reiche unrecht an ihr handele. Sie hätte ihm schon einmal ihre Schuld bezahlt, nun wolle er sie zwingen, es noch einmal zu tun, aber das vermöge sie nicht. Sie wäre so arm, daß sie, wenn die Richter sie verurteilten zu bezahlen, gezwungen wäre, dem Reichen ihre Töchter als Sklavinnen zu geben. Der zuhöchst auf dem Richterstuhl saß, wendete sich an den reichen Mann und sprach zu ihm: »Wagst du einen Eid darauf zu leisten, daß diese arme Frau dir das Geld noch nicht bezahlt hat?«

Da antwortete der Reiche: »Herr, ich bin ein reicher Mann. Sollte ich mir die Mühe machen, mein Geld von dieser armen Witwe zu fordern, wenn ich nicht das Recht dazu hätte? Ich schwöre dir, so gewiß niemand je durch die Pforte der Gerechtigkeit wandern wird, so gewiß ist mir diese Frau die Summe schuldig, die ich begehre.«

Als die Richter diesen Eid vernahmen, glaubten sie seinen Worten und fällten den Spruch, daß die arme Witwe ihre Töchter als Sklavinnen hingeben solle.

Aber der kleine Knabe saß dicht daneben und hörte das alles. Er dachte bei sich selbst: Wie gut wäre es doch, wenn jemand sich durch die Pforte der Gerechtigkeit drängen könnte! Dieser Reiche hat sicherlich nicht die Wahrheit gesprochen. Wie jammert mich die alte Frau, die ihre Töchter als Sklavinnen hingeben muß.

Er sprang auf das Fußgestell, von dem die beiden Säulen in die Höhe strebten, und blickte durch die Spalte. Ach, daß es doch nicht so ganz unmöglich wäre! dachte er. Er war so betrübt um der armen Frau willen. Nun dachte er gar nicht daran, daß, wer sich durch dieses Tor zu drängen vermöchte, gerecht und ohne Sünde wäre. Er wollte nur um des armen Weibes willen hindurchkommen.

Er stemmte seine Schulter in die Vertiefung zwischen den Säulen, gleichsam, um sich einen Weg zu bahnen.

In diesem Augenblick sahen alle Menschen, die in der Säulenhalle standen, zur Pforte der Gerechtigkeit hin. Denn es donnerte in den Gewölben, und es rauschte in den alten Säulen, und sie schoben sich zur Seite, eine nach rechts und eine nach links, und ließen einen so großen Raum frei, daß der schlanke Körper des Knaben zwischen ihnen durchschlüpfen konnte.

Da entstand großes Staunen und Aufsehen. Im ersten Augenblick wußte niemand, was er sagen sollte. Die Leute standen nur und starrten den kleinen Knaben an, der ein so großes Wunder vollbracht hatte. Der erste, der seine Fassung wiedererlangte, war der älteste unter den Richtern. Er rief, man solle den reichen Kaufmann ergreifen und ihn vor den Richterstuhl führen. Und er verurteilte ihn, sein ganzes Hab und Gut der armen Witwe zu geben, weil er falsch geschworen hatte in Gottes Tempel.

Als dies abgetan war, fragte der Richter nach dem Knaben, der die Pforte der Gerechtigkeit durchschritten hatte, aber da die Menschen sich nach ihm umsahen, war er verschwunden. Denn in demselben Augenblick, wo die Säulen auseinanderglitten, war er wie aus einem Traum erwacht, und er hatte sich an seine Eltern und die Heimreise erinnert. Jetzt muß ich von hier forteilen, damit meine Eltern nicht auf mich warten, dachte er.

Aber er wußte gar nicht, daß er eine volle Stunde vor der Pforte der Gerechtigkeit zugebracht hatte, sondern er wähnte, nur ein paar Minuten dort verweilt zu haben, darum meinte er, daß er wohl noch Zeit hätte, einen Blick auf die Paradiesesbrücke zu werfen, ehe er den Tempel verließe.

Und auf leichten Füßen glitt er durch die Volksmenge und kam auf die Paradiesesbrücke, die in einem ganz andern Teile des großen Tempels gelegen war.

Aber als er die scharfe Stahlklinge sah, die sich über die Kluft spannte, und daran dachte, daß der Mensch, der über diese Brücke wandern könne, gewiß wäre, ins Paradies zu kommen, da deuchte es ihn, daß dies das Merkwürdigste wäre, was er je geschaut hätte, und er setzte sich an den Rand der Kluft, um die Stahlklinge zu betrachten.

Da saß er und dachte, wie lieblich es sein müßte, ins Paradies zu kommen, und wie gern er über diese Brücke gehen wolle.

Aber zugleich sah er, daß es ganz unmöglich war, dies auch nur zu versuchen.

So saß er zwei Stunden und grübelte, aber er wußte nicht, daß soviel Zeit vergangen war. Er saß nur und dachte an das Paradies.

Aber es war so, daß auf dem Hofe, wo die tiefe Kluft sich befand, ein großer Opferaltar stand, und um ihn herum gingen weiß gekleidete Priester, die das Feuer auf dem Altar hüteten und Opfergaben in Empfang nahmen. Auf dem Hofe standen auch viele, die opferten, und eine große Menge, die dem Gottesdienste nur zusah.

Kam da auch ein armer, alter Mann gegangen, der ein Lämmchen trug, das sehr klein und mager war und obendrein noch von einem Hunde gebissen worden war, so daß es eine große Wunde hatte.

Der Mann ging mit diesem Lamme zu den Priestern und bat sie, es opfern zu dürfen, aber sie schlugen es ihm ab. Sie sagten ihm, eine so armselige Gabe könne er dem Herrn nicht darbringen. Der Alte bat, sie möchten doch um der Barmherzigkeit willen das Lamm annehmen, denn sein Sohn liege krank auf den Tod, und er besitze nichts andres, was er Gott für seine Genesung opfern könnte. »Ihr müßt es mich opfern lassen«, sagte er, »sonst kommt mein Gebet nicht vor Gottes Angesicht, und mein Sohn stirbt.«

»Du kannst mir glauben, daß ich Mitleid mit dir habe«, sagte der Priester, »aber das Gesetz verbietet uns, ein verletztes Tier zu opfern. Es ist ebenso unmöglich, deiner Bitte zu willfahren, wie es unmöglich ist, die Paradiesesbrücke zu überschreiten.«

Der kleine Knabe saß so nah, daß er alles hörte. Er dachte gleich, wie schade es doch wäre, daß niemand die Brücke zu überschreiten vermochte. Vielleicht könnte der Arme seinen Sohn behalten, wenn das Lamm geopfert würde.

Der alte Mann ging betrübt vom Tempelhofe fort, aber der Knabe erhob sich, schritt auf die zitternde Brücke zu und setzte seinen Fuß darauf.

Er dachte gar nicht daran, hinübergehen zu wollen, um des Paradieses gewiß zu sein. Seine Gedanken weilten bei dem Armen, dem er zu helfen wünschte.

Aber er zog den Fuß wieder zurück, denn er dachte: es ist unmöglich. Sie ist gar zu alt und rostig, sie könnte mich nicht einmal tragen.

Aber noch einmal schweiften seine Gedanken zu dem Armen, dessen Sohn krank auf den Tod lag. Wieder setzte er den Fuß an die Schwertklinge.

Da merkte er, daß sie zu zittern aufhörte und sich unter seinem Fuße breit und fest anfühlte.

Und als er den nächsten Schritt darauf machte, fühlte er, daß die Luft rings umher ihn unterstützte, so daß er nicht fallen konnte. Sie trug ihn, als wenn er ein Vogel wäre und Flügel hätte.

Aber aus der gespannten Klinge löste sich zitternd ein

holder Ton, wie der Knabe darüber hinschritt, und einer von denen, die auf dem Hofe standen, wendete sich um, da er den Ton vernahm. Er stieß einen Ruf aus, und jetzt wendeten sich auch alle anderen um, und sie gewahrten den kleinen Knaben, der über die Stahlklinge geschritten kam.

Da gerieten alle, die da standen, in große Verwunderung und Bestürzung. Die ersten, die sich faßten, waren die Priester. Sie sendeten sogleich einen Boten nach dem Armen, und als dieser zurückkam, sagten sie zu ihm: »Gott hat ein Wunder getan, um uns zu zeigen, daß er deine Gabe empfangen will. Gib dein Lamm her, wir wollen es opfern!«

Als dies geschehen war, fragten sie nach dem kleinen Knaben, der über die Kluft gewandert war. Aber als sie sich nach ihm umsahen, konnten sie ihn nicht finden. Denn gerade, als der Knabe die Kluft überschritten hatte, hatte er an die Heimreise und die Eltern denken müssen. Er wußte nicht, daß der Morgen und der Vormittag schon verstrichen waren, sondern er dachte: Ich muß mich jetzt sputen, heimzukommen, damit sie nicht zu warten brauchen. Ich will nur erst noch forteilen und einen Blick auf die Stimme des Weltenfürsten werfen. Und er schlich sich zwischen dem Volke durch und eilte auf leichten Sohlen nach dem halbdunklen Säulengang, wo das Kupferhorn an die Wand gelehnt stand.

Als er es sah und bedachte, daß, wer ihm einen Ton entlocken konnte, alle Völker der Erde unter seiner Herrschaft versammeln würde, da deuchte es ihn, daß er niemals etwas so Merkwürdiges gesehen hätte, und setzte sich daneben nieder und betrachtete es.

Er dachte, wie groß es sein müßte, alle Menschen der Erde zu gewinnen, und wie sehnlichst er sich wünschte, in das alte Horn blasen zu können. Aber er sah ein, daß dies unmöglich wäre, und so wagte er nicht einmal den Versuch.

So saß er mehrere Stunden, aber er wußte nicht, daß die Zeit verstrich. Er dachte nur daran, was für ein Gefühl es sein müßte, alle Menschen der Erde unter seiner Herrschaft zu sammeln.

Aber es war so, daß in diesem kühlen Säulengang ein heiliger Mann saß und seine Schüler unterwies. Und er wendete sich jetzt an einen der Jünglinge, die zu seinen Füßen saßen, und sagte ihm, daß er ein Betrüger sei. Der Geist hätte ihm verraten, sagte der Heilige, daß dieser Jüngling ein Fremder sei und kein Israelit. Und nun fragte ihn der Heilige, warum er sich unter einem falschen Namen unter seine Jünger eingeschlichen hätte. Da erhob sich der fremde Jüngling und sagte, er sei durch Wüsten gepilgert und über große Meere gezogen, um die wahre Weisheit und die Lehre des einzigen Gottes verkünden zu hören. »Meine Seele verschmachtet vor Sehnsucht«, sagte er zu dem Heiligen. »Aber ich wußte, daß du mich nicht unterrichten würdest, wenn ich nicht sagte, daß ich ein Israelit sei. Darum belog ich dich, auf daß meine Sehnsucht gestillt würde. Und ich bitte dich, laß mich bei dir bleiben.«

Aber der Heilige stand auf und streckte die Arme zum Himmel empor. »Ebensowenig sollst du bei mir bleiben, als jemand auferstehen wird und auf dem großen Kupferhorn blasen, das wir die Stimme des Weltenfürsten nennen. Es ist dir nicht einmal gestattet, diese Stelle des Tempels zu betreten, weil du ein Heide bist. Eile von hinnen, sonst werden meine anderen Schüler sich auf dich stürzen und in Stücke reißen, denn deine Gegenwart schändet den Tempel.«

Aber der Jüngling stand still und sprach: »Ich will nirgends hingehen, wo meine Seele keine Nahrung findet. Lieber will ich hier zu deinen Füßen sterben.«

Kaum hatte er dies gesagt, als die Schüler des Heiligen aufsprangen, um ihn zu vertreiben. Und als er sich zur Wehr setzte, warfen sie ihn zu Boden und wollten ihn töten.

Aber der Knabe saß ganz nahe, so daß er alles sah und hörte, und er dachte: Dies ist eine große Hartherzigkeit. Ach, könnte ich doch in das Kupferhorn blasen, dann wäre ihm geholfen.

Er stand auf und legte seine Hand auf das Horn. In diesem Augenblick wünschte er nicht mehr, es an seine Lippen heben zu können, weil wer dies vermöchte, ein großer

Herrscher werden würde, sondern weil er hoffte, einem beistehen zu können, dessen Leben in Gefahr war.

Und er umklammerte das Kupferhorn mit seinen kleinen Händchen und versuchte es zu heben.

Da fühlte er, daß das ungeheure Horn sich von selbst zu seinen Lippen hob.

Und wie er nur atmete, drang ein starker, klingender Ton aus dem Horn und schallte durch den ganzen großen Tempelraum.

Da wendeten alle ihre Blicke hin, und sie sahen, daß es ein kleiner Knabe war, der mit dem Horn an seinen Lippen dastand und ihm Töne entlockte, die die Wölbungen und Säulen erzittern ließen.

Allsogleich senkten sich da alle Hände, die sich erhoben hatten, um den fremden Jüngling zu schlagen, und der heilige Lehrer sprach zu ihm: »Komm und setz dich hier zu meinen Füßen, wo du früher gesessen hast! Gott hat ein Wunder getan, um mir zu zeigen, daß es sein Wunsch ist, daß du in seine Anbetung eingeweiht werdest!«

Als der Tag zur Neige ging, wanderten ein Mann und ein Weib mit eiligen Schritten auf Jerusalem zu. Sie sahen erschrocken und unruhig aus, und sie riefen jedem, den sie trafen, zu: »Wir haben unseren Sohn verloren. Wir glaubten, er sei mit unsern Verwandten und Nachbarn gegangen, aber keiner von ihnen hat ihn gesehen. Ist jemand von euch unterwegs an einem einsamen Kinde vorbeigekommen?«

Die Leute, die von Jerusalem kamen, antworteten ihnen: »Nein, euren Sohn haben wir nicht gesehen, aber im Tempel haben wir das schönste Kind geschaut. Es war ein Engel des Himmels, und es ist durch die Pforte der Gerechtigkeit gewandelt.«

Sie hätten gern dies alles haarklein erzählt, doch die Eltern hatten nicht Zeit, ihnen zuzuhören.

Als sie ein Stück weitergegangen waren, trafen sie andre Menschen und befragten diese.

Aber die von Jerusalem kamen, wollten nur von dem allerschönsten Kinde erzählen, das aussehe, als wäre es vom Himmel herabgestiegen, und das die Paradiesesbrücke überschritten hätte.

Sie wären gern stehengeblieben und hätten bis zum späten Abend davon gesprochen, allein der Mann und die Frau hatten nicht Zeit, ihnen zu lauschen, sondern sie eilten in die Stadt.

Sie gingen straßauf und straßab, ohne das Kind zu finden.

Endlich kamen sie zum Tempel.

Als sie dort vorbeigingen, sagte die Frau: »Da wir nun hier sind, so laß uns doch eintreten und sehen, was für ein Kind das ist, von dem sie sagen, es sei vom Himmel herabgestiegen!« Sie traten ein und fragten, wo sie das Kind sehen könnten.

»Geht geradeaus, dorthin, wo die heiligen Lehrer mit ihren Schülern sitzen. Dort ist das Kind. Die alten Männer haben ihn in ihre Mitte gesetzt, sie fragen ihn, und er fragt sie, und sie verwundern sich alle über ihn. Aber alles Volk steht unten auf dem Tempelhofe, um nur einen Schimmer dessen zu sehen, der die Stimme des Weltenfürsten an seine Lippen geführt hat.«

Der Mann und die Frau bahnten sich einen Weg durch den Volkshaufen, und sie sahen, daß das Kind, das unter den weisen Lehrern saß, ihr Sohn war.

Aber sowie die Frau das Kind wiedererkannte, fing sie zu weinen an.

Und der Knabe, der unter den weisen Männern saß, hörte, daß jemand weinte, und er erkannte, daß es seine Mutter war. Da stand er auf und kam zu seiner Mutter, und Vater und Mutter nahmen ihn in ihre Mitte und wanderten mit ihm aus dem Tempel fort.

Aber die ganze Zeit hörte die Mutter nicht auf zu weinen, und das Kind fragte sie: »Warum weinest du? Ich kam ja zu dir, wie ich nur deine Stimme hörte.«

»Wie sollte ich nicht weinen?« sagte die Mutter. »Ich glaubte, du seiest für mich verloren.«

Sie gingen aus der Stadt, und die Dunkelheit brach an, und noch immer weinte die Mutter.

»Warum weinest du?« sagte das Kind. »Ich wußte nichts davon, daß der Tag verstrichen war. Ich glaubte, es sei noch Morgen, und ich kam zu dir, wie ich nur deine Stimme hörte.«

»Wie sollte ich nicht weinen?« sagte die Mutter. »Ich habe dich den ganzen Tag gesucht. Ich glaubte, du seiest für mich verloren.«

Sie wanderten die ganze Nacht, und immer weinte die Mutter.

Da der Morgen zu grauen begann, sagte das Kind: »Warum weinest du? Ich habe nicht nach eignem Ruhm getrachtet, aber Gott hat mich das Wunder vollbringen lassen, weil er den armen Menschen helfen wollte. Und wie ich nur deine Stimme hörte, kam ich wieder zu dir.«

»Mein Sohn«, antwortete die Mutter, »ich weine, weil du gleichwohl für mich verloren bist. Du wirst mir nie mehr angehören. Von Stund an wird deines Daseins Streben Gerechtigkeit sein, und deine Sehnsucht das Paradies, und deine Liebe wird alle die armen Menschen umfassen, die die Erde erfüllen.«

Das Schweißtuch der heiligen Veronika

In einem der letzten Jahre der Regierung des Kaisers Tiberius begab es sich, daß ein armer Winzer und sein Weib sich in einer einsamen Hütte hoch oben in den Sabiner Bergen niederließen. Sie waren Fremdlinge und lebten in der größten Einsamkeit, ohne je den Besuch eines Menschen zu empfangen. Aber eines Morgens, als der Arbeiter seine Tür öffnete, fand er zu seinem Staunen, daß eine alte Frau zusammengekauert auf der Schwelle saß. Sie war in einen schlichten, grauen Mantel gehüllt und sah aus, als wäre sie sehr arm. Und dennoch erschien sie ihm, als sie sich erhob und ihm entgegentrat, so ehrfurchtgebietend, daß er daran denken mußte, was die Sagen von Göttinnen erzählen, die in der Gestalt einer alten Frau die Menschen heimsuchen. »Mein Freund«, sagte die Alte zu dem Winzer, »wundere dich nicht darüber, daß ich heute nacht auf deiner Schwelle geschlafen habe. Meine Eltern haben in dieser Hütte gewohnt, und hier wurde ich vor fast neunzig Jahren geboren. Ich hatte erwartet, sie leer und verlassen zu finden. Ich wußte nicht, daß aufs neue Menschen Besitz davon ergriffen hatten.«

»Ich wundere mich nicht, daß du glaubst, daß eine Hütte, die so hoch zwischen diesen einsamen Felsen liegt, leer und verlassen stehen würde«, sagte der Winzer. »Aber ich und mein Weib, wir sind aus einem fernen Lande, und wir armen Fremdlinge haben keine bessere Wohnstätte finden können. Und dir, die nach der langen Wanderung, die du in deinem hohen Alter unternommen hast, müde und hungrig sein mußt, dürfte es willkommen sein, daß die Hütte von Menschen bewohnt ist, anstatt von den Wölfen der Sabiner

Berge. Du findest jetzt doch ein Bett drinnen, um darauf zu ruhen, sowie eine Schale Ziegenmilch und einen Laib Brot, wenn du damit vorlieb nehmen willst.« Die Alte lächelte ein wenig, aber dieses Lächeln war so flüchtig, daß es den Ausdruck schweren Kummers nicht zu zerstreuen vermochte, der auf ihrem Gesicht ruhte. »Ich habe meine ganze Jugend hier oben in den Bergen verlebt«, sagte sie. »Ich habe die Kunst noch nicht verlernt, einen Wolf aus seiner Höhle zu vertreiben.«

Und sie sah wirklich so stark und kräftig aus, daß der Arbeiter nicht daran zweifelte, daß sie trotz ihres hohen Alters noch Stärke genug besäße, um es mit den wilden Tieren des Waldes aufzunehmen.

Er wiederholte jedoch sein Anerbieten, und die Alte trat in die Hütte ein. Sie ließ sich zu der Mahlzeit der armen Leute nieder und nahm ohne Zögern daran teil. Aber obgleich sie sehr zufrieden damit schien, grobes, in Milch aufgeweichtes Brot essen zu dürfen, dachten der Mann und die Frau: Woher kann diese alte Wanderin kommen? Sie hat gewiß öfter Fasane von Silberschüsseln gespeist als Ziegenmilch aus irdenen Schalen getrunken.

Zuweilen erhob sie die Augen vom Tische und sah sich um, als wolle sie versuchen, sich wieder in der Hütte zurechtzufinden. Die dürftige Behausung mit den nackten Lehmwänden und dem gestampften Boden war sicherlich nicht sehr verändert. Sie zeigte sogar ihren Wirtsleuten, daß an der Wand noch ein paar Spuren von Hunden und Hirschen sichtbar waren, die ihr Vater dorthin gezeichnet hatte, um seinen kleinen Kindern eine Freude zu machen. Und hoch oben auf einem Brett glaubte sie die Scherben eines Tongefäßes zu sehen, in das sie selbst einst Milch zu melken pflegte.

Aber der Mann und sein Weib dachten bei sich selbst: Es mag freilich wahr sein, daß sie in dieser Hütte geboren ist, aber sie hat doch im Leben so manches andre zu bestellen gehabt als Ziegen melken und Butter und Käse bereiten.

Sie merkten auch, daß sie oft mit ihren Gedanken weit

weg war und jedesmal, wenn sie wieder zu sich selbst zurückkam, schwer und kummervoll seufzte.

Endlich erhob sie sich von der Mahlzeit. Sie dankte freundlich für die Gastfreundschaft, die sie genossen hatte, und ging auf die Tür zu.

Aber da deuchte sie den Winzer so beklagenswert einsam und arm, daß er ausrief: »Wenn ich mich nicht irre, war es keineswegs deine Absicht, als du gestern nacht heraufstiegst, diese Hütte so bald zu verlassen. Wenn du wirklich arm bist, wie es den Anschein hat, dann wird es wohl deine Meinung gewesen sein, all die Jahre, die du noch zu leben hast, hierzubleiben. Aber jetzt willst du gehen, weil wir, mein Weib und ich, schon von der Hütte Besitz genommen haben.«

Die Alte leugnete nicht, daß er richtig geraten hatte. »Aber diese Hütte, die so viele Jahre verlassen gestanden hat, gehört dir ebenso gut wie mir«, sagte sie. »Ich habe kein Recht, dich von hier zu vertreiben.«

»Es ist aber doch deiner Eltern Hütte«, sagte der Winzer, »und du hast sicherlich mehr Anspruch darauf als ich. Wir sind überdies jung, und du bist alt. Darum sollst du bleiben, und wir werden gehen.«

Als die Alte diese Worte hörte, war sie ganz erstaunt. Sie wendete sich auf der Schwelle um und starrte den Mann an, als wenn sie nicht verstünde, was er mit seinen Worten meinte.

Aber nun mischte sich das junge Weib ins Gespräch.

»Wenn ich mitzureden hätte«, sagte sie zu dem Manne, »würde ich dich bitten, diese alte Frau zu fragen, ob sie uns nicht als ihre Kinder ansehen und uns erlauben will, bei ihr zu bleiben und sie zu pflegen. Welchen Nutzen hätte sie davon, wenn wir ihr diese elende Hütte schenkten und sie dann allein ließen? Es wäre furchtbar für sie, einsam in der Wildnis zu hausen. Und wovon sollte sie leben? Es wäre dasselbe, als wollten wir sie dem Hungertode preisgeben.«

Aber die Alte trat auf den Mann und die Frau zu und betrachtete sie prüfend. »Warum sprecht ihr so?« fragte sie.

»Warum beweist ihr mir Barmherzigkeit? Ihr seid doch Fremde.«

Da antwortete ihr die junge Frau: »Darum, weil uns selbst einmal die große Barmherzigkeit begegnet ist.«

2

So kam es, daß die alte Frau in der Hütte des Winzers wohnte, und sie faßte große Freundschaft für die jungen Menschen. Aber dennoch sagte sie ihnen niemals, woher sie kam oder wer sie war, und sie begriffen, daß sie es nicht gut aufgenommen hätte, wenn sie sie danach gefragt hätten.

Aber eines Abends, als die Arbeit getan war und sie alle drei auf der großen, flachen Felsplatte saßen, die vor dem Eingang lag, und ihr Abendbrot verzehrten, erblickten sie einen alten Mann, der den Pfad heranstieg.

Es war ein hoher, kräftig gebauter Mann mit so breiten Schultern wie ein Ringer. Sein Gesicht trug einen düstern, herben Ausdruck. Die Stirne ragte über den tiefliegenden Augen vor, und die Linien des Mundes drückten Bitterkeit und Verachtung aus. Er ging in gerader Haltung und mit raschen Bewegungen. Der Mann trug ein schlichtes Gewand, und der Winzer dachte, sobald er ihn erblickt hatte: Das ist ein alter Legionär, einer, der seinen Abschied aus dem Dienste bekommen hat und nun auf der Wanderung nach seiner Heimat begriffen ist.

Als der Fremde an die Essenden herangekommen war, blieb er wie unschlüssig stehen. Der Arbeiter, der wußte, daß der Weg ein kleines Stück oberhalb der Hütte ein Ende hatte, legte den Löffel nieder und rief ihm zu: »Hast du dich verirrt, Fremdling, daß du hierher zu dieser Hütte kommst? Niemand pflegt sich die Mühe zu machen, hier heraufzukommen, es sei denn, er hätte eine Botschaft an einen von uns, die wir hier wohnen.«

Während er so fragte, trat der Fremdling näher. »Ja, es ist so, wie du sagst«, antwortete er, »ich habe den Weg verloren, und jetzt weiß ich nicht, wohin ich meine Schritte lenken soll. Wenn du mich hier ein Weilchen ruhen läßt und mir dann sagst, welchen Weg ich gehen muß, um zu meinem Landgut zu kommen, will ich dir dankbar sein.«

Mit diesen Worten ließ er sich auf einem der Steine nieder, die vor der Hütte lagen. Die junge Frau fragte ihn, ob er nicht an ihrer Mahlzeit teilnehmen wolle, doch dies lehnte er mit einem Lächeln ab. Hingegen zeigte es sich, daß er sehr geneigt war, mit ihnen zu plaudern, indes sie aßen.

Er fragte die jungen Menschen nach ihrer Lebensweise und ihrer Arbeit, und sie antworteten ihm fröhlich und rückhaltlos.

Aber auf einmal wendete sich der Arbeiter an den Fremden und begann ihn auszufragen: »Du siehst, wie abgeschieden und einsam wir leben«, sagte er. »Es ist wohl schon ein Jahr her, seit ich mit andern als Hirten und Winzern gesprochen habe. Kannst du, der ja wohl aus irgendeinem Feldlager kommt, uns nicht ein wenig von Rom und vom Kaiser erzählen?«

Kaum hatte der Mann dies gesagt, als die junge Frau merkte, wie die Alte ihm einen warnenden Blick zuwarf und mit der Hand das Zeichen machte, das bedeutet, man möge wohl auf der Hut sein mit dem, was man sage.

Der Fremdling antwortete dann aber ganz freundlich: »Ich sehe, daß du mich für einen Legionär hältst, und du hast wirklich nicht so ganz unrecht, obgleich ich schon vor langer Zeit den Dienst verlassen habe. Unter der Regierung des Tiberius hat es nicht viel Arbeit für uns Kriegsleute gegeben. Und er war doch einmal ein großer Feldherr. Das war die Zeit seines Glücks. Jetzt hat er nichts andres im Sinn, als sich vor Verschwörung zu hüten. In Rom sprechen alle Menschen davon, daß er vorige Woche, nur auf den allerleisesten Verdacht hin, den Senator Titus greifen und hinrichten ließ.«

»Der arme Kaiser, er weiß nicht mehr, was er tut«, rief die junge Frau. Sie rang die Hände und schüttelte bedauernd und staunend das Haupt.

»Du hast wirklich recht«, sagte der Fremdling, während ein Zug tiefster Düsterkeit über sein Gesicht ging. »Tiberius weiß, daß alle Menschen ihn hassen, und dies treibt ihn noch zum Wahnsinn.«

»Was sagst du da?« rief die Frau. »Warum sollten wir ihn hassen? Wir beklagen es ja nur, daß er nun nicht mehr ein so großer Kaiser ist wie am Anfang seiner Regierung.«

»Du irrst dich«, sagte der Fremde. »Alle Menschen verachten und hassen Tiberius. Warum sollten sie es nicht? Er ist ja nur ein grausamer, schonungsloser Tyrann. Und in Rom glaubt man, daß er in Zukunft noch unverbesserlicher sein wird als bisher.«

»Hat sich denn etwas ereignet, was ihn zu einem noch ärgeren Ungeheuer machen könnte, als er schon ist?« fragte der Mann.

Als er dies sagte, merkte die Frau, daß die Alte ihm abermals ein warnendes Zeichen machte, aber so verstohlen, daß er es nicht sehen konnte.

Der Fremdling antwortete freundlich, aber gleichzeitig huschte ein eigentümliches Lächeln um seine Lippen.

»Du hast vielleicht gehört, daß Tiberius bis jetzt in seiner Umgebung einen Freund gehabt hatte, dem er vertrauen konnte und der ihm immer die Wahrheit sagte. Alle andern, die an seinem Hofe leben, sind Glücksjäger und Heuchler, die seine bösen und hinterlistigen Handlungen ebenso preisen wie seine guten und vortrefflichen. Es hat aber doch, wie gesagt, ein Wesen gegeben, das niemals fürchtete, ihn wissen zu lassen, was seine Handlungen wert waren. Dieser Mensch, der mutiger war als Senatoren und Feldherren, war des Kaisers alte Amme, Faustina.«

»Jawohl, ich habe von ihr reden hören«, sagte der Arbeiter. »Man sagte mir, daß der Kaiser ihr immer große Freundschaft bewiesen habe.«

»Ja, Tiberius wußte ihre Ergebenheit und Treue zu schätzen. Er hat diese arme Bäuerin, die einst aus einer elenden Hütte in den Sabiner Bergen kam, wie seine zweite Mutter behandelt. Solange er selbst in Rom weilte, ließ er sie in einem Hause auf dem Palatin wohnen, um sie immer in seiner Nähe zu haben. Keiner von Roms vornehmen Matronen ist es besser ergangen als ihr. Sie wurde in einer Sänfte über die Straße getragen, und ihre Kleidung war die einer Kaiserin. Als der Kaiser nach Capreae übersiedelte, mußte sie ihn begleiten, und er ließ ihr dort ein Landhaus voll Sklaven und kostbarem Hausrat kaufen.«

»Sie hat es wahrlich gut gehabt«, sagte der Mann. Er war es nun, der das Gespräch mit dem Fremden allein weiterführte. Die Frau saß stumm und beobachtete staunend die Veränderung, die mit der Alten vorgegangen war. Seit dem Kommen des Fremden hatte sie kein Wort gesprochen. Sie hatte ihr sanftes und freundliches Wesen ganz verloren. Die Schüssel hatte sie von sich geschoben und saß jetzt starr und aufrecht, an den Türpfosten gelehnt, und blickte mit strengem, versteinertem Gesicht gerade vor sich hin.

»Es ist des Kaisers Wille gewesen, daß sie ein glückliches Leben genieße«, sagte der Fremdling. »Aber trotz aller seiner Wohltaten hat nun auch sie ihn verlassen.«

Die alte Frau zuckte bei diesen Worten zusammen, doch die junge legte beschwichtigend die Hand auf ihren Arm. Dann begann sie mit ihrer warmen, milden Stimme zu sprechen. »Ich kann doch nicht glauben, daß die alte Faustina am Hofe so glücklich gewesen ist, wie du sagst«, sagte sie, indessen sie sich an den Fremdling wendete. »Ich bin gewiß, daß sie Tiberius so geliebt hat, als wenn er ihr eigener Sohn wäre. Ich kann mir denken, wie stolz sie auf seine edle Jugend gewesen ist, und ich kann auch begreifen, welch ein Kummer es für sie war, daß er sich in seinem Alter dem Mißtrauen und der Grausamkeit überließ. Sie hat ihn sicherlich jeden Tag ermahnt und gewarnt. Es ist furchtbar für sie gewesen, immer vergeblich zu bitten. Sie hat es nicht mehr ertragen können, ihn immer tiefer sinken zu sehen.«

Der Fremdling beugte sich überrascht ein wenig vor, als er diese Worte vernahm. Aber das junge Weib sah nicht zu ihm auf. Sie hielt die Augen niedergeschlagen und sprach sehr leise und demütig.

»Du hast vielleicht recht mit dem, was du von der alten Frau sagst«, antwortete er. »Faustina ist am Hofe wirklich nicht glücklich gewesen. Aber es scheint doch seltsam, daß sie den Kaiser in seinem hohen Alter verließ, nachdem sie ein ganzes Menschenleben bei ihm ausgeharrt hatte.«

»Was sagst du da?« rief der Mann. »Hat die alte Faustina den Kaiser verlassen?

»Sie hat sich, ohne daß jemand darum wußte, von Capreae weggeschlichen«, sagte der Fremde. »Sie ist ebenso arm gegangen, wie sie gekommen war. Sie hat nichts von allen ihren Schätzen mitgenommen.«

»Und weiß der Kaiser wirklich nicht, wohin sie gegangen ist?« fragte die junge Frau mit ihrer sanften Stimme.

»Nein, niemand weiß mit Bestimmtheit, welchen Weg die Alte eingeschlagen hat. Man hält es jedoch für wahrscheinlich, daß sie ihre Zuflucht in ihren heimatlichen Bergen gesucht habe.«

»Und der Kaiser weiß auch nicht, warum sie von ihm fortgegangen ist?« fragte die junge Frau.

»Nein, der Kaiser weiß nichts darüber. Er kann doch nicht glauben, daß sie ihn verlassen hat, weil er einmal zu ihr sagte, sie diene ihm, um Lohn und Gaben zu empfangen, sie wie alle andern. Sie weiß doch, daß er niemals an ihrer Uneigennützigkeit gezweifelt hat. Er hoffte immer noch, daß sie freiwillig zu ihm zurückkehren würde, denn niemand weiß besser als sie, daß er jetzt ganz ohne Freunde ist.«

»Ich kenne sie nicht«, sagte das junge Weib, »aber ich glaube doch, daß ich dir sagen kann, warum sie den Kaiser verlassen hat. Diese alte Frau ist hier in diesen Bergen zu Einfachheit und Frömmigkeit erzogen worden, und sie hat sich immer hierher zurückgesehnt. Sicherlich hätte sie dennoch den Kaiser nie verlassen, wenn er sie nicht beleidigt hätte. Aber ich begreife, daß sie nun hiernach, da ihres Lebens Tage bald zu Ende gehen müssen, das Recht zu haben meinte, an sich selbst zu denken. Wenn ich eine arme Frau aus den Bergen wäre, hätte ich vermutlich ebenso gehandelt wie sie. Ich hätte mir gedacht, daß ich genug getan hätte, wenn ich meinem Herrn ein ganzes Leben lang gedient habe. Ich wäre schließlich von Wohlleben und Kaisergunst fortgegangen, um meine Seele Ehre und Gerechtigkeit kosten zu lassen, ehe sie sich von mir scheidet, um die lange Fahrt anzutreten.«

Der Fremdling blickte die junge Frau trüb und schwermütig an. »Du bedenkst nicht, daß des Kaisers Treiben jetzt schrecklicher werden wird denn je. Jetzt gibt es keinen mehr, der ihn beruhigen könnte, wenn Mißtrauen und Menschenverachtung sich seiner bemächtigen. Denke dir dies«, fuhr er fort und bohrte seine düstern Blicke tief in die des jungen Weibes, »in der ganzen Welt gibt es jetzt keinen, den er nicht haßte, keinen, den er nicht verachtete, keinen.«

Als er diese Worte mit bitterer Verzweiflung aussprach, machte die Alte eine hastige Bewegung und wendete sich ihm zu, aber die Junge sah ihm fest in die Augen und antwortete: »Tiberius weiß, daß Faustina wieder zu ihm kommt, wann immer er es wünscht. Aber zuerst muß sie wissen, daß ihre alten Augen nicht mehr Laster und Schändlichkeit an seinem Hofe schauen müssen.«

Sie hatten sich bei diesen Worten alle erhoben, aber der Winzer und seine Frau stellten sich vor die Alte, gleichsam um sie zu schützen.

Der Fremdling sprach keine Silbe mehr, aber er betrachtete die Alte mit fragenden Blicken. Ist das auch dein letztes Wort? schien er sagen zu wollen. Die Lippen der Alten zitterten, und die Worte wollten sich nicht von ihnen lösen.

»Wenn der Kaiser seine alte Dienerin geliebt hat, so möge er ihr auch die Ruhe ihrer letzten Tage gönnen«, sagte die junge Frau.

Der Fremde zögerte noch, aber plötzlich erhellte sich sein düsteres Gesicht. »Meine Freunde«, sagte er, »was man auch von Tiberius sagen mag, es gibt doch eines, was er besser gelernt hat als andre, und das ist: verzichten. Ich habe euch nur noch eines zu sagen: Wenn diese alte Frau, von der wir gesprochen haben, diese Hütte aufsuchen sollte, so nehmet sie gut auf! Des Kaisers Gunst ruht über jedem, der ihr beisteht.«

Er hüllte sich in seinen Mantel und entfernte sich auf demselben Wege, den er gekommen war.

<h1 style="text-align:center">3</h1>

Nach diesem Vorfall sprachen der Winzer und sein Weib nie mehr mit der alten Frau vom Kaiser. Unterdessen wunderten sie sich darüber, daß sie in ihrem hohen Alter die Kraft gehabt hatte, all dem Reichtum und der Macht zu entsagen, an die sie gewohnt war. Ob sie nicht doch bald zu Tiberius zurückkehren wird? fragten sie sich. Sie liebt ihn sicherlich noch. In der Hoffnung, daß dies ihn zur Besinnung bringen und ihn bewegen werde, sich von seiner bösen Handlungsweise zu bekehren, hat sie ihn verlassen.

»Ein so alter Mann wie der Kaiser wird niemals mehr ein neues Leben beginnen«, sagte der Arbeiter. »Wie willst du seine große Verachtung der Menschen von ihm nehmen? Wer könnte vor ihn hintreten und ihn lehren, sie zu lieben? Bevor dies geschieht, kann er nicht von seinem Argwohn und seiner Grausamkeit geheilt werden.«

»Du weißt, daß es einen gibt, der dies in Wahrheit vermöchte«, sagte die Frau. »Ich denke oft daran, wie es wäre, wenn diese beiden sich begegneten. Aber Gottes Wege sind nicht unsre Wege.«

Die alte Frau schien ihr früheres Leben gar nicht zu entbehren. Nach einiger Zeit gebar das junge Weib ein Kind, und als die Alte nun dieses zu pflegen hatte, schien sie so zufrieden zu sein, daß man glauben konnte, sie hätte alle ihre Sorgen vergessen.

Jedes halbe Jahr einmal pflegte sie sich in den langen grauen Mantel zu hüllen und nach Rom hinunterzuwandern. Aber dort suchte sie keine Menschenseele auf, sondern ging geradewegs zum Forum. Hier blieb sie vor einem kleinen Tempel stehen, der sich auf der einen Seite des herrlich geschmückten Platzes erhob. Dieser Tempel bestand eigentlich nur aus einem außergewöhnlich großen Altar, der unter offenem Himmel auf einem marmorgepflasterten Hofe stand. Auf der Höhe des Altars thronte Fortuna, die Göttin des Glücks, und an seinem Fuße sah man eine Bildsäule des Tiberius. Rund um den Hof erhoben sich Gebäude für die Priester, Vorratskammern für Brennholz und Ställe für die Opfertiere.

Die Wanderung der alten Faustina erstreckte sich niemals weiter als bis zu diesem Tempel, den die aufzusuchen pflegten, die um Glück für Tiberius beten wollten. Wenn sie einen Blick hineingeworfen und gesehen hatte, daß die Göttin und die Kaiserstatue mit Blumen bekränzt waren, daß das Opferfeuer loderte und Scharen ehrfürchtiger Anbeter vor dem Altare versammelt waren, und wenn sie vernommen hatte, daß die leisen Hymnen der Priester ringsumher erklangen, dann kehrte sie um und begab sich wieder in die Berge. So erfuhr sie, ohne einen Menschen fragen zu müssen, daß Tiberius noch unter den Lebenden weilte und daß es ihm wohl erging.

Als sie diese Wanderung zum drittenmal antrat, harrte ihrer eine Überraschung. Als sie sich dem kleinen Tempel näherte, fand sie ihn verödet und leer. Kein Feuer flammte vor dem Bilde, und kein einziger Anbeter war davor zu sehen. Ein paar trockne Kränze hingen noch an der einen Seite des Altars, aber dies war alles, was von seiner früheren Herrlichkeit zeugte. Die Priester waren verschwunden, und die Kaiserstatue, die ohne Hüter dastand, war beschädigt und mit Schmutz beworfen.

Die alte Frau wendete sich an den ersten besten, der vorüberging. »Was hat dies zu bedeuten?« fragte sie. »Ist Tiberius tot? Haben wir einen andern Kaiser?«

»Nein«, antwortete der Römer, »Tiberius ist noch Kaiser, aber wir haben aufgehört, für ihn zu beten. Unsere Gebete können ihm nicht mehr frommen.«

»Mein Freund«, sagte die Alte, »ich wohne weit von hier in den Bergen, wo man nichts davon erfährt, was sich draußen in der Welt zuträgt. Willst du mir nicht sagen, welches Unglück den Kaiser getroffen hat?«

»Das furchtbarste Unglück«, erwiderte der Mann. »Er ist von einer Krankheit befallen worden, die bisher in Italien unbekannt war, die aber im Morgenlande häufig sein soll. Seit diese Seuche über den Kaiser gekommen ist, hat sich sein Gesicht verwandelt, seine Stimme ist wie die Stimme eines grunzenden Tiers, und seine Zehen und Finger werden zerfressen, und gegen diese Krankheit soll es kein Mittel geben. Man glaubt, daß er in ein paar Wochen tot sein wird, wenn er aber nicht stirbt, so muß man ihn absetzen, denn ein so kranker, elender Mann kann nicht weiter regieren. Du begreifst also, daß sein Schicksal besiegelt ist. Es nützt nichts, die Götter um Glück für ihn anzuflehen. Und es lohnt sich auch nicht«, fügte er mit leisem Lächeln hinzu. »Niemand hat von ihm noch etwas zu fürchten oder zu hoffen. Warum sollten wir uns also um seinetwillen Mühe machen?«

Er grüßte und ging, doch die Alte blieb wie betäubt stehen.

Zum erstenmal in ihrem Leben brach sie zusammen und sah aus wie eine, die das Alter besiegt hat. Sie stand mit gebeugtem Rücken und zitterndem Kopfe da, und mit Händen, die kraftlos in der Luft tasteten. Sie sehnte sich, von dieser Stelle fortzukommen, aber sie hob die Füße nur langsam und bewegte sich strauchelnd vorwärts. Sie sah sich um, um etwas zu finden, was sie als Stab gebrauchen könnte.

Nach einigen Augenblicken gelang es ihr doch, mit ungeheurer Willensanstrengung die Mattigkeit zurückzudrängen. Sie richtete sich wieder empor und zwang sich, mit festen Schritten durch die menschenerfüllten Gassen zu gehen.

4

Eine Woche später wanderte die alte Faustina die steilen Abhänge der Insel Capreae hinan. Es war ein heißer Tag, und das furchtbare Gefühl des Alters und der Mattigkeit überkam sie wieder, während sie die geschlängelten Pfade und die in die Felsen gehauenen Stufen erklomm, die zur Villa des Tiberius führten.

Dieses Gefühl steigerte sich noch, als sie zu merken anfing, wie sehr sich alles während der Zeit, die sie fern gewesen war, verändert hatte. Früher waren immer große Scharen von Menschen diese Treppe hinauf und herunter geeilt. Es hatte hier von Senatoren gewimmelt, die sich von riesigen Libyern tragen ließen; von Sendboten aus den Provinzen, die von langen Sklavenzügen geleitet ankamen; von Stellensuchenden und von vornehmen Männern, die eingeladen waren, an den Festen des Kaisers teilzunehmen. Aber heute waren diese Treppen und Gänge ganz verödet. Die graugrünen Eidechsen waren die einzigen lebenden Wesen, die die alte Frau auf ihrem Wege bemerkte.

Sie staunte, daß alles bereits zu verfallen schien. Die Krankheit des Kaisers konnte höchstens ein paar Monate gedauert haben, und doch war schon Unkraut in den Spalten zwischen den Marmorfliesen emporgewuchert. Edle Gewächse in schönen Vasen waren schon vertrocknet, und mutwillige Zerstörer, denen niemand Einhalt getan hatte, hatten an ein paar Stellen die Balustrade niedergebrochen.

Aber am allerseltsamsten deuchte sie doch die völlige Menschenleere. Wenn es auch Fremdlingen verboten war, sich auf der Insel sehen zu lassen, so mußten sie doch wohl noch da sein, diese unendlichen Scharen von Kriegsknechten und Sklaven, von Tänzerinnen und Musikanten, von Köchen und Tafeldeckern, von Palastwachen und Gartenarbeitern, die zum Haushalt des Kaisers gehörten.

Erst als Faustina die oberste Terrasse erreichte, erblickte sie ein paar alte Sklaven, die auf den Treppenstufen vor der

Villa saßen. Als sie sich ihnen näherte, erhoben sie sich und neigten sich vor ihr.

»Sei gegrüßt, Faustina«, sagte der eine. »Ein Gott schickt dich, um unser Unglück zu lindern.«

»Was ist dies, Milo?« fragte Faustina. »Warum ist es hier so öde? Man hat mir doch gesagt, daß Tiberius noch auf Capreae weile?«

»Der Kaiser hat alle seine Sklaven vertrieben, weil er den Verdacht hegt, einer von uns habe ihm vergifteten Wein zu trinken gegeben, und dies habe die Krankheit hervorgerufen. Er hätte auch mich und Tito fortgejagt, wenn wir uns nicht geweigert hätten, ihm zu gehorchen. Und du weißt doch, daß wir unser ganzes Leben lang dem Kaiser und seiner Mutter gedient haben.«

»Ich frage nicht nur nach Sklaven«, sagte Faustina. »Wo sind die Senatoren und Feldherren? Wo sind des Kaisers Vertraute und alle schmeichelnden Speichellecker?«

»Tiberius will sich nicht mehr vor Fremden zeigen«, sagte der Sklave. »Der Senator Lucius und Marco, der Anführer der Leibwache, kommen jeden Tag her und nehmen seine Befehle entgegen. Sonst darf sich ihm niemand nahen.«

Faustina hatte die Treppe erstiegen, um in das Landhaus einzutreten. Der Sklave schritt ihr voran, und im Gehen fragte sie ihn: »Was sagen die Ärzte über Tiberii Krankheit?«

»Keiner von ihnen versteht diese Krankheit zu behandeln. Sie wissen nicht einmal, ob sie rasch oder langsam tötet. Aber eins kann ich dir sagen, Faustina, daß Tiberius sterben muß, wenn er sich weigert, Nahrung zu sich zu nehmen, aus Furcht, daß sie vergiftet sein könnte. Und ich weiß, daß ein kranker Mann es nicht aushalten kann, Tag und Nacht zu wachen, wie der Kaiser tut, aus Angst, im Schlafe ermordet zu werden. Wenn er dir vertrauen will wie in früheren Tagen, wird es dir vielleicht gelingen, ihn zum Essen und Schlafen zu bewegen. Damit kannst du sein Leben um viele Tage verlängern.«

Der Sklave führte Faustina durch mehrere Gänge und Höfe zu einer Terrasse, auf der Tiberius sich aufzuhalten pflegte, um die Aussicht über die schönen Meeresbusen und den stolzen Vesuv zu genießen.

Als Faustina die Terrasse betrat, sah sie dort ein grausiges Wesen mit aufgeschwollenem Gesicht und tierischen Zügen. Seine Hände und Füße waren mit weißen Binden umwikkelt, aber aus den Binden kamen halb abgefressene Finger und Zehen hervor. Und die Kleider dieses Menschen waren staubig und besudelt. Man sah, daß er nicht imstande war, aufrecht zu gehen, sondern über die Terrasse hatte kriechen müssen. Er lag mit geschlossenen Augen am äußersten Ende der Balustrade und regte sich nicht, als der Sklave und Faustina herankamen.

Doch Faustina flüsterte dem Sklaven, der ihr voranschritt, zu: »Aber, Milo, wie kann sich ein solcher Mensch hier auf der Kaisertreppe aufhalten? Eile dich, ihn von hier fortzuschaffen.«

Aber kaum hatte sie dies gesagt, als sie sah, wie der Sklave sich vor dem liegenden, elenden Menschen tief zur Erde neigte.

»Cäsar Tiberius«, sagte er, »endlich habe ich dir frohe Kunde zu bringen.«

Zugleich wendete sich der Sklave an Faustina, prallte aber betroffen zurück und konnte kein Wort mehr hervorbringen.

Er sah nicht mehr die stolze Matrone, die so stark ausgesehen hatte, daß man erwarten konnte, ihr Alter werde dem einer Sibylle gleichkommen. In diesem Augenblick war sie in kraftloser Greisenhaftigkeit zusammengesunken, und der Sklave sah ein gebeugtes Mütterchen mit trübem Blick und tastenden Händen vor sich.

Denn wohl hatte man Faustina gesagt, daß der Kaiser furchtbar verändert sei, aber sie hatte doch keinen Augenblick aufgehört, sich ihn als den kräftigen Mann zu denken, der er gewesen war, als sie ihn das letzte Mal gesehen hatte. Sie hatte auch jemand sagen hören daß diese Krankheit langsam wirke und daß sie Jahre brauche, um einen Menschen zu verwandeln. Aber hier war sie mit solcher Heftigkeit fortgeschritten, daß sie den Kaiser in wenigen Monaten schon unkenntlich gemacht hatte.

Sie wankte auf den Kaiser zu. Sie vermochte nicht zu sprechen, sondern stand stumm neben ihm und weinte. »Bist du endlich gekommen, Faustina?« sagte er, ohne die Augen zu öffnen. »Ich lag da und wähnte, du stündest hier und weintest über mich. Ich wage nicht aufzublicken, aus Furcht, daß dies nur ein Trugbild gewesen sein könnte.«

Da setzte sich die Alte neben ihn. Sie hob seinen Kopf empor und bettete ihn in ihren Schoß.

Aber Tiberius blieb still liegen, ohne sie anzusehen. Ein Gefühl süßen Friedens erfüllte ihn, und im nächsten Augenblick versank er in ruhigen Schlummer.

5

Einige Wochen später wanderte einer der Sklaven des Kaisers der einsamen Hütte in den Sabiner Bergen zu. Der Abend brach an, und der Winzer und seine Frau standen in ihrer Türe und sahen die Sonne im fernen Westen sinken. Der Sklave bog vom Wege ab und kam heran und grüßte sie. Dann zog er einen schweren Beutel hervor und legte ihn dem Manne in die Hand.

»Dieses schickt dir Faustina, die alte Frau, der du Barmherzigkeit erwiesen hast«, sagte der Sklave. »Sie läßt dir sagen, du möchtest dir für dieses Geld einen eignen Weinberg kaufen und dir eine Wohnung erbauen, die nicht so hoch oben in den Lüften liegt wie die Horste der Adler.«

»Die alte Faustina lebt also wirklich noch?« sagte der Mann. »Wir haben sie in Klüften und Sümpfen gesucht. Als sie nicht zu uns zurückkehrte, glaubte ich, sie hätte in diesen elenden Bergen den Tod gefunden.«

»Erinnerst du dich nicht«, fiel die Frau ein, »daß ich nicht glauben wollte, daß sie tot sei? Habe ich dir nicht gesagt, sie würde zum Kaiser zurückgekehrt sein?«

»Ja«, gab der Mann zu, »so sagtest du wirklich, und ich

freue mich, daß du recht behalten hast, nicht nur, weil Faustina dadurch reich genug geworden ist, um uns aus unsrer Armut zu retten, sondern auch um des armen Kaisers willen.«

Der Sklave wollte nun sogleich Abschied nehmen, um bewohnte Gegenden zu erreichen, bevor die Dunkelheit anbräche, aber dies ließen die beiden Eheleute nicht zu. »Du mußt bis zum Morgen bei uns bleiben«, sagten sie, »wir können dich nicht ziehen lassen, ehe du uns alles erzählt hast, was Faustina widerfahren ist. Warum ist sie zum Kaiser zurückgekehrt? Wie war ihre Begegnung? Sind sie nun glücklich, daß sie wieder vereint sind?«

Der Sklave gab ihren Bitten nach. Er trat mit ihnen in die Hütte, und beim Abendbrot erzählte er von der Krankheit des Kaisers und Faustinas Rückkehr.

Als der Sklave seine Erzählung beendet hatte, sah er, wie der Mann und die Frau regungslos und staunend sitzenblieben. Ihre Blicke waren zu Boden geschlagen, gleichsam, um die Erregung nicht zu verraten, die sich ihrer bemächtigt hatte.

Endlich sah der Mann auf und sagte zu seinem Weibe: »Glaubst du nicht, daß dies eine Fügung Gottes ist?«

»Ja«, sagte die Frau, »sicherlich hat uns der Herr um dessentwillen über das Meer in diese Hütte gesendet. Gewiß war dies seine Absicht, als er die alte Frau an unsre Türe führte.«

Sowie die Frau diese Worte gesprochen hatte, wendete sich der Winzer wieder an den Sklaven.

»Freund«, sagte er zu ihm, »du sollst Faustina eine Botschaft von mir bringen! Sag ihr dies, Wort für Wort! Solches kündet dir dein Freund, der Winzer aus den Sabiner Bergen. Du hast die junge Frau gesehen, die mein Weib ist. Schien sie dir nicht hold in Schönheit und blühend in Gesundheit? Und doch hat diese junge Frau einmal an derselben Krankheit gelitten, die nun Tiberius befallen hat.«

Der Sklave machte eine Bewegung des Staunens, aber der Winzer fuhr mit immer größerem Nachdruck fort.

»Wenn Faustina sich weigert, meinen Worten Glauben zu schenken, so sag ihr, daß meine Frau und ich aus Palästina in Asien stammen, einem Lande, wo diese Krankheit häufig vorkommt. Und dort ist ein Gesetz, daß die Aussätzigen aus Städten und Dörfern vertrieben werden und auf öden Plätzen wohnen und ihre Zuflucht in Gräbern und Felsenhöhlen suchen müssen. Sage Faustina, daß mein Weib von kranken Eltern stammt und in einer Felshöhle geboren wurde. Und solange sie noch ein Kind war, war sie gesund, aber als sie zur Jungfrau heranwuchs, wurde sie von der Krankheit befallen.«

Als der Winzer dies gesagt hatte, neigte der Sklave freundlich lächelnd das Haupt und sagte ihm: »Wie willst du, daß Faustina dies glaube? Sie hat ja deine Frau in ihrer Gesundheit und Blüte gesehen? Und sie weiß ja, daß es kein Heilmittel gegen diese Krankheit gibt.«

Doch der Mann erwiderte: »Es wäre das beste für sie, wenn sie mir glauben wollte. Aber ich bin auch nicht ohne Zeugen. Sie möge Kundschafter hinüber nach Nazareth in Galiläa senden. Da wird jeder Mensch meine Aussage bestätigen!«

»Ist deine Frau vielleicht durch das Wunderwerk irgendeines Gottes geheilt worden?« fragte der Sklave.

»Ja«, antwortete der Arbeiter, »wie du sagst, so ist es. Eines Tages verbreitete sich ein Gerücht unter den Kranken, die in der Wildnis wohnten: ›Sehet, es ist ein großer Prophet erstanden, in der Stadt Nazareth in Galiläa. Er ist voll der Kraft von Gottes Geist, und er kann eure Krankheit heilen, wenn er nur seine Hand auf eure Stirn legt.‹ Aber die Kranken, die in ihrem Elend lagen, wollten nicht glauben, daß dieses Gerücht Wahrheit sei. ›Uns kann niemand heilen‹, sagten sie. ›Seit den Tagen des großen Propheten hat niemand einen von uns aus seinem Unglück retten können.‹

Aber es war eine unter ihnen, die glaubte, und diese eine war eine Jungfrau. Sie ging von den andern fort, um den Weg in die Stadt Nazareth zu suchen, wo der Prophet weilte. Und eines Tages, als sie über weite Ebenen wanderte, begegnete sie einem Manne, der hochgewachsen war und ein bleiches Gesicht hatte, und dessen Haar in blanken, schwarzen Locken lag. Seine dunklen Augen leuchteten gleich Sternen und zogen sie zu ihm hin. Aber bevor sie sich noch begegneten, rief sie ihm zu. ›Komm mir nicht zu nahe, denn ich bin eine Unreine, aber sage mir, wo kann ich den Propheten aus Nazareth finden?‹ Aber der Mann fuhr fort, ihr entgegenzugehen, und als er dicht vor ihr stand, sagte er: ›Warum suchest du den Propheten aus Nazareth?‹ – ›Ich suche ihn, auf daß er seine Hand auf meine Stirn lege und mich von meiner Krankheit heile.‹ Da trat der Mann heran und legte seine Hand auf ihre Stirn. – Aber sie sprach zu ihm: ›Was frommt es mir, daß du deine Hand auf meine Stirn legst? Du bist doch kein Prophet?‹ – Da lächelte er ihr zu und sagte: ›Gehe jetzt zur Stadt, die dort auf dem Bergesabhang liegt, und zeige dich den Priestern.‹

Die Kranke dachte bei sich selbst: Er treibt seinen Spott mit mir, weil ich glaube, daß ich geheilt werden kann. Von ihm kann ich nicht erfahren, was ich wissen will. Und sie ging weiter. Gleich darauf sah sie einen Mann, der zur Jagd auszog, über das weite Feld reiten. Als er ihr so nah gekommen war, daß er sie hören konnte, rief sie ihm zu: ›Komme nicht zu mir her, denn ich bin eine Unreine, aber sage mir, wo ich den Propheten aus Nazareth finden kann?‹ – ›Was willst du von dem Propheten?‹ fragte sie der Mann und ritt langsam auf sie zu. – ›Ich will nur, daß er seine Hand auf meine Stirn lege und mich gesund mache von meiner Krankheit.‹ Aber der Mann ritt noch näher. – ›Von welcher Krankheit willst du geheilt werden?‹ fragte er. ›Du bedarfst doch keines Arztes.‹ – ›Siehst du nicht, daß ich eine Unreine bin?‹ sagte sie. ›Ich stamme von kranken Eltern und bin in einer Felsenhöhle geboren.‹ Aber der Mann ließ sich nicht abhalten, auf sie zuzureiten, denn sie war hold und lieblich wie eine eben erblühte Blume. ›Du bist die schönste Jungfrau im Lande Juda‹, rief er. – ›Treibe nicht auch du deinen Spott mit mir‹, sagte sie. ›Ich weiß, daß meine Züge zerfressen sind und meine Stimme wie das

Heulen eines wilden Tieres klingt.‹ Aber er sah ihr tief in die Augen und sprach zu ihr: ›Deine Stimme ist klingend wie die Stimme des Frühlingsbächleins, wenn es über Kieselsteine rieselt, und dein Gesicht glatt wie ein Tuch aus weicher Seide.‹ Zugleich ritt er so nahe an sie heran, daß sie ihr Gesicht in den blanken Beschlägen sehen konnte, die seinen Sattel zierten. ›Du sollst dich hier spiegeln‹, sagte er. Sie tat es, und sie sah ein Gesicht, das zart und weich war wie ein entfalteter Schmetterlingsflügel. – ›Was ist dies, was ich sehe?‹ sagte sie. ›Das ist nicht mein Gesicht.‹ – ›Doch, es ist dein Gesicht‹, sagte der Reiter. – ›Aber meine Stimme, klingt sie nicht röchelnd? Klingt sie nicht, wie wenn Wagen über einen steinigen Weg gezogen werden?‹ – ›Nein, sie klingt wie die süßesten Weisen eines Harfenspielers‹, sagte der Reiter.

Sie wendete sich und wies über den Weg. ›Weißt du, wer der Mann ist, der eben jetzt zwischen den zwei Eichen verschwindet?‹ fragte sie den Reiter.

›Er ist es, nach dem du vorhin fragtest, der Prophet aus Nazareth‹, sagte der Mann. Da schlug sie staunend die Hände zusammen, und ihre Augen füllten sich mit Tränen. ›Oh, du Heiliger! Oh, du Träger von Gottes Macht!‹ rief sie. ›Du hast mich geheilt!‹

Aber der Reiter hob sie in den Sattel und führte sie zu der Stadt auf dem Bergesabhang und ging mit ihr zu den Ältesten und Priestern und berichtete ihnen, wie er sie gefunden hatte. Sie befragten ihn genau nach allem.

Aber als sie dann hörten, daß die Jungfrau in der Wildnis von kranken Eltern geboren war, da wollten sie nicht glauben, daß sie geheilt sei. ›Gehe dorthin zurück, von wannen du gekommen bist‹, sagten sie. ›Wenn du krank warst, mußt du es dein ganzes Leben lang bleiben. Du sollst nicht hierher in die Stadt kommen, um uns andre mit deiner Krankheit anzustecken!‹

Sie sagte zu ihnen: ›Ich weiß, daß ich gesund bin, denn der Prophet aus Nazareth hat seine Hand auf meine Stirn gelegt.‹

Als sie dies hörten, riefen sie: ›Wer ist er, daß er die Unreinen rein machen könnte? Alles dies ist ein Blendwerk böser Geister. Kehre zurück zu den Deinen, auf daß du nicht uns alle ins Verderben stürzest!‹

Sie wollten sie nicht für geheilt erklären, und sie verboten ihr, in der Stadt zu verweilen. Sie verordneten, daß jeglicher, der ihr Schutz gewährte, gleichfalls als unrein erklärt werde.

Als die Priester dieses Urteil gefällt hatten, sagte die junge Jungfrau zu dem Manne, der sie draußen auf dem Felde gefunden hatte: ›Wohin soll ich mich wenden? Muß ich zurück in die Wildnis zu den Kranken gehen?‹

Aber der Mann hob sie wieder auf sein Pferd und sprach zu ihr: ›Nein, wahrlich, du sollst nicht zu den Kranken in ihre Felshöhle gehen, sondern wir beide wollen fortziehen, über das Meer in ein andres Land, wo es nicht Gesetze gibt für Reine und für Unreine.‹ Und sie . . .«

Aber als der Winzer in seiner Erzählung so weit gekommen war, erhob sich der Sklave und fiel ihm in die Rede. »Du brauchst mir nichts mehr zu erzählen«, sagte er. »Stehe lieber auf und führe mich ein Stück Weges, du, der die Berge kennt, damit ich noch in dieser Nacht meine Heimfahrt antreten kann und nicht bis zum Morgen zu warten brauche. Der Kaiser und Faustina können deine Nachrichten nicht einen Augenblick zu früh erfahren.«

Als der Winzer dem Sklaven das Geleit gegeben hatte und wieder in die Hütte heimkam, fand er seine Frau noch wach.

»Ich kann nicht schlafen«, sagte sie. »ich denke daran, daß diese beiden sich begegnen werden. Er, der alle Menschen liebt, und er, der sie haßt. Es ist, als müßte diese Begegnung die Welt aus ihrer Bahn schleudern.«

6

Die alte Faustina war in dem fernen Palästina, auf dem Wege nach Jerusalem. Sie hatte nicht gewollt, daß der Auftrag, den Propheten zu suchen und ihn zum Kaiser zu führen, einem andern als ihr anvertraut werde. Sicherlich hatte sie bei sich selber gedacht: Was wir von diesem fremden Manne verlangen, ist etwas, was wir ihm weder durch Gewalt noch durch Gaben entlocken können. Aber vielleicht gewährt er es uns, wenn jemand ihm zu Füßen fällt und ihm sagt, in welcher Not sich der Kaiser befindet. Und wer kann die rechte Fürbitte für Tiberius tun, wenn nicht die, die unter seinem Unglück ebenso schwer leidet wie er selbst!

Die Hoffnung, Tiberius vielleicht retten zu können, hatte die alte Frau verjüngt. Ohne Schwierigkeit hatte sie die lange Seereise nach Joppe überstanden, und auf der Fahrt nach Jerusalem bediente sie sich nicht eines Tragesels, sondern sie ritt. Sie schien die beschwerliche Reise ebenso leicht zu ertragen wie die edlen Römer, die Krieger und die Sklaven, die ihr Gefolge bildeten.

Diese Fahrt von Joppe nach Jerusalem erfüllte das Herz der alten Frau mit Freude und lichter Hoffnung. Es war die Zeit des Frühlings, und die Ebene von Saron, die sie auf der ersten Tagesreise durchritten hatten, war ein einziger leuchtender Blumenteppich gewesen. Auch auf der Fahrt des zweiten Tages, als sie in die Berge von Judäa eindrangen, verließen die Blumen sie nicht. Alle die vielförmigen Hügel, zwischen denen der Weg sich durchschlängelte, waren mit Obstbäumen bepflanzt, die in reichster Blüte standen. Und wenn die Reisenden es müde wurden, die weißrosigen Blüten der Aprikosen und Pfirsichbäume zu betrachten, konnten sie ihre Augen erquicken, indem sie sie auf dem jungen Weinlaub ruhen ließen, das aus den schwarzbraunen Reben hervorquoll und dessen Wachstum so rasch war, daß man es mit den Augen verfolgen zu können meinte.

Aber nicht nur Blumen und Frühlingsgrün machten die Wanderung lieblich. Der größte Reiz wurde ihr von allen den Menschenscharen verliehen, die an diesem Morgen auf dem Wege nach Jerusalem waren. Von allen Wegen und Stegen, von einsamen Höhen und aus den fernsten Winkeln der Ebene kamen Wanderer. Wenn sie die Straße nach Jerusalem erreicht hatten, schlossen sich die einzelnen Reisenden zu großen Scharen zusammen und zogen unter frohem Jubel dahin. Rings um einen alten Mann, der auf einem schaukelnden Kamele ritt, gingen seine Söhne und Töchter, seine Eidame und Schwiegertöchter und alle seine Enkelkinder. Es war ein so großes Geschlecht, daß es ein ganzes kleines Heer bildete. Eine alte Mutter, die zu schwach war, um zu gehen, hatten die Söhne auf ihre Arme gehoben, und sie ließ sich stolz durch die ehrfürchtig zur Seite weichenden Scharen tragen.

Das war in Wahrheit ein Morgen, der selbst den Betrübtesten mit Freude erfüllen konnte. Der Himmel war freilich nicht klar, sondern mit einer dünnen weiß-grauen Wolkenschicht überzogen, aber keinem der Wanderer kam es in den Sinn, sich zu beklagen, daß der harte Glanz der Sonne gedämpft war. Unter diesem verschleierten Himmel strömten die Wohlgerüche der blühenden Bäume und des jungen Laubes nicht so rasch wie sonst in den weiten Raum, sondern sie verweilten über Wegen und Fluren. Und dieser schöne Tag, der mit seinem schwachen Licht und seinen reglosen Winden an die Ruhe und den Frieden der Nacht gemahnte, schien all den vorwärtseilenden Menschenscharen etwas von seinem Wesen mitzuteilen, so daß sie fröhlich, aber doch weihevoll weiterzogen, mit gedämpfter Stimme uralte Hymnen singend oder auf seltsamen, altertümlichen Instrumenten spielend, aus denen Töne kamen, die gleich dem Summen der Mücken oder dem Zirpen der Heimchen waren.

Wie die alte Faustina zwischen allen diesen Menschen dahinritt, wurde auch sie von ihrem Eifer und ihrer Freude mitgerissen. Sie trieb ihren Zelter zu größerer Eile, während sie zu einem jungen Römer, der sich an ihrer Seite hielt, sagte: »Mir träumte heute nacht, daß ich Tiberius sähe und er mich bäte, die Reise ja nicht aufzuschieben, sondern gerade heute nach Jerusalem zu ziehen. Mich dünkt, die Götter wollten mir eine Mahnung schicken, es nicht zu versäumen, an diesem Morgen hinzuwandern.«

Als sie diese Worte sprach, hatten sie gerade die höchste Höhe eines langgestreckten Bergrückens erreicht, und dort hielt sie unwillkürlich an. Vor ihr lag ein großer, tiefer Talkessel, von schönen Anhöhen umkränzt, und aus der dunkeln, schattigen Tiefe dieses Tales hob sich der gewaltige Fels, der auf seinem Gipfel die Stadt Jerusalem trug.

Aber das enge Bergstädtchen, das mit seinen Mauern und Türmen einem krönenden Geschmeide gleich auf der flachen Höhe des Felsens lag, war an diesem Tage tausendfältig vergrößert. Alle die rings um das Tal ansteigenden Höhen waren von bunten Zelten und einem Gewühl von Menschen bedeckt.

Es wurde Faustina klar, daß die ganze Bevölkerung des Landes sich in Jerusalem sammelte, um irgendein großes Fest zu feiern. Die entfernter Wohnenden waren schon angelangt und hatten ihre Zelte aufgeschlagen. Die hingegen in der Nachbarschaft der Stadt wohnten, waren noch im Anzuge. Alle die lichten Bergeshöhen hinunter sah man sie kommen, gleich einem ununterbrochenen Strome von weißen Gewändern, Gesängen und Festesfreude.

Lange überschaute die alte Frau diese heranströmenden Menschenmassen und die langen Zeltreihen. Dann sagte sie zu dem jungen Römer, der an ihrer Seite ritt:

»Wahrlich, Sulpicius, das ganze Volk muß nach Jerusalem gekommen sein.«

»Es ist in Wirklichkeit so«, antwortete der Römer, der von Tiberius ausersehen worden war, Faustina zu geleiten, weil er mehrere Jahre lang in Judäa gelebt hatte. »Sie feiern jetzt das große Frühlingsfest, und da ziehen alle Menschen, jung und alt, nach Jerusalem.«

Faustina besann sich einen Augenblick. »Ich freue mich, daß wir an dem Tage in diese Stadt gekommen sind, wo das Volk seinen Feiertag begeht«, sagte sie.

»Dies kann nichts andres bedeuten, als daß die Götter unsere Fahrt beschützen. Hältst du es nicht für wahrscheinlich, daß er, der Prophet aus Nazareth, auch gekommen ist, um an dem Feste teilzunehmen?«

»Du hast wirklich recht, Faustina«, sagte der Römer. »Er ist vermutlich hier in Jerusalem. Dies ist in Wahrheit eine Fügung der Götter. So stark und kräftig du auch bist, du kannst dich doch glücklich preisen, wenn du nicht die lange, beschwerliche Reise nach Galiläa hinaus machen mußt.«

Er ritt sogleich auf ein paar Wandrer zu, die eben vorbeizogen, und fragte sie, ob sie glaubten, daß der Prophet aus Nazareth sich in Jerusalem befinde.

»Wir haben ihn jedes Jahr um diese Zeit dort gesehen«, antwortete einer der Wandersleute. »Sicherlich ist er auch dieses Jahr gekommen, denn er ist ein frommer und gerechter Mann.«

Eine Frau streckte die Hand aus und wies auf eine Höhe, die östlich von der Stadt lag. »Siehst du diesen Bergabhang, der mit Olivenbäumchen bewachsen ist?« sagte sie. »Dort pflegen die Galiläer ihre Zelte aufzuschlagen, und da erhältst du die sichersten Nachrichten über den, den du suchst.«

Sie zogen weiter, einen geschlängelten Pfad bis in die Tiefe des Tales hinunter und begannen dann, den Berg Zion emporzureiten, um die Stadt auf seinem Gipfel zu erreichen.

Der steil ansteigende Weg war hier von niedrigen Mauern umsäumt, und auf ihnen saßen und lagen eine unzählige Menge Bettler und Krüppel, die die Barmherzigkeit der Reisenden anriefen.

Während der langsamen Fahrt kam eine der jüdischen Frauen auf Faustina zu. »Sieh dort«, sagte sie und wies auf einen Bettler, der auf der Mauer saß, »dies ist ein galiläischer Mann. Ich erinnere mich, ihn unter den Jüngern des Propheten gesehen zu haben. Er kann dir sagen, wo er zu finden ist, den du suchst.«

Faustina ritt mit Sulpicius auf den Mann zu, den man ihr gezeigt hatte. Es war ein armer alter Mann mit großem, graugesprenkeltem Barte. Sein Gesicht war von Hitze und Sonnenschein gebräunt, und seine Hände waren schwielig von der Arbeit. Er begehrte keine Almosen, sondern schien im Gegenteil so tief in kummervolle Gedanken versunken zu sein, daß er nicht einmal zu den Vorübergehenden aufsah.

Er hörte auch nicht, daß Sulpicius ihn ansprach, sondern dieser mußte seine Frage ein paarmal wiederholen.

»Mein Freund, man hat mir gesagt, daß du ein Galiläer seist. Ich bitte dich, sage mir, wo kann ich den Propheten aus Nazareth finden?«

Der Galiläer fuhr heftig zusammen und sah sich verwirrt um. Aber als er endlich begriff, was man von ihm verlangte, geriet er in einen Zorn, in den sich Entsetzen mischte. »Was sagst du da?« brach er los. »Warum fragst du mich nach dem Manne? Ich weiß nichts von ihm. Ich bin kein Galiläer.«

Die jüdische Frau mischte sich jetzt ins Gespräch. »Ich habe dich doch mit ihm gesehen«, fiel sie ein. »Hege keine Furcht, sondern sage dieser vornehmen Römerin, die die Freundin des Kaisers ist, wo sie ihn schnell finden kann.«

Aber der erschrockene Jünger wurde immer erbitterter. »Sind heute alle Menschen wahnsinnig geworden?« rief er. »Sind sie von einem bösen Geiste besessen, da sie einer um den andern kommen und mich nach diesem Manne fragen? Warum will mir niemand glauben, wenn ich sage, daß ich den Propheten nicht kenne? Ich bin nicht aus seinem Lande gekommen. Ich habe ihn niemals gesehen.«

Seine Heftigkeit zog die Aufmerksamkeit auf ihn, und ein paar Bettler, die neben ihm auf der Mauer saßen, begannen gleichfalls seine Worte zu bestreiten. »Freilich hast du zu seinen Jüngern gehört«, sagten sie. »Wir wissen alle, daß du mit ihm aus Galiläa gekommen bist.«

Aber der Mann streckte beide Arme zum Himmel empor und rief: »Ich habe es heute in Jerusalem nicht aushalten können um dieses Mannes willen, und jetzt lassen sie mich nicht einmal hier draußen unter den Bettlern in Frieden. Warum wollt ihr mir nicht glauben, wenn ich euch sage, daß ich ihn nie gesehen habe?«

Faustina wendete sich mit einem Achselzucken ab. »Laß

uns weiterziehen«, sagte sie. »Dieser Mann ist ja wahnsinnig. Von ihm können wir nichts erfahren.«

Sie zogen weiter, den Bergeshang hinauf. Faustina war nicht mehr als zwei Schritte vom Stadttor entfernt, als die israelitische Frau, die ihr hatte helfen wollen, den Propheten zu finden, ihr zurief, sie solle sich in acht nehmen. Sie zog die Zügel an und sah, daß dicht vor den Füßen der Pferde ein Mann auf dem Wege lag. Wie er da im Staube ausgestreckt lag, gerade da, wo das Gedränge am lebhaftesten wogte, mußte man es ein Wunder nennen, daß er nicht schon von Tieren oder Menschen niedergetreten war.

Der Mann lag auf dem Rücken und starrte mit erloschenen, glanzlosen Blicken empor. Er regte sich nicht, obgleich die Kamele ihre schweren Füße dicht neben ihm niedersetzten. Er war ärmlich gekleidet und überdies mit Staub und Erde besudelt. Ja, er hatte so viel Staub über sich geschüttet, daß es aussah, als suche er sich zu verbergen, um leichter überritten oder niedergetreten zu werden.

»Was ist dies? Warum liegt dieser Mann hier auf dem Wege?« fragte Faustina.

In demselben Augenblicke begann der Liegende die Vorübergehenden anzurufen. »Bei eurer Barmherzigkeit, Brüder und Schwestern, führet eure Pferde und Lasttiere über mich hin! Weichet mir nicht aus! Zertretet mich zu Staub! Ich habe unschuldig Blut verraten. Zertretet mich zu Staub!«

Sulpicius faßte Faustinas Pferd am Zügel und führte es zur Seite. »Dies ist ein Sünder, der Buße tun will«, sagte er. »Lasse dich dadurch nicht aufhalten. Diese Leute sind wunderlich, und man muß sie ihre eignen Wege gehen lassen.«

Der Mann auf dem Wege fuhr fort zu rufen: »Setzet eure Fersen auf mein Herz! Lasset die Kamele meine Brust zertreten und den Esel seine Hufe in meine Augen versenken!«

Aber Faustina brachte es nicht über sich, an diesem Elenden vorbeizureiten, ohne zu versuchen, ob sie ihn nicht bewegen könnte, aufzustehen. Sie hielt noch immer neben ihm.

Die israelitische Frau, die ihr schon einmal hatte dienen wollen, drängte sich jetzt wieder an sie heran. »Dieser Mann hat auch zu den Jüngern des Propheten gehört«, sagte sie. »Willst du, daß ich ihn nach seinem Meister frage?«

Faustina nickte, und die Frau beugte sich über den Liegenden.

»Was habt ihr Galiläer an diesem Tage mit euerm Meister gemacht?« fragte sie. »Ich treffe euch zerstreut auf Wegen und Stegen, aber ihn sehe ich nirgends.«

Aber als sie so fragte, richtete sich der Mann, der im Straßenstaube lag, auf seine Knie empor. »Was für ein böser Geist hat dir eingegeben, mich nach ihm zu fragen?« sagte er mit einer Stimme, die voll Verzweiflung war. »Du siehst ja, daß ich mich in den Straßenstaub geworfen habe, um zertreten zu werden. Ist dir das nicht genug? Mußt du noch kommen und mich fragen, was ich mit ihm angefangen habe?«

»Ich verstehe nicht, was du mir vorwirfst«, sagte die Frau. »Ich wollte ja nur wissen, wo dein Meister ist.«

Als sie die Frage wiederholte, sprang der Mann auf und steckte beide Zeigefinger in die Ohren.

»Wehe dir, daß du mich nicht in Frieden sterben lassen kannst«, rief er. Er bahnte sich einen Weg durch das Volk, das sich vor dem Tore drängte, und stürzte, vor Entsetzen brüllend, von dannen, während seine zerfetzten Kleider ihn gleich dunklen Flügeln umflatterten.

»Es will mich bedünken, daß wir zu einem Volke von Narren gekommen sind«, sagte Faustina, als sie den Mann fliehen sah. Sie war durch den Anblick der Schüler des Propheten ganz niedergeschlagen. Konnte ein Mann, der solche Tollhäusler zu seinen Begleitern zählte, imstande sein, etwas für den Kaiser zu tun?

Auch die israelitische Frau schaute betrübt drein, und sie sprach mit großem Ernste zu Faustina: »Herrscherin, zögere nicht, den aufzusuchen, den du finden willst. Ich fürchte, es ist ihm etwas Böses zugestoßen, da seine Jünger so von Sinnen sind und es nicht ertragen, von ihm reden zu hören.«

Faustina und ihr Gefolge ritten endlich durch die Torwölbung und kamen in enge, dunkle Gassen, die von Menschen wimmelten. Es erschien beinahe unmöglich, durch die Stadt zu kommen. Einmal ums andere mußten die Reiter haltmachen. Vergebens suchten Sklaven und Kriegsknechte einen Weg zu bahnen. Die Menschen hörten nicht auf, sich in einem dichten und unaufhaltsamen Strome vorbeizuwälzen.

»Wahrlich«, sagte die alte Frau zu Sulpicius, »Roms Straßen sind stille Lustgärten im Vergleiche zu diesen Gassen.«

Sulpicius sah bald, daß fast unüberwindliche Schwierigkeiten ihrer harrten.

»In diesen überfüllten Gassen ist es beinahe leichter zu gehen als zu reiten«, sagte er. »Wenn du nicht allzu müde bist, würde ich dir raten, zu Fuße zum Palaste des Landpflegers zu gehen. Er liegt freilich weit weg, aber wenn wir hinreiten wollen, kommen wir sicherlich nicht vor Mitternacht ans Ziel.«

Faustina ging sogleich auf den Vorschlag ein. Sie stieg vom Pferde und überließ es der Obhut eines Sklaven.

Dann begannen die reisenden Römer die Stadt zu Fuß zu durchwandern.

Dies gelang ihnen weit besser. Sie drangen ziemlich rasch bis zum Herzen der Stadt vor, und Sulpicius zeigte Faustina gerade eine halbwegs breite Straße, die sie bald erreichen mußten.

»Sieh dort, Faustina«, sagte er, »wenn wir erst in dieser Straße sind, sind wir bald am Ziele. Sie führt uns geradewegs zu unserer Herberge.«

Aber als sie eben in diese Straße einbiegen wollten, begegnete ihnen das größte Hindernis.

Es begab sich, daß in demselben Augenblick, wo Faustina die Straße erreichte, die sich vom Palaste des Landpflegers zur Pforte der Gerechtigkeit und nach Golgatha erstreckte, ein Gefangener vorbeigeführt wurde, der gekreuzigt werden sollte.

Ihm voran eilte eine Schar junger, wilder Menschen, die die Hinrichtung mit ansehen wollten. Sie jagten in ungestümem Laufe durch die Straße, streckten die Arme verzückt in die Höhe und stießen ein unverständliches Geheul aus in ihrer Freude, etwas zu schauen, was sie nicht alle Tage zu sehen bekamen. Nach ihnen kamen Scharen von Menschen in schleppenden Gewändern, die zu den Ersten und Vornehmsten der Stadt zu gehören schienen. Hinter denen wanderten Frauen, von denen viele tränenüberströmte Gesichter hatten. Eine Anzahl Arme und Krüppel schritten vorbei und stießen Schreie aus, die in die Ohren gellten.

»O Gott«, riefen sie, »rette ihn! Sende deinen Engel und rette ihn! Schicke einen Helfer in seiner äußersten Not!«

Endlich kamen ein paar römische Kriegsknechte auf großen Pferden. Sie wachten darüber, daß niemand aus dem Volke zu dem Gefangenen hinstürze oder ihn zu befreien versuche.

Gleich hinter ihnen schritten die Henkersknechte, die den Mann, der gekreuzigt werden sollte, zu führen hatten. Sie hatten ihm ein großes schweres Kreuz aus Holz über die Schulter gelegt, aber er war zu schwach für diese Bürde. Sie drückte ihn, daß der Körper ganz zu Boden gebeugt wurde. Er hielt den Kopf so tief gesenkt, daß niemand sein Gesicht sehen konnte. Faustina stand in der Mündung des kleinen Nebengäßchens und sah die schwere Wanderung des Todgeweihten an. Mit Staunen gewahrte sie, daß er einen Purpurmantel trug und daß eine Dornenkrone auf sein Haupt gedrückt war.

»Wer ist dieser Mann?« fragte sie.

Einer der Umstehenden erwiderte: »Das ist einer, der sich zum Kaiser machen wollte.«

»Dann muß er den Tod um einer Sache willen leiden, die wenig erstrebenswert ist«, sagte die alte Frau wehmütig.

Der Verurteilte wankte unter dem Kreuze. Immer langsamer schritt er vorwärts. Die Henkersknechte hatten einen Strick um seinen Leib geschlungen, und sie begannen daran zu ziehen, um ihn zu größerer Eile anzutreiben. Aber als sie an dem Stricke zogen, fiel der Mann hin und blieb mit dem Kreuze über sich liegen.

Da entstand ein großer Aufruhr. Die römischen Reiter hatten die größte Mühe, das Volk zurückzuhalten. Sie zückten ihre Schwerter gegen ein paar Frauen, die herbeieilten und den Gefallenen aufzurichten bemüht waren. Die Henkersknechte suchten ihn durch Schläge und Stöße zu zwingen, daß er aufstehe, allein er vermochte es nicht, wegen des Kreuzes.

Endlich ergriffen ein paar von ihnen das Kreuz, um es fortzuheben.

Da richtete er das Haupt empor, und die alte Faustina konnte sein Gesicht sehen. Die Wangen trugen Striemen von Schlägen, und von seiner Stirn, die die Dornenkrone verwundet hatte, perlten ein paar Blutstropfen. Das Haar hing in wirren Büscheln, klebrig von Schweiß und Blut. Sein Mund war hart geschlossen, aber seine Lippen zitterten, als kämpften sie, um einen Schrei zurückzudrängen. Die Augen starrten tränenvoll und beinahe erloschen vor Qual und Mattigkeit.

Aber hinter dem Gesichte dieses halbtoten Menschen sah die Alte gleichsam in einer Vision ein schönes und bleiches Gesicht mit herrlichen, majestätischen Augen und milden Zügen, und sie ward plötzlich von Trauer und Rührung über das Unglück dieses fremden Mannes ergriffen.

»O du armer Mensch, was hat man dir getan?« rief sie und trat ihm einen Schritt entgegen, während ihre Augen sich mit Tränen füllten. Sie vergaß ihre eigene Sorge und Unruhe über dieses gequälten Menschen Not. Ihr war, als müßte ihr Herz vor Mitleid zerspringen. Sie wollte gleich den andern Frauen hineilen, um ihn den Schergen zu entreißen.

Der Gefangene sah, wie sie auf ihn zukam, und er kroch näher an sie heran. Es war, als erwarte er bei ihr Schutz gegen alle zu finden, die ihn verfolgten und quälten. Er umfaßte ihre Knie. Er schmiegte sich an sie wie ein Kind, das sich zu seiner Mutter rettet.

Die Alte beugte sich über ihn, und während ihre Tränen strömten, fühlte sie die seligste Freude darüber, daß er gekommen war und bei ihr Schutz gesucht hatte. Sie legte ihren einen Arm um seinen Hals, und so wie eine Mutter zuallererst die Tränen aus den Augen des Kindes trocknet, so legte sie ihr Schweißtuch aus kühlem, feinem Leinen auf sein Gesicht, um die Tränen und das Blut fortzuwischen.

Aber in diesem Augenblick waren die Henkersknechte mit dem Heben des Kreuzes fertig. Sie kamen und rissen den Gefangenen mit sich. Ungeduldig wegen des Aufenthaltes, schleppten sie ihn in wilder Hast fort. Der Todgeweihte stöhnte auf, als er von der Freistatt fortgeführt wurde, die er gefunden hatte; aber er leistete keinen Widerstand.

Jedoch Faustina umklammerte ihn, um ihn zurückzuhalten, und als ihre schwachen, alten Hände nichts vermochten und sie ihn fortführen sah, war es ihr, als hätte ihr jemand ihr eigenes Kind entrissen, und sie rief: »Nein, nein! Nehmt ihn mir nicht! Er darf nicht sterben! Er darf nicht!«

Sie empfand den furchtbarsten Schmerz und Groll, weil man ihn fortführte. Sie wollte ihm nacheilen. Sie wollte mit den Schergen kämpfen und ihn ihnen entreißen.

Aber bei dem ersten Schritte, den sie machte, wurde sie von Schwindel und Ohnmacht befallen. Sulpicius beeilte sich, seinen Arm um sie zu legen, um sie vor dem Fallen zu bewahren.

Auf der einen Seite der Gasse sah er einen kleinen, dunklen Laden, und dort hinein trug er sie. Da war weder Stuhl noch Bank, aber der Kaufmann war ein barmherziger Mann. Er schleppte eine Matte herbei und bereitete der Alten ein Lager auf dem Steinboden. Sie war nicht besinnungslos, aber ein so starker Schwindel hatte sie befallen, daß sie sich nicht aufrecht halten konnte, sondern sich niederlegen mußte.

»Sie hat heute eine lange Wanderung hinter sich, und der Lärm und das Gedränge in der Stadt sind ihr zu viel geworden«, sagte Sulpicius zu dem Kaufmanne. »Sie ist sehr alt, und keiner ist so stark, daß das Alter ihn nicht schließlich niederwerfen könnte.«

»Dies ist auch für jemand, der nicht alt ist, ein schwerer Tag«, sagte der Kaufmann. »Die Luft ist fast zu drückend beim Atmen. Es sollte mich nicht wundernehmen, wenn wir ein schweres Unwetter bekämen.«

Sulpicius beugte sich über die Alte. Sie war eingeschlummert und schlief mit ruhigen, regelmäßigen Atemzügen nach der Ermüdung und Gemütsbewegung.

Er ging und stellte sich in die Ladentür, um die Volksmenge zu beobachten, während er auf ihr Erwachen wartete.

7

Der römische Landpfleger in Jerusalem hatte eine junge Frau, und in der Nacht vor dem Tage, an dem Faustina in die Stadt einzog, lag sie und träumte.

Sie träumte, daß sie auf dem Dache ihres Hauses stünde und auf den großen, schönen Hofplan niedersähe, der nach der Sitte des Morgenlandes mit Marmor ausgelegt und mit edlen Gewächsen bepflanzt war.

Aber auf dem Hof sah sie alle Kranken und Blinden und Lahmen versammelt, die es auf der Welt gab. Sie sah die Pestkranken vor sich, mit beulengeschwollenen Körpern, die Aussätzigen mit zerfressenen Gesichtern, die Lahmen, die sich nicht zu rühren vermochten, sondern hilflos auf der Erde lagen, und alle Elenden, die sich in Qualen und Schmerzen krümmten.

Und sie drängten sich alle zum Eingange, um in das Haus zu kommen, und einige der Vordersten klopften mit harten Schlägen an die Tür des Palastes.

Endlich sah sie, daß ein Sklave die Türe öffnete und sie hörte, wie er fragte, was sie wollten.

Da antworteten sie ihm und sprachen: »Wir suchen den großen Propheten, den Gott auf die Erde gesandt hat. Wo ist der Prophet aus Nazareth, er, der aller Qualen Herr ist? Wo ist er, der uns von allen unsern Leiden erlösen kann?«

Da antwortete der Sklave in stolzem, gleichgültigem Tone, so wie Palastdiener zu tun pflegen, wenn sie arme Fremdlinge abweisen.

»Es hilft euch nichts, nach dem großen Propheten zu suchen. Pilatus hat ihn getötet.«

Da erhob sich unter allen den Kranken ein Trauern und Jammern und Zähneknirschen, so daß sie nicht ertragen konnte, es zu hören. Ihr Herz wurde von Mitleid zerrissen, und Tränen strömten aus ihren Augen. Aber wie sie so zu weinen anfing, war sie erwacht.

Wieder war sie eingeschlummert, und wieder träumte sie, daß sie auf dem Dache ihres Hauses stünde und auf den Hof hinabsähe, der so weit war wie ein Marktplatz.

Und siehe da, der Hof war voll von allen Menschen, die wahnsinnig und toll waren und von bösen Geistern besessen. Und sie sah solche, die nackt waren, und solche, die sich in ihr langes Haar hüllten, und solche, die sich Kronen aus Stroh geflochten hatten und Mäntel aus Gras, und sich für Könige hielten, und solche, die auf dem Boden krochen und Tiere zu sein wähnten, und solche, die beständig über einen Kummer weinten, den sie nicht zu nennen vermochten, und solche, die schwere Steine heranschleppten, die sie für Gold ausgaben, und solche, die glaubten, daß die bösen Dämonen aus ihrem Munde sprächen.

Sie sah, wie alle diese Leute sich zum Tore des Palastes drängten; und die zuvorderst standen, klopften und pochten, um Einlaß zu finden.

Endlich tat sich die Tür auf, und ein Sklave trat auf die Schwelle und fragte sie: »Was ist euer Begehr?«

Da begannen sie alle zu rufen und zu sagen: »Wo ist der große Prophet aus Nazareth, er, der von Gott gesandt ist und der uns unsre Seele und unsre Vernunft wiedergeben soll?«

Sie hörte, wie der Sklave ihnen im gleichgültigsten Tone antwortete: »Es führt zu nichts, daß ihr nach dem großen Propheten sucht. Pilatus hat ihn getötet.«

Als dies Wort gesprochen war, stießen alle die Wahnsinnigen einen Schrei aus, der dem Brüllen wilder Tiere gleich war, und in ihrer Verzweiflung begannen sie, sich selbst zu zerfleischen, daß das Blut auf die Steine floß. Und da sie, die träumte, all ihr Elend sah, begann sie die Hände zu ringen und zu jammern. Und ihr eigener Jammer hatte sie aufgeweckt.

Aber wieder war sie eingeschlummert, und wieder befand sie sich im Traume auf dem Dache ihres Hauses. Und rings um sie her saßen ihre Sklavinnen, die ihr auf der Cymbel und der Laute vorspielten, und die Mandelbäume streuten ihre weißen Blütenblätter über sie hin, und die Blüten der Kletterrosen dufteten.

Während sie da saß, sprach eine Stimme zu ihr: »Geh zu der Balustrade, die dein Dach umgibt, und sieh hinunter auf deinen Hof.«

Aber im Traume weigerte sie sich und sagte: »Ich will nicht noch mehr von jenen sehen, die sich heute nacht auf meinem Hof drängen.«

In demselben Augenblick hörte sie von dort ein Rasseln von Ketten und ein Pochen schwerer Hämmer und ein Klopfen von Holz, das gegen Holz schlug. Ihre Sklavinnen hörten zu singen und zu spielen auf und eilten zum Dachgeländer und sahen hinab. Und auch sie konnte nicht still sitzenbleiben, sondern sie ging hin und sah auf den Hof hinunter.

Da sah sie, daß der Hof ihres Hauses von allen armen Gefangenen erfüllt war, die es auf der Welt gab. Sie sah die Leute, die sonst in dunklen Kerkerlöchern mit schweren Eisenketten gefesselt lagen. Sie sah die Leute, die in den dunklen Gruben arbeiteten, ihre Hämmer schleppend, herankommen, und die, die Ruderer auf den Kriegsfahrzeugen waren, kamen mit ihren schweren, eisengeschmiedeten Rudern. Und die, die verurteilt waren, gekreuzigt zu werden, kamen und schleppten ihre Kreuze, und die, die geköpft werden sollten, kamen mit ihren Beilen. Sie sah die, die als Sklaven nach fremden Ländern geführt worden waren und deren Augen vor Heimweh brannten. Sie sah alle elenden

Sklaven, die gleich Lasttieren arbeiten mußten und deren Rücken blutig waren von Geißelhieben.

Alle diese unglücklichen Menschen riefen wie aus einem einzigen Munde und sprachen: »Öffne, öffne!«

Da trat der Sklave, der den Eingang bewachte, zur Tür hinaus, und er fragte sie: »Was ist euer Begehr?« Und sie antworteten wie die andern: »Wir suchen den großen Propheten aus Nazareth, der auf die Erde gekommen ist, um den Gefangenen ihre Freiheit und den Sklaven ihr Glück wiederzugeben.«

Der Sklave antwortete ihnen in müdem und gleichgültigem Tone: »Ihr könnt ihn hier nicht finden. Pilatus hat ihn getötet.«

Als dies Wort gesprochen war, deuchte es sie, die träumte, daß sich unter allen diesen Unglücklichen ein solcher Ausbruch der Lästerung und des Hohnes erhebe, daß sie vernahm, wie Erde und Himmel erzitterten. Sie selbst war starr vor Schrecken, und ein solches Beben durchfuhr ihren Körper, daß sie erwachte.

Als sie ganz wach war, setzte sie sich im Bette auf und sagte zu sich selbst: Ich will nicht mehr träumen. Jetzt will ich mich die ganze Nacht wach halten, um nichts mehr von diesem Entsetzlichen sehen zu müssen.

Aber beinahe in demselben Augenblick, wo sie dies gedacht hatte, hatte der Schlummer sie aufs neue überwältigt, und sie hatte ihren Kopf auf das Kissen gelegt und war eingeschlummert.

Wieder träumte sie, daß sie auf dem Dache ihres Hauses säße, und ihr kleines Söhnlein liefe dort oben auf und ab und spielte Ball.

Da hörte sie eine Stimme, die zu ihr sprach: »Geh zur Balustrade, die das Dach umgibt, und sieh, wer die sind, die auf dem Hofe stehen und warten.«

Aber sie, die träumte, sagte zu sich selbst: »Ich habe in dieser Nacht genug Elend gesehen. Mehr kann ich nicht ertragen. Ich will bleiben, wo ich bin.«

In demselben Augenblick warf ihr Söhnlein den Ball so,

daß er über die Balustrade fiel, und das Kind eilte hin und kletterte auf das Gitterwerk.

Da erschrak sie und lief hinzu und erfaßte das Kind.

Aber dabei warf sie einen Blick hinunter, und noch einmal sah sie, daß der Hof voller Menschen war.

Aber dort in dem Hofe waren alle Menschen der Erde, die im Kriege verwundet worden waren. Sie kamen mit verstümmelten Körpern, mit abgehauenen Gliedern und großen, offenen Wunden, aus denen das Blut strömte, so daß der ganze Hof davon überschwemmt wurde.

Und neben ihnen drängten sich dort alle Menschen der Erde, die ihre Lieben auf dem Schlachtfelde verloren hatten. Es waren die Vaterlosen, die ihre Verteidiger betrauerten, und die jungen Frauen, die nach ihren Geliebten riefen und die Alten, die nach ihren Söhnen seufzten.

Die Vordersten von ihnen drängten zur Tür, und der Türsteher kam wie früher und öffnete.

Er fragte alle diese Leute, die in Fehden und Kämpfen verwundet worden waren: »Was sucht ihr in diesem Hause?«

Und sie antworteten: »Wir suchen den großen Propheten aus Nazareth, der Krieg und Streit verbieten und Frieden auf Erden bringen wird. Wir suchen ihn, der die Lanzen zu Sensen machen wird und die Schwerter zu Rebenmessern.«

Da antwortete der Sklave ein wenig ungeduldig: »Kommt doch nicht mehr, um mich zu quälen! Ich habe es schon oft genug gesagt. Der große Prophet ist nicht hier. Pilatus hat ihn getötet.«

Damit schloß er das Tor. Aber sie, die träumte, dachte an allen Jammer, der nun ausbrechen mußte. »Ich will ihn nicht hören«, sagte sie und stürzte von der Balustrade fort.

In demselben Augenblick war sie erwacht. Und da hatte sie gesehen, daß sie in ihrer Angst aus dem Bette gesprungen war, hinunter auf den kalten Steinboden.

Wieder hatte sie gedacht, daß sie in dieser Nacht nicht mehr träumen wollte, und wieder hatte der Schlummer sie überwältigt, so daß sie die Augen schloß und zu träumen begann.

Noch einmal saß sie auf dem Dache ihres Hauses, und neben ihr stand ihr Mann. Und sie erzählte ihm von ihren Träumen, und er trieb seinen Spott mit ihr. Da hörte sie wieder eine Stimme, die zu ihr sagte: »Geh und sieh die Menschen, die auf deinem Hofe warten.« Aber sie dachte: Ich will sie nicht schauen. Ich habe heute nacht genug Unglückliche gesehen.

In demselben Augenblick hörte sie drei harte Schläge an das Tor, und ihr Mann ging zur Balustrade, um zu sehen, wer es wäre, der Einlaß in sein Haus begehrte. Aber kaum hatte er sich über das Geländer gebeugt, als er auch schon seiner Frau winkte, sie solle kommen.

»Kennst du diesen Mann nicht?« sagte er und wies hinunter.

Als sie in den Hof hinuntersah, fand sie, daß er von Reitern und Pferden erfüllt war. Sklaven waren damit beschäftigt, Eseln und Kamelen ihre Bürden abzuladen.

Es sah aus, als wäre ein vornehmer Reisender angekommen.

An der Eingangstür stand der Fremde. Es war ein hochgewachsener alter Mann mit breiten Schultern und trüber, düsterer Miene.

Die Träumerin erkannte den Fremdling sogleich, und sie flüsterte ihrem Manne zu: »Das ist Cäsar Tiberius, der nach Jerusalem gekommen ist. Es kann kein andrer sein.«

»Auch ich glaube ihn zu erkennen«, sagte ihr Mann und legte gleichzeitig den Finger an den Mund, zum Zeichen, daß sie stillschweigen und darauf horchen solle, was unten auf dem Hofe gesprochen würde.

Sie sahen, daß der Türhüter herauskam und den Fremden fragte: »Wer ist es, den du suchst?«

Und der Reisende antwortete: »Ich suche den großen Propheten aus Nazareth, der mit Gottes wundertätiger Kraft begabt ist. Kaiser Tiberius ruft ihn, auf daß er ihn von einer entsetzlichen Krankheit befreie, die kein anderer Arzt zu heilen vermag.«

Als er ausgesprochen hatte, neigte sich der Sklave sehr

demütig und sagte: »Herr, zürne nicht, aber dein Wunsch kann nicht erfüllt werden.«

Da wendete sich der Kaiser an seine Sklaven, die unten im Hofe warteten, und gab ihnen einen Befehl.

Da eilten die Sklaven herbei, einige hatten die Hände voll Geschmeide, andre hielten Schalen voll Perlen, wieder andre schleppten Säcke mit Goldmünzen.

Der Kaiser wendete sich an den Sklaven, der die Pforte bewachte, und sagte: »Dies alles soll ihm gehören, wenn er Tiberius beisteht. Damit kann er allen Armen der Erde Reichtum schenken.«

Aber der Türhüter neigte sich noch tiefer denn zuvor und sagte: »Herr, zürne deinem Diener nicht, aber dein Verlangen kann nicht erfüllt werden.«

Da winkte der Kaiser noch einmal seinen Sklaven, und ein paar von ihnen eilten mit einem reich bestickten Gewande herbei, auf dem ein Brustschild aus Juwelen erglänzte.

Und der Kaiser sprach zu dem Sklaven: »Sieh her: was ich ihm biete, ist die Macht über das Judenland. Er soll sein Volk als der höchste Richter lenken. Möge er mir nur zuerst folgen und Tiberius heilen.«

Aber der Sklave neigte sich noch tiefer zur Erde und sagte: »Herr, es steht nicht in meiner Macht, dir zu helfen!«

Da winkte der Kaiser noch einmal, und seine Sklaven eilten mit einem goldenen Stirnreif und einem Purpurmantel herbei.

»Sieh«, sagte er, »dies ist des Kaisers Wille: er gelobt, ihn zu seinem Erben zu ernennen und ihm die Herrschaft über die Welt zu geben. Er soll die Macht haben, die ganze Erde nach dem Willen seines Gottes zu regieren. Möge er zuerst nur seine Hand ausstrecken und Tiberius heilen!«

Da warf sich der Sklave vor den Füßen des Kaisers zu Boden und sagte mit wehklagender Stimme: »Herr, es steht nicht in meiner Macht, dir zu gehorchen. Er, den du suchst, ist nicht mehr. Pilatus hat ihn getötet.«

8

Als die junge Frau erwachte, war es schon voller, klarer Tag, und ihre Sklavinnen standen da und warteten, um ihr beim Ankleiden behilflich zu sein.

Sie war sehr schweigsam, während sie sich anziehen ließ, aber endlich fragte sie die Sklavin, die ihr Haar strählte, ob ihr Mann schon aufgestanden sei. Da erfuhr sie, daß er gerufen worden war, um über einen Verbrecher zu Gericht zu sitzen.

»Ich würde gern mit ihm sprechen«, sagte die junge Frau.

»Herrin«, sagte die Sklavin, »dies wird sich mitten in der Untersuchung schwer bewerkstelligen lassen. Wir werden dir Nachricht geben, sowie sie beendigt ist.«

Sie saß nun schweigend, bis sie fertig angekleidet war. Dann fragte sie: »Hat jemand von euch von dem Propheten aus Nazareth sprechen hören?«

»Der Prophet aus Nazareth, das ist ein jüdischer Wundertäter«, antwortete eine der Sklavinnen sogleich. »Es ist seltsam, Gebieterin, daß du gerade heute nach ihm fragst«, sagte eine andere der Sklavinnen. »Er ist es eben, den die Juden hierher in den Palast geführt haben, damit der Landpfleger ihn verhöre.«

Sie bat sie, alsogleich zu gehen und sich zu erkundigen, wessen er angeklagt werde, und eine der Sklavinnen entfernte sich. Als sie zurückkehrte, sagte sie: »Sie beschuldigen ihn, daß er sich zum König über dieses Land machen wolle, und sie rufen den Landpfleger an, er möge ihn kreuzigen lassen.«

Aber als des Landpflegers Frau dies hörte, erschrak sie gar sehr und sagte: »Ich muß mit meinem Manne sprechen, sonst geschieht heute hier ein furchtbares Unglück.«

Als die Sklavinnen ihr noch einmal sagten, daß dies unmöglich sei, da begann sie zu zittern und zu weinen. Und eine von ihnen wurde gerührt und sagte: »Wenn du dem Landpfleger eine geschriebene Botschaft senden willst, so will ich versuchen, sie zu überbringen.«

Da nahm sie alsogleich einen Stift und schrieb einige Worte auf ein Wachstäfelchen, und dieses wurde dem Pilatus gegeben.

Aber ihn selber traf sie den ganzen Tag über nicht allein, denn als er die Juden fortgeschickt hatte und sie den Verurteilten zum Richtplatz führten, war die Stunde für die Mahlzeit angebrochen, und zu dieser hatte Pilatus einige von den Römern eingeladen, die sich zu dieser Zeit in Jerusalem aufhielten. Es waren der Anführer der Truppen und ein junger Lehrer der Beredsamkeit und noch einige andere.

Dieses Mahl war nicht sehr fröhlich, denn die Frau des Landpflegers saß die ganze Zeit über stumm und niedergeschlagen, ohne an dem Gespräche teilzunehmen. Als die Tischgäste fragten, ob sie krank oder betrübt sei, erzählte der Landpfleger lachend von der Botschaft, die sie ihm am Morgen gesandt hatte. Und er neckte sie, weil sie geglaubt hatte, ein römischer Landpfleger würde sich in seinen Urteilen von den Träumen eines Weibes lenken lassen.

Sie antwortete still und traurig: »Wahrlich, dies war kein Traum, sondern eine Warnung, die von den Göttern kam. Du hättest den Mann wenigstens diesen einen Tag noch leben lassen sollen.«

Sie sahen, daß sie ernstlich betrübt war. Sie wollte sich nicht trösten lassen, wie sehr sich die Tafelgäste auch bemühten, sie durch ein unterhaltendes Gespräch diese leeren Hirngespinste vergessen zu lassen.

Aber nach einer Weile erhob einer von ihnen den Kopf und sagte: »Was ist dies? Haben wir so lange bei Tisch gesessen, daß der Tag schon zur Neige gegangen ist?«

Alle sahen nun auf, und sie merkten, daß eine schwache Dämmerung sich über die Natur senkte. Es war vor allem seltsam zu sehen, wie das ganze bunte Farbenspiel, das über allen Dingen und Wesen gebreitet lag, sacht erlosch, so daß alles einfarbig grau erschien. Gleich allem andern verloren auch ihre eigenen Gesichter die Farbe.

»Wir sehen wirklich wie Tote aus«, sagte der junge

Schönredner mit einem Schauer. »Unsere Wangen sind ja grau und unsere Lippen schwarz.«

Während diese Dunkelheit immer tiefer wurde, nahm auch das Entsetzen der jungen Frau zu. »Ach, mein Freund«, rief sie schließlich, »erkennst du auch jetzt nicht, daß die Unsterblichen dich warnen wollen? Sie zürnen, weil du einen heiligen und unschuldigen Mann zum Tode verurteilt hast. Ich denke mir, wenn er jetzt auch schon ans Kreuz geschlagen sein muß, kann er doch sicherlich noch nicht verblichen sein. Laß ihn vom Kreuze nehmen! Ich will mit meinen eigenen Händen seine Wunden pflegen. Erlaube nur, daß er ins Leben zurückgerufen werde.«

Aber Pilatus antwortete lachend: »Sicherlich hast du recht damit, daß dies ein Zeichen der Götter ist. Aber keineswegs lassen sie die Sonne ihren Schein verlieren, weil ein jüdischer Irrlehrer zum Kreuzestode verurteilt ist. Vielmehr können wir erwarten, daß wichtige Ereignisse eintreten werden, die das ganze Reich betreffen. Wer kann wissen, wie lange der alte Tiberius . . .«

Er vollendete den Satz nicht, denn die Dunkelheit war so tief geworden, daß er nicht einmal den Weinbecher sehen konnte, der vor ihm stand. Er unterbrach sich daher, um den Sklaven zu befehlen, eiligst ein paar Lampen hereinzubringen.

Als es so hell geworden war, daß er die Gesichter seiner Gäste sehen konnte, mußte er die Verstimmung bemerken, die sich ihrer bemächtigt hatte.

»Sieh doch«, sagte er ein wenig unmutig zu seiner Gattin, »nun scheint es dir wirklich gelungen zu sein, die Tafelfreude mit deinen Träumen zu verscheuchen. Aber wenn es schon durchaus so sein muß, daß du heute an nichts andres denken kannst, dann laß uns lieber hören, was du geträumt hast. Erzähl es uns, und wir wollen versuchen, den Sinn zu deuten!«

Dazu war die junge Frau sofort bereit. Und während sie Traumgesicht auf Traumgesicht erzählte, wurden die Gäste immer ernster. Sie hörten auf, ihre Becher zu leeren, und ihre Stirnen zogen sich kraus. Der einzige, der noch immer lachte und alles einen Wahnwitz nannte, war der Landpfleger selbst.

Als die Erzählung zu Ende war, sagte der junge Rhetor: »Wahrlich, dies ist doch mehr als ein Traum, denn ich sah heute zwar nicht den Kaiser, aber seine alte Freundin Faustina in die Stadt einziehen. Es nimmt mich nur wunder, daß sie sich nicht schon im Palaste des Landpflegers gezeigt hat.«

»Es geht ja wirklich das Gerücht, daß der Kaiser von einer entsetzlichen Krankheit befallen sei«, bemerkte der Anführer der Truppen. »Es scheint auch mir möglich, daß der Traum deiner Gattin eine Warnung von den Göttern sein kann.«

»Es liegt nichts Unglaubliches darin, daß Tiberius einen Boten nach dem Propheten ausgesandt hat, um ihn an sein Krankenlager zu rufen«, stimmte der junge Rhetor ein.

Der Anführer wendete sich mit tiefem Ernst an Pilatus: »Wenn der Kaiser wirklich den Einfall gehabt hat, diesen Wundertäter zu sich rufen zu lassen, dann wäre es besser für dich und für uns alle, wenn er ihn lebend träfe.«

Pilatus antwortete halb zürnend: »Ist es diese Dunkelheit, die euch zu Kindern gemacht hat? Man könnte glauben, ihr wäret alle in Traumdeuter und Propheten verwandelt.«

Aber der Hauptmann ließ nicht ab, in ihn zu dringen: »Es wäre vielleicht nicht so unmöglich, das Leben des Mannes zu retten, wenn du einen eiligen Boten abschicktest.«

»Ihr wollt mich wohl zum Gespött der Leute machen«, antwortete der Landpfleger. »Sagt selbst, was sollte in diesem Lande aus Recht und Ordnung werden, wenn man erführe, daß der Landpfleger einen Verbrecher begnadigt, weil seine Frau einen bösen Traum geträumt hat?«

»Es ist doch Wahrheit und kein Traum, daß ich Faustina in Jerusalem gesehen habe«, sagte der Rhetor.

»Ich nehme es auf mich, mein Vergehen vor dem Kaiser zu verantworten«, sagte Pilatus. »Er wird begreifen, daß dieser Schwärmer, der sich widerstandslos von meinen Knechten mißhandeln ließ, nicht die Macht gehabt hätte, ihm zu helfen.«

In demselben Augenblick, wo diese Worte ausgesprochen wurden, wurde das Haus von einem Getöse erschüttert, das wie heftig grollender Donner klang, und ein Erdbeben ließ den Boden erzittern. Der Palast des Landpflegers blieb unversehrt stehen, aber unmittelbar nach dem Erdbeben vernahm man von allen Seiten das entsetzeneinflößende Krachen von einstürzenden Häusern und fallenden Säulen.

Sowie eine Menschenstimme sich Gehör verschaffen konnte, rief der Landpfleger einen Sklaven zu sich.

»Eile zum Richtplatz und befiehl in meinem Namen, daß der Prophet aus Nazareth vom Kreuze genommen werde!«

Der Sklave eilte von dannen. Die Tischgesellschaft begab sich vom Speisesaale in das Peristyl, um unter offenem Himmel zu sein, falls das Erdbeben sich wiederholen sollte.

Niemand wagte ein Wort zu sagen, während sie der Rückkehr des Sklaven harrten.

Dieser kam sehr bald wieder. Er blieb vor dem Landpfleger stehen.

»Du hast ihn am Leben gefunden?« fragte dieser.

»Herr, er war verschieden, und in demselben Augenblick, wo er seinen Geist aufgab, geschah das Erdbeben.« Kaum hatte er dies gesagt, als ein paar harte Schläge am Tor ertönten. Als sie diese Schläge hörten, zuckten alle zusammen und sprangen empor, als wäre wieder ein Erdbeben losgebrochen.

Gleich darauf erschien ein Sklave.

»Es sind die edle Faustina und Sulpicius, des Kaisers Verwandter. Sie sind gekommen, um dich zu bitten, du mögest ihnen helfen, den Propheten aus Nazareth zu finden.«

Ein leises Gemurmel ging durch das Peristyl, und leichte Schritte wurden hörbar. Als der Landpfleger sich umsah, merkte er, daß seine Freunde von ihm zurückgewichen waren wie von einem, der dem Unglück verfallen ist.

9

Die alte Faustina war in Capreae an Land gestiegen und hatte den Kaiser aufgesucht. Sie erzählte ihm ihre Geschichte, und während sie sprach, wagte sie kaum, ihn anzusehen. Während ihrer Abwesenheit hatte die Krankheit furchtbare Fortschritte gemacht, und sie dachte bei sich selbst: Wenn bei den Himmlischen Barmherzigkeit wäre, so hätten sie mich sterben lassen, bevor ich diesem armen, gequälten Menschen sagen mußte, daß alle Hoffnung vorüber ist.

Zu ihrem Staunen hörte ihr Tiberius aber mit der größten Gleichgültigkeit zu. Als sie ihm erzählte, daß der große Wundertäter am selben Tage gekreuzigt worden war, an dem sie in Jerusalem anlangte, und wie nahe sie daran gewesen war, ihn zu retten, da begann sie unter der Schwere ihrer Enttäuschung zu weinen. Aber Tiberius sagte nur: »Du grämst dich also wirklich darüber. Ach, Faustina, ein ganzes Leben in Rom hat dir also den Glauben an Zauberer und Wundertäter nicht genommen, den du in deiner Kindheit in den Sabiner Bergen eingesogen hast.«

Da sah die Alte ein, daß Tiberius nie Hilfe von dem Propheten aus Nazareth erwartet hatte.

»Warum ließest du mich dann diese Fahrt in das ferne Land machen, wenn du sie die ganze Zeit über für fruchtlos hieltest?«

»Du bist mein einziger Freund«, sagte der Kaiser. »Warum sollte ich dir eine Bitte abschlagen, solange es noch in meiner Macht steht, sie zu gewähren?«

Aber die Alte wollte sich nicht dareinschicken, daß der Kaiser sie zum besten gehalten hatte.

»Siehst du, das ist deine alte Hinterlist«, sagte sie aufbrausend. »Das ist es eben, was ich am wenigsten an dir leiden kann.«

»Du hättest nicht zu mir zurückkehren sollen«, sagte Tiberius. »Du hättest in deinen Bergen bleiben müssen.«

Für einen Augenblick sah es aus, als würden die beiden, die so oft aneinandergeraten waren, wieder ein Wortgefecht führen, aber der Groll der Alten verflog sogleich. Die Zeiten waren vorüber, wo sie ernstlich mit dem Kaiser hatte hadern können. Sie senkte die Stimme wieder. Doch konnte sie nicht ganz und gar von dem Versuche, recht zu behalten, abstehen.

»Aber dieser Mann war wirklich ein Prophet«, sagte sie. »Ich habe ihn gesehen. Als seine Augen den meinen begegneten, glaubte ich, er sei ein Gott. Ich war wahnsinnig, daß ich ihn in den Tod gehen ließ.«

»Ich bin froh, daß du ihn sterben ließest«, sagte Tiberius. »Er war ein Majestätsverbrecher und Aufrührer.«

Faustina war wieder nahe daran, in Zorn zu geraten.

»Ich habe mit vielen seiner Freunde in Jerusalem über ihn gesprochen«, sagte sie. »Er hat die Verbrechen nicht begangen, deren er bezichtigt wurde.«

»Wenn er auch nicht gerade die Verbrechen begangen hat, so war er doch darum gewiß nicht besser als irgendein andrer«, sagte der Kaiser müde. »Wo ist der Mensch, der in seinem Leben nicht tausendmal den Tod verdient hätte?«

Aber diese Worte des Kaisers bestimmten Faustina, etwas zu tun, weswegen sie bis dahin unschlüssig gewesen war. »Ich will dir doch eine Probe seiner Macht geben«, sagte sie. »Ich sagte dir vorhin, daß ich mein Schweißtuch auf sein Gesicht legte. Es ist dasselbe Tuch, das ich jetzt in meiner Hand halte. Willst du es einen Augenblick betrachten?«

Sie breitete das Schweißtuch vor dem Kaiser aus, und er sah darauf den schattenhaften Umriß eines Menschengesichtes abgezeichnet.

Die Stimme der Alten zitterte vor Rührung, als sie fortfuhr: »Dieser Mann sah, daß ich ihn liebte. Ich weiß nicht, durch welche Macht er imstande war, mir sein Bild zu hinterlassen. Aber meine Augen füllen sich mit Tränen, da ich es sehe.«

Der Kaiser beugte sich vor und betrachtete dieses Bild, das aus Blut und Tränen und den schwarzen Schatten des Schmerzes gemacht schien. So allmählich trat das ganze Gesicht vor ihm hervor, wie es in das Schweißtuch eingedrückt war. Er sah die Blutstropfen auf der Stirn, die stechende Dornenkrone, das Haar, das klebrig von Blut war, und den Mund, dessen Lippen in Leid zu beben schienen.

Er beugte sich immer tiefer zu dem Bilde hinunter. Immer klarer trat das Gesicht hervor. Aus den schattenhaften Linien sah er mit einem Male die Augen gleichsam in verborgenem Leben strahlen. Und während sie zu ihm von dem furchtbaren Leid sprachen, zeigten sie ihm zugleich eine Reinheit und Hoheit, wie er sie nie zuvor geschaut hatte.

Er lag auf seiner Ruhebank und sog dieses Bild mit den Augen ein. »Ist dies ein Mensch?« fragte er sacht und leise. »Ist dies ein Mensch?«

Wieder lag er still und betrachtete das Bild. Die Tränen begannen über seine Wangen zu strömen. »Ich traure über deinen Tod, du Unbekannter«, flüsterte er. »Faustina«, rief er endlich, »warum ließest du diesen Mann sterben? Er hätte mich geheilt.«

Und wieder versank er in die Betrachtung des Bildes.

»Du Mensch«, sagte er nach einer Weile. »Wenn ich nicht mein Heil von dir empfangen kann, so kann ich dich doch rächen. Meine Hand wird schwer auf denen ruhen, die dich mir gestohlen haben.«

Wieder lag er lange Zeit schweigend, dann aber ließ er sich zu Boden gleiten und sank vor dem Bilde auf die Knie.

»Du bist der Mensch«, sagte er. »Du bist, was ich nie zu sehen gehofft habe.« Und er deutete auf sich selbst, sein zerstörtes Gesicht und seine zerfressenen Hände. »Ich und alle anderen, wir sind wilde Tiere und Ungeheuer, aber du bist der Mensch.«

Er neigte den Kopf so tief vor dem Bilde, daß er die Erde berührte.

»Erbarme dich meiner, du Unbekannter!« sagte er, und seine Tränen benetzten die Steine.

»Wenn du am Leben geblieben wärest, so hätte dein bloßer Anblick mich geheilt«, sagte er.

Die arme alte Frau erschrak darüber, was sie getan hatte. Es wäre klüger gewesen, dem Kaiser das Bild nicht zu zeigen, dachte sie. Sie hatte von Anfang an gefürchtet, daß sein Schmerz allzu groß sein würde, wenn er es sähe.

Und in ihrer Verzweiflung über den Kummer des Kaisers riß sie das Bild an sich, gleichsam, um es seinem Blicke zu entziehen.

Da sah der Kaiser auf. Und siehe da, seine Gesichtszüge waren verwandelt, und er war, wie er vor der Krankheit gewesen war. Es war, als hätte diese ihre Wurzel und Nahrung in dem Hasse und der Menschenverachtung gehabt, die in seinem Herzen gewohnt hatten; und sie hatte in demselben Augenblick entfliehen müssen, in dem er Liebe und Mitleid gefühlt hatte.

Aber am nächsten Tage sendete Tiberius drei Boten aus.

Der erste Bote ging nach Rom und befahl, daß der Senat eine Untersuchung anstelle, wie der Landpfleger in Palästina sein Amt verwalte, und ihn bestrafe, wenn es sich erweisen solle, daß er das Volk unterdrücke und Unschuldige zum Tode verurteile.

Der zweite Bote wurde zu dem Winzer und seiner Frau geschickt, um ihnen zu danken und sie für den Rat zu belohnen, den sie dem Kaiser gegeben hatten, und um ihnen zugleich zu sagen, wie alles abgelaufen war. Als sie alles bis zu Ende gehört hatten, weinten sie still, und der Mann sagte: »Ich weiß, daß ich meiner Lebtag darüber nachgrübeln werde, was geschehen wäre, wenn diese beiden sich begegnet wären.« Aber die Frau erwiderte: »Es konnte nicht anders kommen. Es war ein zu großer Gedanke, daß diese beiden sich begegnen sollten. Gott der Herr wußte, daß die Welt ihn nicht zu ertragen vermochte.«

Der dritte Bote ging nach Palästina und brachte von dort einige von Jesu Jüngern nach Capreae, und diese begannen hier die Lehre zu verkünden, die der Gekreuzigte gepredigt hatte.

Als diese Lehrer in Capreae anlangten, lag die alte Faustina auf dem Totenbette. Aber sie konnten sie noch vor ihrem Tode zu der Jüngerin des großen Propheten machen und sie taufen. Und in der Taufe wurde sie Veronika genannt, weil es ihr beschieden gewesen war, den Menschen das wahre Bild des Erlösers zu bringen.

Das Rotkehlchen

Es war zu der Zeit, da unser Herr die Welt erschuf, er nicht nur Himmel und Erde schuf, sondern auch alle Tiere und Pflanzen, und ihnen zugleich ihre Namen gab. Es gibt viele Geschichten aus jener Zeit; und wüßte man sie alle, so wüßte man auch die Erklärung für alles in der Welt, was man jetzt nicht verstehen kann.

Damals war es, daß es sich eines Tages begab, als unser Herr im Paradiese saß und die Vögel malte, daß die Farbe in unsers Herrn Farbschalen ausging, so daß der Stieglitz ohne Farbe geblieben wäre, wenn unser Herr nicht alle Pinsel an seinen Federn abgewischt hätte.

Und damals geschah es, daß der Esel seine langen Ohren bekam, weil er sich nicht merkte, welchen Namen er bekommen hatte. Er vergaß es, sowie er nur ein paar Schritte auf den Fluren des Paradieses gemacht hatte, und dreimal kam er zurück und fragte, wie er heiße, bis unser Herr ein klein wenig ungeduldig wurde, ihn bei den Ohren nahm und sagte: »Dein Name ist Esel, Esel, Esel.«

Und während er so sprach, zog er seine Ohren lang, damit er ein besseres Gehör bekäme und sich merke, was man ihm sagte.

An demselben Tage geschah es auch, daß die Biene bestraft wurde. Denn als die Biene geschaffen war, begann sie sogleich Honig zu sammeln, und Tiere und Menschen, die merkten, wie süß der Honig duftete, kamen und wollten ihn kosten. Aber die Biene wollte alles für sich behalten und jagte mit ihren giftigen Stichen alle fort, die sich der Honigwabe näherten. Dies sah unser Herr, und alsogleich rief er die Biene zu sich und strafte sie. »Ich verlieh dir die Gabe, Honig zu sammeln, der das Süßeste in der Schöpfung ist«, sagte unser Herr, »aber damit gab ich dir nicht das

Recht, hart gegen deinen Nächsten zu sein. Merke dir nun, jedesmal, wenn du jemand stichst, der deinen Honig kosten will, mußt du sterben!«

Ach ja, damals geschah es, daß die Grille blind wurde und die Ameise ihre Flügel verlor; es begab sich so viel Wunderliches an diesem Tage.

Unser Herr saß den ganzen Tag groß und mild da und schuf und erweckte zum Leben, und gegen Abend kam es ihm in den Sinn, einen kleinen grauen Vogel zu erschaffen.

»Merke dir, daß dein Name Rotkehlchen ist!« sagte unser Herr zu dem Vogel, als er fertig war. Und er setzte ihn auf seine flache Hand und ließ ihn fliegen.

Aber als der Vogel ein Weilchen umhergeflogen war und sich die schöne Erde besehen hatte, auf der er leben sollte, bekam er auch Lust, sich selbst zu betrachten. Da sah er, daß er ganz grau war, und seine Kehle war ebenso grau wie alles andere. Das Rotkehlchen wendete und drehte sich und spiegelte sich im Wasser, aber es konnte keine einzige rote Feder entdecken.

Da flog der Vogel zu unserm Herrn zurück.

Unser Herr thronte gut und milde, aus seinen Händen gingen Schmetterlinge hervor, die um sein Haupt flatterten; Tauben gurrten auf seinen Schultern und aus dem Boden rings um ihn sprossen die Rosen, die Lilie und das Tausendschönchen.

Das Herz des kleinen Vogels pochte heftig vor Bangigkeit, aber in leichten Bogen flog er doch immer näher zu unserm Herrn, und schließlich ließ er sich auf seiner Hand nieder.

Da fragte unser Herr, was sein Begehr wäre.

»Ich möchte dich nur um eines fragen«, sagte der kleine Vogel.

»Was willst du denn wissen?« fragte unser Herr.

»Warum soll ich Rotkehlchen heißen, wenn ich doch ganz grau bin vom Schnabel bis zum Schwanze? Warum werde ich Rotkehlchen genannt, wenn ich keine einzige rote Feder mein eigen nenne?«

Und der Vogel sah unsern Herrn mit seinen kleinen schwarzen Äuglein flehend an und wendete das Köpfchen. Ringsum sah er Fasane, ganz rot unter einem leichten Goldstaub, Papageien mit reichen roten Halskragen, Hähne mit roten Kämmen, ganz zu schweigen von den Schmetterlingen, den Goldfischen und den Rosen. Und natürlich dachte er sich, wie wenig vonnöten wäre, nur ein einziger kleiner Tropfen Farbe auf seiner Brust, und er wäre ein schöner Vogel und sein Name schicke sich für ihn.

»Warum soll ich Rotkehlchen heißen, wenn ich ganz grau bin?« fragte der Vogel abermals und wartete, daß unser Herr sagen würde: »Ach, Freundchen, ich sehe, ich habe ganz vergessen, deine Brustfedern rot zu malen, aber warte nur einen Augenblick, dann wird es geschehen.«

Aber unser Herr lächelte nur still und sagte: »Ich habe dich Rotkehlchen genannt, und Rotkehlchen sollst du heißen, aber du mußt selbst zusehen, daß du dir deine roten Brustfedern verdienst.«

Und damit erhob unser Herr die Hand und ließ den Vogel aufs neue in die Welt hinausfliegen.

Der Vogel flog sehr nachdenklich ins Paradies hinunter. Was sollte wohl ein kleiner Vogel wie er tun können, um sich rote Federn zu verschaffen?

Das einzige, was ihm einfiel, war, daß er sein Nest in einen Dornenbusch baute. Er nistete zwischen den Stacheln in dem dichten Dornengestrüpp. Es war, als erwarte er, daß ein Rosenblatt an seiner Kehle haftenbliebe und ihm seine Farbe gäbe.

Eine unendliche Menge von Jahren war seit diesem Tage verflossen, der der fröhlichste der Erde war. Seit dieser Zeit hatten sowohl die Tiere als auch die Menschen das Paradies verlassen und sich über die Erde verbreitet. Und die Menschen hatten es soweit gebracht, daß sie gelernt hatten, den Boden zu bebauen und das Meer zu befahren, sie hatten sich Kleider und Zierat geschaffen, ja sie hatten längst gelernt, große Tempel und mächtige Städte zu bauen, wie Theben, Rom und Jerusalem.

Da brach ein neuer Tag an, der auch in der Geschichte der Erde lange nicht vergessen werden sollte, und am Morgen dieses Tages saß das Rotkehlchen auf einem kleinen nackten Hügel vor den Mauern Jerusalems und sang seinen Jungen vor, die in dem kleinen Nest in einem niedrigen Dornenbusch lagen.

Das Rotkehlchen erzählte seinen Kleinen von dem wunderbaren Schöpfungstage und von der Namengebung, wie jedes Rotkehlchen es seinen Kindern erzählt hatte, von dem ersten an, das Gottes Wort gehört hatte und aus Gottes Hand hervorgegangen war. »Und seht nun«, schloß es betrübt, »so viele Jahre sind seit dem Schöpfungstage verflossen, so viele Rosen haben geblüht, so viele junge Vögel sind aus ihren Eiern gekrochen, so viele, daß keiner sie zählen kann, aber das Rotkehlchen ist noch immer ein kleiner, grauer Vogel, es ist ihm noch nicht gelungen, die roten Brustfedern zu erringen.«

Die kleinen Jungen rissen ihre Schnäbel weit auf und fragten, ob ihre Vorfahren nicht versucht hätten, irgendeine Großtat zu vollbringen, um die unschätzbare rote Farbe zu erringen.

»Wir haben alle getan, was wir konnten«, sagte der kleine Vogel, »aber es ist uns allen mißlungen. Schon das erste Rotkehlchen traf einmal einen anderen Vogel, der ihm völlig glich, und es begann sogleich, ihn mit heftiger Liebe zu lieben, daß es seine Brust erglühen fühlte. Ach, dachte es da, nun verstehe ich es: der liebe Gott will, daß ich so heiß liebe, daß meine Brustfedern sich von der Liebesglut, die in meinem Herzen wohnt, rot färben. Aber es mißlang ihm, wie es allen nach ihm mißlungen ist, und wie es auch euch allen mißlingen wird.«

Die kleinen Jungen zwitscherten betrübt, sie begannen schon darüber zu trauern, daß die rote Farbe ihre kleine flaumige Kehle nicht schmücken sollte.

»Wir hofften auch auf den Gesang«, sagte der alte Vogel,

in langgezogenen Tönen sprechend. »Schon das erste Rotkehlchen sang so, daß seine Brust vor Begeisterung schwoll, und es wagte wieder zu hoffen. Ach, dachte es, die Sangesglut, die in meiner Seele wohnt, wird meine Brustfedern rot färben. Aber es täuschte sich, wie alle nach ihm sich getäuscht haben, und wie auch ihr euch täuschen werdet.«

Wieder hörte man ein trübseliges Piepsen aus den halbnackten Kehlen der Jungen.

»Wir hofften auch auf unsern Mut und unsre Tapferkeit«, sagte der Vogel. »Schon das erste Rotkehlchen kämpfte tapfer mit andern Vögeln, und seine Brust glühte vor Kampfeslust. Ach, dachte es, meine Brustfedern werden sich rot färben von der Kampfeslust, die in meinem Herzen flammt. Aber es scheiterte, wie alle nach ihm scheiterten, und wie auch ihr scheitern werdet.«

Die winzigen Jungen piepsten mutig, daß sie es doch versuchen wollten, den erstrebten Preis zu gewinnen, aber der alte Vogel antwortete ihnen betrübt, daß dies unmöglich sei. Was könnten sie hoffen, wenn so viele ausgezeichnete Vorfahren das Ziel nicht erreicht hätten? Was könnten sie mehr tun als lieben, singen und kämpfen? Was könnten...

Der Vogel hielt mitten im Satze inne, denn aus einem Tore Jerusalems kam eine Menschenmenge gezogen, und die ganze Schar eilte den Hügel hinan, wo der Vogel sein Nest hatte.

Da waren Reiter auf stolzen Rossen, Krieger mit langen Lanzen, Henkersknechte mit Nägeln und Hämmern, da waren würdig einherschreitende Priester und Richter, weinende Frauen, und allen voran eine Menge wild umherlaufendes Volk, ein greuliches, heulendes Geleit von Landstreichern.

Der kleine graue Vogel saß zitternd auf dem Rande seines Nestes. Er fürchtete jeden Augenblick, daß der kleine Dornenbusch niedergetreten und seine kleinen Jungen getötet werden würden. »Nehmt euch in acht«, rief er den kleinen schutzlosen Jungen zu, »kriecht dicht zusammen und verhaltet euch still! Hier kommt ein Pferd, das gerade über uns hingeht! Hier kommt ein Krieger mit eisenbeschlagenen Sandalen! Hier kommt die ganze wilde Schar angestürmt!«

Mit einem Male hörte der kleine Vogel mit seinen Warnungsrufen auf, er wurde still und stumm. Er vergaß beinahe die Gefahr, in der er schwebte.

Plötzlich hüpfte er in das Nest hinunter und breitete die Flügel über seine Jungen.

»Nein, das ist zu entsetzlich«, sagte er. »Ich will nicht, daß ihr diesen Anblick seht – da sind drei Missetäter, die gekreuzigt werden sollen.«

Und er breitete ängstlich seine Flügel aus, so daß die Kleinen nichts sehen konnten. Sie vernahmen nur donnernde Hammerschläge, Klagerufe und das wilde Geschrei des Volkes.

Das Rotkehlchen folgte dem ganzen Schauspiel mit Augen, die sich vor Entsetzen weiteten. Es konnte die Blicke nicht mehr von den drei Unglücklichen wenden.

»Wie grausam die Menschen sind!« sagte der Vogel nach einem Weilchen. »Es ist ihnen nicht genug, daß sie diese armen Wesen ans Kreuz nageln, nein, auf dem Kopfe des einen haben sie eine Krone aus stechenden Dornen befestigt.«

»Ich sehe, daß die Dornen seine Stirn verwundet haben und das Blut fließt«, fuhr er fort. »Und dieser Mann ist so schön und sieht mit so milden Blicken um sich, daß jeder ihn lieben müßte. Mir ist, als ginge eine Pfeilspitze durch mein Herz, wenn ich ihn leiden sehe.«

Der kleine Vogel begann immer stärkeres Mitleid mit dem Dornengekrönten zu fühlen. Wenn ich mein Bruder, der Adler wäre, dachte er, würde ich die Nägel aus seinen Händen reißen und mit meinen starken Klauen alle die Leute verscheuchen, die ihn peinigen.

Er sah, wie das Blut auf die Stirn des Gekreuzigten tropfte, und da vermochte er nicht mehr still in seinem Neste zu bleiben.

Wenn ich auch nur klein und schwach bin, so muß ich doch etwas für diesen armen Gequälten tun können, dachte der Vogel, und er verließ sein Nest und flog hinaus in die Luft, weite Kreise um den Gekreuzigten beschreibend.

Er umkreiste ihn mehrere Male, ohne daß er sich näher zu kommen traute, denn er war ein scheuer kleiner Vogel, der es nie gewagt hätte, sich einem Menschen zu nähern. Aber allmählich faßte er Mut, flog ganz nahe hinzu und zog mit seinem Schnabel einen Dorn aus, der in die Stirn des Gekreuzigten gedrungen war. Aber während er dies tat, fiel ein Tropfen von dem Blute des Gekreuzigten auf die Kehle des Vogels. Der verbreitete sich rasch und färbte alle die kleinen zarten Brustfedern.

Wie der Vogel wieder in sein Nest kam, riefen ihm seine kleinen Jungen zu:

»Deine Brust ist rot, deine Brustfedern sind roter als Rosen!«

»Es ist nur ein Blutstropfen von der Stirn des armen Mannes«, sagte der Vogel. »Er verschwindet, sobald ich in einem Bache bade oder in einer klaren Quelle.«

Aber soviel der kleine Vogel auch badete, die rote Farbe verschwand nicht von seiner Kehle, und als seine Kleinen herangewachsen waren, leuchtete die blutrote Farbe auch von ihren Brustfedern, wie sie auf jedes Rotkehlchens Brust und Kehle leuchtet, bis auf den heutigen Tag.

Unser Herr und der heilige Petrus

Es war um die Zeit, als unser Herr und der heilige Petrus eben ins Paradies gekommen waren, nachdem sie während vieler Jahre der Betrübnis auf Erden umhergewandelt waren und manches erlitten hatten.

Man kann sich denken, daß dies eine Freude für Sankt Petrus war. Man kann sich denken, daß es ein ander Ding war, auf dem Berge des Paradieses zu sitzen und über die Welt hinauszusehen, denn als Bettler von Tür zu Tür wandern. Es war ein ander Ding, in den Lustgärten des Paradieses umherzuschlendern, als auf Erden einherzugehen und nicht zu wissen, ob man in stürmischer Nacht Obdach bekäme oder ob man genötigt sein würde, draußen auf der Landstraße in Kälte und Dunkel weiterzuwandern.

Man muß nur bedenken, welche Freude es gewesen sein muß, nach solcher Reise endlich an den rechten Ort zu kommen. Er hatte wohl nicht immer so sicher sein können, daß alles ein gutes Ende nehmen würde. Er hatte es nicht lassen können, bisweilen zu zweifeln und unruhig zu sein, denn es war ja für Sankt Petrus, den Armen, beinahe unmöglich gewesen, zu begreifen, wozu es dienen solle, daß sie ein so schweres Dasein hatten, wenn unser Herr und Heiland der Herr der Welt war.

Und nun sollte nie mehr die Sehnsucht kommen und ihn quälen. Man darf wohl glauben, daß er froh darüber war.

Nun konnte er förmlich darüber lachen, wieviel Betrübnis er und unser Herr hatten erdulden und mit wie wenig sie sich hatten begnügen müssen.

Einmal, als es ihnen so übel ergangen war, daß er gemeint hatte, es kaum länger ertragen zu können, hatte unser Herr ihn mit sich genommen und begonnen, einen hohen Berg hinanzusteigen, ohne ihm zu sagen, was sie dort oben zu tun hätten.

Sie waren an den Städten vorübergewandert, die am Fuße des Berges lagen, und an den Schlössern, die höher oben waren. Sie waren über die Bauernhöfe und Sennhütten hinausgekommen, und sie hatten die Steingrotte des letzten Holzhauers hinter sich gelassen.

Sie waren endlich dorthin gekommen, wo der Berg nackt, ohne Pflanzen und Bäume stand und wo ein Eremit sich eine Hütte erbaut hatte, um in Not geratenen Wandersleuten beispringen zu können.

Dann waren sie über die Schneefelder gegangen, wo die Murmeltiere schlafen, und hinauf zu den wilden, zusammengetürmten Eismassen gelangt, bis zu denen kaum ein Steinbock vordringen kann.

Dort oben hatte unser Herr einen kleinen Vogel mit roter Brust gefunden, der erfroren auf dem Eise lag, und er hatte den kleinen Dompfaffen aufgehoben und eingesteckt. Und Sankt Petrus erinnerte sich, daß er neugierig gewesen war, ob dieser Vogel ihr Mittagbrot sein würde.

Sie waren eine lange Strecke über die schlüpfrigen Eisstücke gewandert, und es wollte Sankt Petrus bedünken, als wäre er dem Totenreiche nie so nahe gewesen, denn ein todeskalter Wind und ein todesdunkler Nebel hüllten sie ein, und weit und breit fand sich nichts Lebendes. Und doch waren sie nicht höher gekommen als bis zur Mitte des Berges. Da hatte er unsern Herrn gebeten, umkehren zu dürfen.

»Noch nicht«, sagte unser Herr, »denn ich will dir etwas weisen, was dir den Mut geben wird, alle Sorgen zu tragen.«

Und sie waren durch Nebel und Kälte weitergewandert, bis sie eine unendlich hohe Mauer erreicht hatten, die sie nicht weiterkommen ließ.

»Diese Mauer geht rings um den Berg«, sagte unser Herr, »und du kannst sie an keinem Punkt übersteigen. Auch kann kein Mensch etwas von dem erblicken, was dahinter liegt, denn hier ist es, wo das Paradies anfängt, und hier wohnen die seligen Toten den ganzen Berghang hinauf.«

Da hatte der heilige Petrus es nicht lassen können, ein mißtrauisches Gesicht zu machen. »Dort drinnen ist nicht Dunkel und Kälte wie hier«, sagte unser Herr, »sondern dort ist grüner Sommer und heller Schein von Sonnen und Sternen.« Aber Sankt Petrus vermochte ihm nicht zu glauben.

Da nahm unser Herr den kleinen Vogel, den er vorhin auf dem Eisfelde gefunden hatte, und bog sich zurück und warf ihn über die Mauer, so daß er ins Paradies hineinfiel.

Und gleich darauf hörte der heilige Petrus ein jubelndes, fröhliches Zwitschern und erkannte den Gesang eines Dompfaffen und verwunderte sich höchstlich.

Er wendete sich an unsern Herrn und sagte: »Laß uns wieder auf die Erde hinuntergehen und alles erdulden, was erduldet werden muß, denn nun sehe ich, daß du wahr gesprochen hast und daß es einen Ort gibt, wo das Leben den Tod überwindet.«

Und sie waren den Berg hinuntergestiegen und hatten ihre Wanderung aufs neue begonnen.

Dann hatte Sankt Petrus lange Jahre nichts mehr vom Paradiese gesehen, sondern war nur einhergegangen und hatte sich nach dem Lande hinter der Mauer gesehnt. Und jetzt war er endlich dort und brauchte sich nicht mehr zu sehnen, sondern konnte den ganzen Tag mit vollen Händen Freude aus niemals versiegenden Quellen schöpfen.

Aber der heilige Petrus war kaum vierzehn Tage im Paradiese, als es geschah, daß ein Engel zu unserm Herrn kam, der auf seinem Stuhle saß, sich siebenmal vor ihm neigte und ihm sagte, es müsse ein schweres Unglück über Sankt Petrus gekommen sein. Er wolle weder essen noch trinken, und seine Augen wären rotgerändert, als hätte er Nächte nicht geschlafen.

Sobald dies unser Herr vernahm, erhob er sich und ging und suchte Sankt Petrus auf.

Er fand ihn fern an der äußersten Grenze des Paradieses. Er lag auf dem Boden, als wäre er zu ermattet, um stehen zu können, und hatte seine Kleider zerrissen und Asche auf sein Haupt gestreut.

Als unser Herr ihn so betrübt sah, setzte er sich neben ihn auf den Boden und sprach zu ihm, wie er getan hätte, wenn sie noch in der Betrübnis dieser Welt umhergewandert wären.

»Was ist es, was dich so traurig macht, Sankt Petrus?« fragte unser Herr. Aber der Schmerz übermannte Sankt Petrus so sehr, daß er nichts zu antworten vermochte.

»Was ist es, was dich so traurig macht, Sankt Petrus?« fragte unser Herr abermals. Als unser Herr die Frage wiederholte, nahm Sankt Petrus seine Goldkrone vom Kopfe und warf sie unserm Herrn zu Füßen, als wollte er sagen, daß er fürderhin keinen Teil mehr haben wolle an seiner Ehre und Herrlichkeit.

Aber unser Herr begriff wohl, daß Sankt Petrus zu verzweifelt war, um zu wissen, was er tat, und so zeigte er ihm keinen Zorn. »Du mußt mir doch endlich sagen, was dich quält«, sagte er ebenso sanftmütig wie zuvor und mit noch größerer Liebe in der Stimme.

Jetzt aber sprang Sankt Petrus auf, und da sah unser Herr, daß er nicht nur betrübt war, sondern auch zornig.

»Ich will Urlaub aus deinen Diensten haben«, sagte Sankt Petrus. »Ich kann nicht einen Tag länger im Paradiese bleiben.«

Aber unser Herr suchte ihn zu beschwichtigen, was er früher oft hatte tun müssen, wenn Sankt Petrus aufgebraust war.

»Ich will dich wahrlich nicht hindern, zu gehen«, sagte er, »aber erst mußt du mir sagen, was dir hier nicht gefällt.«

»Ich kann dir sagen, daß ich mir bessern Lohn versprach, als wir beide drunten auf Erden jede Art Elend erduldeten«, sagte Sankt Petrus. Unser Herr sah, daß Sankt Petrus' Seele von Bitterkeit erfüllt war, und er fühlte keinen Groll gegen ihn.

»Ich sage dir, daß du frei bist, zu ziehen, wohin du willst«, sagte er, »wenn du mich nur wissen läßt, was dich betrübt.«

Da endlich erzählte Sankt Petrus, warum er unglücklich

war. »Ich hatte eine alte Mutter«, sagte er, »und sie ist vor ein paar Tagen gestorben.«

»Jetzt weiß ich, was dich quält«, sagte unser Herr.

»Du leidest, weil deine Mutter nicht hierher ins Paradies gekommen ist.«

»So ist es«, sagte Sankt Petrus, und zugleich überwältigte ihn der Schmerz so sehr, daß er zu jammern und zu schluchzen anfing.

»Ich meine doch, ich hätte es wohl verdient, daß sie herkommen dürfte«, sagte er.

Als aber unser Herr erfahren hatte, was es war, worüber der heilige Petrus trauerte, wurde er gleichfalls betrübt. Denn Sankt Petrus' Mutter war nicht so gewesen, daß sie ins Himmelreich hätte kommen können. Sie hatte nie an etwas andres gedacht, als Geld zu sammeln; und armen Leuten, die vor ihre Türe gekommen waren, hatte sie niemals auch nur einen Groschen oder einen Bissen Brot gegeben. Aber unser Herr verstand es wohl: Sankt Petrus konnte es unmöglich wünschen, daß seine Mutter so geizig gewesen war, daß sie die Seligkeit nicht genießen konnte.

»Sankt Petrus«, sagte er, »woher weißt du, daß deine Mutter sich bei uns glücklich fühlen würde?«

»Sieh, das sagst du nur, damit du mich nicht zu erhören brauchst«, sagte Sankt Petrus. »Wer sollte sich im Paradiese nicht glücklich fühlen?«

»Wer nicht Freude über die Freude andrer fühlt, kann hier nicht glücklich sein«, sagte unser Herr.

»Dann sind noch andre hier als meine Mutter, die nicht hineinpassen«, sagte Sankt Petrus, und unser Herr merkte, daß er damit ihn im Sinn hatte.

Und er war tief betrübt, weil Sankt Petrus von einem so schweren Kummer getroffen war, daß er nicht mehr wußte, was er sagte. Er blieb eine Weile stehen und wartete, ob Sankt Petrus nicht bereute und einsähe, daß seine Mutter nicht ins Paradies gehörte, aber der wollte nicht zur Vernunft kommen.

Da rief unser Herr einen Engel zu sich und befahl ihm, zur Hölle hinunterzufahren und die Mutter des heiligen Petrus ins Paradies heraufzuholen.

»Laß mich dann auch sehen, wie er sie heraufholt«, sagte Sankt Petrus. Unser Herr nahm Sankt Petrus an der Hand und führte ihn auf einen Felsen hinaus, der auf der einen Seite kerzengerade und jäh abfiel. Und er zeigte ihm, daß er sich nur ein klein wenig über den Rand zu beugen brauchte, um gerade in die Hölle hinunterzusehen.

Als Sankt Petrus hinunterschaute, konnte er im Anfang nicht mehr unterscheiden, als wenn er in einen Brunnen hinabgesehen hätte. Es war, als öffne sich ein unendlicher, schwarzer Schlund unter ihm. Das erste, was er undeutlich unterschied, war der Engel, der sich schon auf den Weg in den Abgrund gemacht hatte. Er sah, wie er ohne jede Furcht in das große Dunkel hinuntereilte und nur die Flügel ein wenig ausbreitete, um nicht zu heftig zu fallen.

Aber als Sankt Petrus seine Augen ein bißchen daran gewöhnt hatte, fing er an, mehr und immer mehr zu sehen. Er begriff zunächst, daß das Paradies auf einem Ringberge lag, der eine weite Kluft einschloß, und in der Tiefe dieser Kluft hatten die Verdammten ihre Wohnstatt. Er sah, wie der Engel eine lange Weile fiel und fiel, ohne in die Tiefe hinunterzukommen. Er war ganz erschrocken darüber, daß es ein so weiter Weg war.

»Möchte er doch nur wieder mit meiner Mutter heraufkommen!« sagte er.

Unser Heiland blickte nur mit großen, traurigen Augen auf Sankt Petrus. »Es gibt keine Last, die mein Engel nicht heben könnte«, sagte er.

Es ging so tief hinein in den Abgrund, daß kein Sonnenstrahl dorthin dringen konnte, sondern schwarze Schatten dort herrschten. Aber nun war es, als hätte der Engel mit seinem Fluge ein wenig Klarheit und Licht hingebracht, so daß es Sankt Petrus möglich wurde, zu unterscheiden, wie es dort unten aussah.

Da war eine unendliche, schwarze Felsenwüste, scharfe,

spitze Klippen deckten den ganzen Grund, und zwischen ihnen blinkten Tümpel von schwarzem Wasser. Kein grünes Hälmchen, kein Baum, kein Zeichen des Lebens fand sich da.

Aber überall auf die scharfen Felsen waren die unseligen Toten hinaufgeklettert. Sie hingen über den Felsenspitzen, die sie in der Hoffnung erklettert hatten, sich aus der Kluft emporschwingen zu können, und als sie gesehen hatten, daß sie nirgend hinzukommen vermochten, waren sie dort oben verblieben, vor Verzweiflung versteinert.

Sankt Petrus sah einige von ihnen sitzen oder liegen, die Arme in ewiger Sehnsucht ausgestreckt, die Augen unverwandt nach oben gerichtet. Andre hatten die Hände vors Gesicht geschlagen, wie um das hoffnungslose Grauen um sich nicht sehen zu müssen. Sie waren alle reglos, keiner von ihnen bewegte sich. Manche lagen, ohne sich zu rühren, in den Wassertümpeln, ohne zu versuchen, herauszukommen.

Das Entsetzlichste war, daß ihrer eine solche Menge waren. Es war, als bestünde der Grund der Kluft aus nichts anderem als aus Leibern und Köpfen. Und Sankt Petrus ward von einer neuen Unruhe gepackt. »Du wirst sehen, er findet sie nicht«, sagte er zu unserm Herrn.

Unser Herr sah ihn nur mit demselben betrübten Blick an wie zuvor. Er wußte wohl, daß Sankt Petrus sich wegen des Engels nicht zu beunruhigen brauchte.

Aber für Sankt Petrus hatte es noch immer den Anschein, als ob der Engel seine Mutter unter der großen Menge von Unseligen nicht gleich finden könnte. Er breitete die Flügel aus und schwebte über dem Abgrund hin und her, indes er sie suchte.

Auf einmal gewahrte einer der unseligen Verdammten unten im Abgrund den Engel. Und er sprang auf und streckte die Arme zu ihm empor und rief: »Nimm mich mit, nimm mich mit!«

Da kam auf einmal Leben in die ganze Schar. Alle Millionen und Millionen, die unten in der Hölle verschmachteten, sprangen in demselben Augenblick auf und hoben ihre Arme und riefen den Engel an, er möchte sie hinauf zu dem seligen Paradiese führen.

Ihre Schreie drangen bis zu unserm Herrn und Sankt Petrus hinauf, und ihre Herzen bebten vor Schmerz, als sie es hörten.

Der Engel hielt sich schwebend hoch über den Verdammten, aber wie er hin und her glitt, um die zu entdecken, die er suchte, stürmten sie alle ihm nach, daß es aussah, als würden sie von einer Windsbraut dahingefegt.

Endlich hatte der Engel die erblickt, die er holen sollte. Er faltete die Flügel auf dem Rücken zusammen und schoß hinab wie ein Pfeil. Und Petrus schrie in frohem Erstaunen auf, als er ihn den Arm um seine Mutter schlingen und sie emporheben sah.

»Selig seist du, der mir die Mutter zuführt!« sagte er.

Unser Herr legte seine Hand warnend auf des heiligen Petrus' Schulter, als wollte er ihn abhalten, sich zu früh der Freude hinzugeben. Aber Sankt Petrus war nahe daran, vor Glück zu weinen, weil seine Mutter gerettet war, und er konnte nicht verstehen, daß sie noch etwas trennen könnte. Und noch größere Freude bereitete es ihm, zu sehen, daß einige der Verdammten, so hurtig der Engel auch gewesen war, als er seine Mutter emporhob, doch noch behender waren, so daß sie sich an sie, die erlöst werden sollte, hängten, um zugleich mit ihr ins Paradies geführt zu werden.

Es waren ihrer etwa ein Dutzend, die sich an die alte Frau gehängt hatten, und Sankt Petrus dachte, daß es eine große Ehre für seine Mutter wäre, so vielen Unglücklichen aus der Verdammnis zu helfen.

Der Engel tat auch nichts, um sie zu hindern. Er schien von der Bürde gar nicht beschwert, sondern stieg nur und stieg, und er regte die Schwingen nicht mühsamer, als wenn er ein totes Vögelchen zum Himmel getragen hätte.

Aber da sah Sankt Petrus, wie seine Mutter anfing, die Unseligen von sich loszureißen, die an ihr festhingen. Sie packte ihre Hände und löste deren Griff, so daß einer nach dem andern hinuntertaumelte in die Hölle. Sankt Petrus konnte hören, wie sie baten und sie anflehten, aber die alte Frau schien es nicht dulden zu wollen, daß ein andrer außer ihr selbst selig werde. Sie machte sich von einem nach dem andern frei und ließ sie hinab ins Elend stürzen. Und wie sie stürzten, wurde der ganze Raum von Wehrufen und Verwünschungen erfüllt.

Da rief Sankt Petrus und bat seine Mutter, sie solle doch Barmherzigkeit zeigen, aber sie wollte nichts hören, sondern fuhr fort, wie sie begonnen hatte.

Und Sankt Petrus sah, wie der Engel immer langsamer und langsamer flog, je leichter seine Bürde wurde, und da wurde Sankt Petrus von solcher Angst gepackt, daß ihm seine Beine den Dienst versagten und er auf die Knie sinken mußte.

Endlich war nur eine einzige übrig, die sich an Sankt Petrus' Mutter festhielt. Es war eine junge Frau, die ihr am Halse hing und dicht an ihrem Ohr flehte und bat, sie möchte sie mit in das gesegnete Paradies lassen. Da war der Engel mit seiner Bürde so weit gekommen, daß Sankt Petrus schon die Arme ausstreckte, um die Mutter zu empfangen. Es deuchte ihn, der Engel brauchte nur noch ein paar Flügelschläge zu machen, um oben auf dem Berge zu sein.

Aber da hielt der Engel auf einmal die Schwingen ganz still, und sein Gesicht wurde düster wie die Nacht.

Denn jetzt streckte die alte Frau die Hände nach rückwärts und ergriff die andere, die an ihrem Halse hing, bei den Armen und riß und zerrte, bis es ihr glückte, die verschlungenen Hände zu trennen, so daß sie auch von der letzten befreit wurde.

Als die Unselige fiel, sank der Engel mehrere Klafter tiefer, und es sah aus, als vermöchte er nicht mehr die Schwingen zu heben.

Mit tiefbetrübten Blicken sah er auf die alte Frau hinunter, sein Griff um ihren Leib lockerte sich, und er ließ sie fallen, als sei sie eine allzu schwere Bürde für ihn, jetzt, da sie allein geblieben war.

Dann schwang er sich mit einem einzigen Flügelschlage ins Paradies hinauf.

Sankt Petrus blieb lange auf derselben Stelle liegen und schluchzte, und unser Herr stand still neben ihm.

»Sankt Petrus«, sagte unser Herr endlich, »nimmer hätte ich geglaubt, daß du so weinen würdest, nachdem du ins Paradies gekommen warst.«

Da erhob Gottes alter Diener sein Haupt und antwortete: »Was ist das für ein Paradies, wo ich meiner Liebsten Jammer höre und meiner Mitmenschen Leiden sehe?«

Aber unsres Herrn Angesicht verdüsterte sich in tiefstem Schmerze. »Was wollte ich lieber, als euch allen ein Paradies von eitel hellem Glück bereiten?« sagte er. »Begreifst du nicht, daß ich um dessentwillen zu den Menschen hinunterging und sie lehrte, ihre Nächsten zu lieben wie sich selbst. Solange sie dies nicht tun, gibt es keine Freistatt, weder im Himmel noch auf Erden, wo Schmerz und Betrübnis sie nicht zu ereilen vermöchten.«

Die Lichtflamme

I

Vor vielen, vielen Jahren, als die Stadt Florenz sich vor ganz
kurzer Zeit zur Republik gemacht hatte, lebte dort ein
Mann, der Raniero di Ranieri hieß. Er war der Sohn eines
Waffenschmieds und hatte seines Vaters Gewerbe erlernt,
aber er übte es nicht sonderlich gern aus.

Dieser Raniero war ein sehr starker Mann. Es hieß von
ihm, daß er eine schwere Eisenrüstung ebenso leicht trüge
wie ein andrer ein Seidenhemd. Er war ein noch junger
Mann, aber er hatte schon viele Proben seiner Kraft gezeigt.
Einmal war er in einem Haus gewesen, wo sie Korn auf den
Dachboden gelegt hatten. Aber es war dort oben zu viel
Korn aufgehäuft, und während Raniero sich in dem Hause
befand, brach einer der Dachbalken, und das ganze Dach
war im Begriff einzustürzen. Da waren alle fortgeeilt bis auf
Raniero. Er hatte die Arme emporgereckt und sie gegen das
Dach gestemmt, bis die Leute Balken und Pfähle geholt
hatten, um es zu stützen.

Es hieß von Raniero auch, daß er der tapferste Mann wäre, den es jemals in Florenz gegeben hätte, und daß er am
Kampfe niemals genug haben könnte. Sobald er von der
Straße irgendeinen Lärm hörte, stürzte er aus der Werkstatt,
in der Hoffnung, daß eine Schlägerei entstanden sei, an der
er teilnehmen könne. Wenn er nur vom Leder ziehen
konnte, kämpfte er ebenso gern mit schlichten Landleuten
wie mit eisengepanzerten Rittern. Er stürzte sich wie ein
Rasender in den Kampf, ohne seine Gegner zu zählen.

Nun war Florenz zu dieser Zeit nicht besonders mächtig.
Die Bevölkerung bestand zum größten Teil aus Wollspin-
nern und Tuchwebern, und diese begehrten nichts andres,

als in Frieden ihre Arbeit zu verrichten. Es gab tüchtige Kerle genug, aber sie waren nicht kampflustig, sondern setzten eine Ehre darein, daß in ihrer Stadt bessere Ordnung herrsche als anderswo. Raniero klagte oft darüber, daß er nicht in einem Lande geboren war, wo ein König herrschte, der tapfere Männer um sich scharte, und er sagte, daß er in diesem Falle zu hohen Ehren und Würden gekommen wäre.

Raniero war großsprecherisch und laut, grausam gegen Tiere, hart gegen seine Frau; es war nicht gut mit ihm leben. Er wäre ein schöner Mann gewesen, wenn er nicht quer über das Gesicht mehrere tiefe Narben gehabt hätte, die ihn entstellten. Er war rasch von Entschlüssen, und seine Art zu handeln war groß, wenn auch oft gewaltsam.

Raniero war mit Francesca vermählt, die die Tochter Jacopo degli Ubertis war, eines weisen und mächtigen Mannes. Jacopo hatte sich nicht gern dazu verstanden, seine Tochter einem solchen Raufbold wie Raniero zu geben, sondern er hatte sich der Heirat so lange wie möglich widersetzt. Aber Francesca hatte ihn gezwungen, nachzugeben, indem sie sagte, sie würde niemals einen andern heiraten. Als Jacopo endlich seine Einwilligung gab, sagte er zu Raniero: »Ich glaube erfahren zu haben, daß Männer wie du die Liebe einer Frau leichter gewinnen als behalten, darum will ich dir ein Versprechen abnehmen: wenn meine Tochter bei dir ein so schweres Leben haben sollte, daß sie zu mir zurückkehren will, darfst du sie nicht daran hindern.« Francesca sagte, es sei unnötig, ihm ein solches Versprechen abzunehmen, denn sie habe Raniero so lieb, daß nichts sie von ihm trennen könne. Aber Raniero gab das Versprechen sogleich. »Dessen kannst du sicher sein, Jacopo«, sagte er, »daß ich nicht versuchen werde, ein Weib zurückzuhalten, das mir entfliehen will.«

Francesca zog nun zu Raniero, und alles zwischen ihnen war gut. Als sie ein paar Wochen verheiratet waren, kam es Raniero in den Sinn, sich im Scheibenschießen zu üben. Er schoß ein paar Tage lang auf eine Tafel, die an einer Mauer hing. Er wurde bald sehr geschickt und traf jedesmal ins Schwarze. Schließlich wollte er jedoch versuchen, nach einem schwereren Ziel zu schießen. Er sah sich nach etwas Geeignetem um, entdeckte aber nichts außer einer Wachtel, die in einem Bauer über der Hoftür saß. Der Vogel gehörte Francesca, und sie hatte ihn sehr lieb, aber Raniero schickte gleichwohl einen Knecht hin, damit er den Käfig öffne, und schoß die Wachtel, als sie sich in die Luft schwang.

Dies deuchte ihn ein guter Schuß, und er rühmte sich seiner vor jedem, der es hören wollte.

Als Francesca erfuhr, daß Raniero ihren Vogel totgeschossen hatte, erblaßte sie und sah ihn groß an. Sie wunderte sich, daß er etwas hatte tun mögen, was ihr Schmerz verursachen mußte. Aber sie verzieh ihm sogleich und liebte ihn wie zuvor.

Wieder ging eine Zeitlang alles gut.

Ranieros Schwiegervater Jacopo war Leinenweber. Er hatte eine große Werkstatt, wo es viel zu tun gab. Raniero glaubte herausgefunden zu haben, daß in Jacopos Werkstatt Hanf in den Flachs gemischt werde, und behielt das nicht für sich, sondern sprach hier und dort in der ganzen Stadt davon. Endlich kam dieses Gerede auch Jacopo zu Ohren, und er suchte ihm sogleich ein Ende zu machen. Er ließ von mehreren anderen Leinenwebern sein Garn und seine Gewebe untersuchen, und sie fanden, daß alles der feinste Flachs war. Nur in einem Packen, der außerhalb der Stadt Florenz verkauft werden sollte, fanden sie eine kleine Beimischung. Da sagte Jacopo, daß die Betrügerei ohne sein Wissen und seinen Willen von irgendeinem seiner Gesellen begangen worden sein müsse. Er sah jedoch selber ein, daß es ihm schwerfallen würde, die Leute zu bewegen, dies zu glauben. Er hatte immer im Rufe großer Redlichkeit gestanden und empfand es schwer, daß seine Ehre befleckt worden war.

Raniero hingegen brüstete sich, daß es ihm gelungen war, einen Betrug zu entlarven, und prahlte damit, auch wenn Francesca es hörte.

Sie fühlte großen Kummer und zugleich große Verwunderung, wie damals, als er den Vogel totschoß. Während sie noch daran dachte, war es plötzlich, als sähe sie ihre Liebe vor sich, und sie war wie ein großes Stück leuchtenden Goldstoffes. Sie konnte sehen, wie groß die Liebe war und wie schimmernd. Aber aus der einen Ecke war ein Zipfelchen fortgeschnitten, so daß sie nicht mehr so groß und herrlich war wie anfangs. Immerhin war sie noch so wenig beschädigt, daß Francesca dachte: Sie wird schon so lange reichen, wie ich lebe. Sie ist so groß, daß sie nie ein Ende nehmen kann.

Wieder verging eine Zeit, in der sie und Raniero ebenso glücklich waren wie zu Anfang.

Francesca hatte einen Bruder, der Taddeo hieß. Der war auf einer Geschäftsreise in Venedig gewesen, und dort hatte er sich Kleider aus Samt und Seide gekauft. Als er heimkam, ging er herum und prahlte damit, aber in Florenz war es nicht der Brauch, kostbar gekleidet zu gehen, so daß ihrer viele waren, die sich darüber lustig machten.

Eines Nachts waren Taddeo und Raniero in einer Weinschenke. Taddeo hatte einen grünen Mantel mit Zobelfutter und ein violettes Wams an. Raniero verlockte ihn nun, soviel Wein zu trinken, daß er einschlief, dann nahm er ihm den Mantel ab und hängte ihn einer Vogelscheuche um, die in einem Kohlbeet stand.

Als Francesca dies erfuhr, grollte sie Raniero wieder. Und zu gleicher Zeit sah sie das große Stück Goldstoff vor sich, das ihre Liebe war, und sie vermeinte zu sehen, wie es kleiner wurde, weil Raniero Stück für Stück abschnitt.

Darnach wurde es zwischen ihnen wieder für eine Zeit gut, aber Francesca war nicht mehr so glücklich wie zuvor, weil sie immer erwartete, Raniero würde eine Tat begehen, die ihrer Liebe schaden könnte.

Das ließ auch nicht lange auf sich warten, denn Raniero konnte sich nicht lange ruhig verhalten. Er wollte, daß die Menschen von ihm sprächen und seinen Mut und seine Unerschrockenheit rühmten.

An der Domkirche, die damals in Florenz stand und die viel kleiner war als die jetzige, hing hoch oben auf dem einen Turm ein großer, schwerer Schild; der war von einem der Vorfahren Francescas dort aufgehängt worden. Es soll der schwerste Schild gewesen sein, den ein Mann in Florenz zu tragen vermochte, und das ganze Geschlecht der Uberti war stolz darauf, daß einer von den ihren es vermocht hatte, den Turm zu erklettern und ihn dort aufzuhängen.

Aber nun klomm Raniero eines Tages zu dem Schilde hinauf, hängte ihn sich auf den Rücken und kam damit herunter.

Als Francesca dies vernahm, sprach sie zum ersten Male mit Raniero darüber, was sie quälte, und bat ihn, er solle nicht versuchen, solchermaßen den Stamm zu demütigen, dem sie angehörte. Raniero, der erwartet hatte, daß sie ihn ob seiner Heldentat rühmen würde, wurde sehr zornig. Er sagte, er merke schon lange, daß sie sich seiner Erfolge nicht freue, sondern nur an ihr eigenes Geschlecht denke. – »Ich denke an etwas andres«, sagte Francesca, »das ist meine Liebe. Ich weiß nicht, wie es ihr ergehen soll, wenn du so fortfährst.«

Von da an wechselten sie oftmals böse Worte, denn es zeigte sich, daß Raniero fast immer gerade das tat, was Francesca am wenigsten ertragen konnte.

Es gab in Ranieros Werkstatt einen Gesellen, der klein und hinkend war. Dieser Bursche hatte Francesca geliebt, bevor sie sich verheiratete, und er fuhr auch nach ihrer Heirat fort, sie zu lieben. Raniero, der darum wußte, ließ es sich angelegen sein, ihn zu hänseln, zumal wenn sie bei Tische saßen. Es kam schließlich dazu, daß sich dieser Mann, der es nicht ertragen konnte, in Francescas Gegenwart zum Gespött gemacht zu werden, einmal auf Raniero stürzte und mit ihm kämpfen wollte. Aber Raniero hohnlachte nur und stieß ihn beiseite. Da wollte der Arme nicht länger leben, sondern ging hin und erhängte sich.

Als dies geschah, waren Raniero und Francesca ungefähr ein Jahr verheiratet. Francesca deuchte es noch immer, daß sie ihre Liebe als ein schimmerndes Stück Stoff vor sich sah, aber auf allen Seiten waren große Stücke weggeschnitten, so daß es kaum halb so groß war, als es anfangs gewesen war.

Sie erschrak sehr, als sie dies sah, und dachte: Bleibe ich noch ein Jahr bei Raniero, so wird er meine Liebe zerstört haben. Ich werde ebenso arm sein, wie ich bisher reich gewesen bin.

Da entschloß sie sich, Ranieros Haus zu verlassen und zu ihrem Vater zu gehen und bei ihm zu leben. Auf daß nicht einmal der Tag käme, an dem sie Raniero ebensosehr haßte, wie sie ihn jetzt liebte!

Jacopo degli Uberti saß an seinem Webstuhl, und alle seine Gesellen arbeiteten um ihn her, als er sie kommen sah. Er sagte, nun sei das eingetroffen, was er schon lange erwartet hätte, und hieß sie willkommen. Er ließ seine Leute sogleich die Arbeit unterbrechen und befahl ihnen, sich zu bewaffnen und das Haus zu verschließen.

Dann begab sich Jacopo zu Raniero. Er traf ihn in der Werkstatt. »Meine Tochter ist heute zu mir zurückgekehrt und hat mich gebeten, wieder unter meinem Dache leben zu dürfen«, sagte er zu seinem Eidam. »Und jetzt erwarte ich, daß du sie nicht zwingst, zu dir zurückzukehren, getreu dem Versprechen, das du mir gegeben hast.«

Raniero schien das nicht sehr ernst zu nehmen, sondern antwortete gleichmütig: »Auch wenn ich dir kein Versprechen gegeben hätte, würde ich nicht verlangen, eine Frau zurückzubekommen, die mir nicht angehören will.«

Er wußte, wie sehr Francesca ihn liebte, und sagte zu sich selbst: Ehe der Abend anbricht, ist sie wieder bei mir.

Sie ließ sich jedoch weder an diesem Tage noch am folgenden blicken.

Am dritten Tage zog Raniero aus und verfolgte ein paar Räuber, die die florentinischen Kaufleute seit langem beunruhigt hatten. Es gelang ihm, sie zu überwinden, und er brachte sie als Gefangene nach Florenz.

Ein paar Tage verhielt er sich still, bis er gewiß sein konnte, daß diese Heldentat in der ganzen Stadt bekannt wäre. Es kam aber nicht so, wie er erwartet hatte, und auch dies führte Francesca nicht zu ihm zurück.

Raniero hätte nun die größte Lust gehabt, sie durch Gesetz und Recht zu zwingen, zu ihm zurückzukehren, aber er glaubte, daß er dies seines Versprechens wegen nicht tun könne. Es deuchte ihn aber unmöglich, in derselben Stadt mit einer Frau zu leben, die ihn verlassen hatte, und er zog von Florenz fort.

Er wurde zuerst Söldner, und gar bald machte er sich zum Anführer einer Freischar.

Er war immer im Kriege und diente vielen Herren.

Er gewann viel Ehre als Krieger, wie er von jeher vorausgesagt hatte. Er wurde vom Kaiser zum Ritter geschlagen und wurde zu den mächtigen Männern gezählt.

Bevor er Florenz verließ, hatte er vor einem heiligen Madonnenbild in der Domkirche das Gelöbnis abgelegt, der Heiligen Jungfrau das Beste und Vornehmste zu schenken, was er in jedem Kampfe erbeuten würde.

Vor diesem Bilde sah man immer kostbare Gaben, die von Raniero gespendet waren.

Raniero wußte also, daß alle seine Heldentaten in seiner Geburtsstadt bekannt waren. Er wunderte sich sehr, daß Francesca degli Uberti nicht zu ihm zurückkam, obgleich sie alle seine Erfolge kannte.

Um diese Zeit wurde zu einem Kreuzzug zur Befreiung des Heiligen Grabes gepredigt, und Raniero nahm das Kreuz und zog ins Morgenland. Denn einmal erwartete er, daß er dort Schlösser und Land gewinnen würde, um darüber zu regieren, und dann dachte er, daß er dadurch in die Lage käme, so glänzende Heldentaten zu vollbringen, daß sein Weib ihn wieder liebgewänne und zu ihm zurückkehrte.

2

In der Nacht nach dem Tage, an dem Jerusalem erobert worden war, herrschte in dem Lager der Kreuzfahrer vor der Stadt große Freude. Fast in jedem Zelt wurden Trinkgelage abgehalten, und das Lachen und Lärmen wurde weit im Umkreise gehört.

Raniero di Ranieri saß mit einigen Kampfgenossen beim Weine, und bei ihm ging es fast noch wilder zu als sonst irgendwo. Die Knappen hatten die Becher kaum gefüllt, als sie auch schon wieder leer waren. Aber Raniero hatte auch die meiste Ursache, ein großes Fest zu feiern, denn er hatte an diesem Tage höhere Ehre gewonnen denn je zuvor. Am Morgen, als die Stadt gestürmt wurde, war er nächst Gottfried von Bouillon der erste gewesen, der die Mauern bestiegen hatte, und am Abend war er für seine Tapferkeit vor dem ganzen Heere geehrt worden.

Als das Plündern und Morden ein Ende genommen hatte und die Kreuzfahrer in Büßermänteln mit unentzündeten Wachskerzen in den Händen in die heilige Grabeskirche eingezogen waren, war ihm nämlich von Gottfried verkündet worden, daß er der erste sein solle, der seine Kerze an den heiligen Flammen entzünden dürfe, die vor Christi Grab brennen. Es deuchte Raniero, daß Gottfried ihm damit zeigen wolle, daß er ihn für den Tapfersten im ganzen Heere ansehe; und er freute sich sehr über die Art, wie er für seine Heldentat belohnt worden war.

Bei einbrechender Nacht, als Raniero und seine Gäste in bester Laune waren, kamen ein Narr und ein paar Spielleute, die überall im Lager umhergewandert waren und alle mit ihren Einfällen ergötzt hatten, in Ranieros Zelt, und der Narr bat um die Erlaubnis, ein spaßhaftes Abenteuer erzählen zu dürfen.

Raniero wußte, daß dieser Narr im Rufe großer Lustigkeit stand, und versprach, seiner Erzählung Gehör zu schenken.

»Es begab sich einmal«, sagte der Narr, »daß unser Herr und der heilige Petrus einen ganzen Tag auf dem höchsten Turme der Burg des Paradieses gesessen und auf die Erde hinuntergesehen hatten. Sie hatten so viel anzugucken gehabt, daß sie kaum Zeit gefunden hatten, ein Wort miteinander zu wechseln. Unser Herr hatte sich die ganze Zeit still verhalten, aber der heilige Petrus hatte bald vor Freude in die Hände geklatscht und bald wieder den Kopf mit Abscheu abgewendet. Bald hatte er gelächelt und gejubelt, und bald hatte er geweint und gejammert. Endlich, als der Tag zur Neige ging und die Abenddämmerung sich auf das Paradies senkte, wendete sich unser Heiland an den heiligen Petrus und sagte, nun müsse er wohl froh und zufrieden sein. ›Womit sollte ich wohl zufrieden sein?‹ fragte da Sankt Petrus in heftigem Tone. – ›Je nun‹, sagte unser Herr sanftmütig, ›ich glaubte, du würdest mit dem, was du heute gesehen hast, zufrieden sein.‹ – ›Es ist ja wahr‹, sagte er, ›daß ich so manches liebe Jahr darüber geklagt habe, daß Jerusalem in der Gewalt der Ungläubigen ist, aber nach allem, was sich heute zugetragen hat, meine ich, daß es ebensogut hätte bleiben können wie es war.‹«

Raniero begriff nun, daß der Narr davon sprach, was im Laufe des Tages geschehen war. Er und die andern Ritter begannen nun mit größerer Teilnahme zuzuhören als im Anfang.

»Als der heilige Petrus dies gesagt hatte«, fuhr der Narr fort, indem er einen pfiffigen Blick auf die Ritter warf, »beugte er sich über die Zinnen des Turmes und wies zur Erde hinunter. Er zeigte unserm Herrn eine Stadt, die auf einem großen einsamen Felsen lag, der aus einem Gebirgstal aufragte. ›Siehst du diese Leichenhaufen?‹ sagte er, ›und siehst du das Blut, das über die Straßen strömt, und siehst du die nackten elenden Gefangenen, die in der Nachtkälte jammern, und siehst du all die rauchenden Brandstätten?‹ Unser Herr schien ihm nichts erwidern zu wollen, und der heilige Petrus fuhr mit seinem Gejammer fort. Er sagte, wohl habe er dieser Stadt oft gezürnt, aber so übel habe er ihr doch nicht gewollt, daß es dort einmal so aussehen solle. Da endlich antwortete unser Herr und versuchte einen Einwand. – ›Du kannst doch nicht leugnen, daß die christlichen Ritter ihr Leben mit der größten Unerschrockenheit gewagt haben‹, sagte er.«

Hier wurde der Narr von Beifallsrufen unterbrochen, aber er beeilte sich fortzufahren.

»Nein, stört mich nicht«, bat er. »Jetzt weiß ich nicht mehr, wo ich geblieben war. Ja, richtig, ich wollte eben sagen, daß der heilige Petrus sich ein paar Tränen wegwischte, die ihm in die Augen getreten waren und ihn am Sehen hinderten. ›Nie hätte ich geglaubt, daß sie solch wilde Tiere sein würden‹, sagte er. ›Sie haben ja den ganzen Tag gemordet und geplündert. Ich verstehe nicht, daß du es dir beifallen lassen konntest, dich kreuzigen zu lassen, um dir solche Bekenner zu schaffen.‹«

Die Ritter nahmen den Scherz gut auf. Sie begannen laut und fröhlich zu lachen. »Was, Narr, der heilige Petrus ist wirklich so böse auf uns?« rief einer von ihnen.

»Sei jetzt still und laß uns hören, ob unser Herr uns nicht in Schutz genommen hat!« fiel ein andrer ein.

»Nein, unser Herr schwieg fürs erste still«, sagte der Narr. »Er wußte von alters her: wenn Sankt Petrus so recht in Eifer gekommen war, war es vergebliche Mühe, ihm zu widersprechen. Er eiferte weiter und sagte, unser Herr möge nicht einwenden, daß sie sich schließlich doch erinnert hätten, in welche Stadt sie gekommen waren, und auf bloßen Füßen im Büßergewand in die Kirche gegangen wären. Diese Andacht hätte ja gar nicht so lange gedauert, daß es überhaupt lohnte, davon zu sprechen. Und dann beugte er sich noch einmal über die Brüstung hinaus und wies auf Jerusalem hinunter. Er deutete auf das Lager der Christen davor. ›Siehst du, wie deine Ritter ihren Sieg feiern?‹ fragte er. Und unser Herr sah, daß überall im Lager Trinkgelage gefeiert wurden. Ritter und Knechte saßen da und sahen syrischen Tänzerinnen zu. Gefüllte Becher kreisten, man würfelte um die Kriegsbeute, und –«

»Man hörte Narren an, die alberne Geschichten erzählten«, fiel Raniero ein. »War das nicht auch eine große Sünde?«

Der Narr lachte und nickte Raniero zu, als wollte er sagen: Na, warte nur, ich zahl’ dir’s schon heim.

»Nein, unterbrecht mich nicht«, bat er abermals, »ein armer Narr vergißt so leicht, was er sagen wollte. Ja, richtig, der heilige Petrus fragte unsern Herrn mit der strengsten Stimme, ob er meine, daß ihm dieses Volk große Ehre mache. Darauf mußte unser Herr natürlich antworten, daß er das nicht meine. ›Sie waren Räuber und Mörder, ehe sie von daheim auszogen‹, sagte Sankt Petrus, ›und Räuber und Mörder sind sie auch heute noch. Dieses Unternehmen hättest du ebensogut ungeschehen lassen können. Es kommt nichts Gutes dabei heraus.‹«

»Na, na, Narr!« sagte Raniero mit warnender Stimme.

Aber der Narr schien eine Ehre dareinzusetzen, zu probieren, wie weit er gehen könne, ohne daß jemand aufspränge und ihn hinauswürfe, und fuhr unerschrocken fort: »Unser Herr neigte nur den Kopf wie einer, der zugesteht, daß er gerecht gestraft wird. Aber beinahe in demselben Augenblick beugte er sich eifrig vor und sah mit noch größerer Aufmerksamkeit als vorhin hinunter. Da guckte Sankt Petrus ebenfalls hin. ›Wonach blickst du denn aus?‹ fragte er.«

Der Narr erzählte dies mit sehr lebhaftem Mienenspiel. Alle Ritter sahen sowohl unsern Herrn als auch Sankt Petrus vor Augen, und sie waren begierig, was es wohl sein mochte, was unser Herr erblickt haben sollte.

»Unser Herr antwortete, es sei nichts Besonderes«, sagte der Narr, »aber er ließ auf jeden Fall nicht davon ab, hinabzublicken. Sankt Petrus folgte der Richtung der Blicke unsres Herrn, und er konnte nichts andres finden, als daß unser Herr dasaß und in ein großes Zelt hinuntersah, vor dem ein paar Sarazenenköpfe auf lange Lanzen gespießt waren, und wo eine Menge prächtiger Teppiche, goldner Tischgefäße und kostbarer Waffen, die in der Heiligen Stadt erbeutet waren, aufgestapelt lagen. In diesem Zelt ging es ebenso zu wie sonst überall im Lager. Da saß eine Schar Ritter und leerte die Becher. Der einzige Unterschied mochte sein, daß hier noch mehr gelärmt und gezecht wurde als an irgendeinem andern Orte. Der heilige Petrus konnte nicht verstehen, warum unser Herr, als er dorthin blickte, so vergnügt war, daß ihm die Freude förmlich aus den Augen leuchtete. So viele strenge und furchtbare Gesichter, wie er dort erblickte, glaubte er kaum je um einen Zechtisch versammelt gesehen zu haben. Und der Wirt bei dem Gastmahl, der am obern Tischende saß, war der entsetzlichste von allen. Er war ein etwa fünfunddreißigjähriger Mann, furchtbar groß und grob, mit einem roten Gesicht, das von Narben und Schrammen durchkreuzt war, mit harten Fäusten und einer starken, polternden Stimme.«

Hier hielt der Narr einen Augenblick inne, als fürchte er, weiterzugehen, aber Raniero und den andern machte es Spaß, von sich selbst sprechen zu hören, und sie lachten nur über seine Dreistigkeit.

»Du bist ein kecker Bursche«, sagte Raniero, »laß uns sehen, wo du hinauswillst!«

»Endlich«, fuhr der Narr fort, »sagte unser Herr ein paar Worte, aus denen Sankt Petrus erriet, was der Grund seiner Freude war. Er fragte Sankt Petrus, ob er fehlsähe oder ob es wirklich so wäre, daß einer der Ritter ein brennendes Licht neben sich hätte.«

Raniero zuckte bei diesen Worten zusammen. Erst jetzt wurde er böse auf den Narren und streckte die Hand nach einem schweren Trinkhumpen aus, um ihn ihm ins Gesicht zu schleudern, aber er bezwang sich, um zu hören, ob der Bursche zu seiner Ehre oder seiner Schande sprechen wollte.

»Sankt Petrus sah nun«, erzählte der Narr, »daß das Zelt im übrigen zwar mit Fackeln beleuchtet war, daß aber einer der Ritter wirklich eine brennende Wachskerze neben sich stehen hatte. Es war eine große dicke Kerze, eine Kerze, die bestimmt war, einen ganzen Tag und eine ganze Nacht zu brennen. Der Ritter, der keinen Leuchter hatte, worein er sie hätte stecken können, hatte eine ganze Menge Steine ringsherum aufgehäuft, damit das Licht stehen könnte.«

Die Tischgesellschaft brach bei diesen Worten in lautes Gelächter aus. Alle wiesen auf ein Licht, das neben Raniero auf dem Tische stand und ganz so aussah, wie der Narr es beschrieben hatte. Aber Raniero stieg das Blut zu Kopfe, denn dies war das Licht, das er vor ein paar Stunden am Heiligen Grabe hatte anzünden dürfen. Er hatte es nicht über sich gebracht, es auszulöschen.

»Als der heilige Petrus dieses Licht sah«, sagte der Narr, »wurde es ihm freilich klar, woran unser Herr seine Freude gehabt hatte, aber zugleich konnte er es nicht lassen, ihn ein wenig zu bemitleiden. ›Ja so‹, sagte er, ›das ist der Ritter, der heute morgen hinter Herrn Gottfried von Bouillon auf die Mauer sprang und am Abend sein Licht vor allen andern am Heiligen Grabe anzünden durfte.‹ – ›Ja, so ist es‹, sagte unser Herr, ›und wie du siehst, hat er sein Licht noch brennen.‹«

Der Narr sprach jetzt sehr rasch, während er ab und zu einen lauernden Blick auf Raniero warf: »Der heilige Petrus konnte es noch immer nicht lassen, unsern Herrn ein ganz klein wenig zu bemitleiden. ›Verstehst du denn nicht, warum er dieses Licht brennen hat?‹ sagte er. ›Du glaubst wohl, daß er an deine Qual und deinen Tod denke, wenn er es sieht. Aber er denkt an nichts anderes als an den Ruhm, den er errang, als er als der Tapferste im ganzen Heere nach Gottfried von Bouillon anerkannt wurde.‹«

Bei diesen Worten lachten alle Gäste Ranieros. Raniero war sehr zornig, aber er zwang sich, gleichfalls zu lachen. Er wußte, daß alle es lächerlich gefunden hätten, wenn er nicht ein bißchen Spaß vertragen hätte.

»Aber unser Herr widersprach dem heiligen Petrus«, sagte der Narr. »»Siehst du nicht, wie ängstlich er um das Licht besorgt ist?‹ fragte er. ›Er hält die Hand vor die Flamme, sobald jemand das Zelttuch lüftet, aus Furcht, daß die Zugluft es ausblasen könnte. Und er hat vollauf damit zu tun, die Nachtschmetterlinge zu verscheuchen, die herumfliegen und es zu verlöschen drohen.‹«

Es wurde immer herzlicher gelacht, denn was der Narr sagte, war die reine Wahrheit. Raniero fiel es immer schwerer, sich zu beherrschen. Es war ihm, als könne er es nicht ertragen, daß jemand mit der heiligen Lichtflamme seinen Scherz trieb.

»Der heilige Petrus war jedoch mißtrauisch«, fuhr der Narr fort. »Er fragte unseren Herrn, ob er diesen Ritter kenne. ›Er ist nicht gerade einer, der häufig zur Messe ginge oder den Betschemel abnützte‹, sagte er. Aber unser Herr ließ sich von seiner Meinung nicht abbringen. ›Sankt Petrus, Sankt Petrus!‹ sagte er feierlich. ›Merke dir, daß der Ritter hier fortan frommer werden wird als Gottfried! Von wo gehen Milde und Frömmigkeit aus, wenn nicht von meinem Grabe? Du wirst Raniero di Ranieri Witwen und notleidenden Gefangenen zu Hilfe kommen sehen. Du wirst sehen, wie er Kranke und Betrübte in seine Hut nimmt, so wie er jetzt die heilige Lichtflamme hütet.‹«

Darüber erhob sich ein ungeheures Gelächter. Es deuchte alle, die Ranieros Laune und Leben kannten, sehr spaßhaft. Aber ihm selbst waren der Scherz und das Gelächter ganz unleidlich. Er sprang auf und wollte den Narren zurechtweisen. Dabei stieß er so heftig an den Tisch, der nichts andres war als eine auf lose Böcke gelegte Tür, daß er wakkelte und das Licht umfiel. Es zeigte sich nun, wie sehr es Raniero am Herzen lag, das Licht brennend zu erhalten. Er dämpfte seinen Groll und nahm sich Zeit, das Licht aufzuheben und die Flamme anzufachen, bevor er sich auf den Narren stürzte. Aber als er mit dem Lichte fertig war, war der Narr schon aus dem Zelte geeilt, und Raniero sah ein, daß es nicht der Mühe lohne, ihn im nächtlichen Dunkel zu verfolgen. Ich treffe ihn wohl noch ein andermal, dachte er und setzte sich wieder.

Die Tischgäste hatten inzwischen weidlich gelacht, und einer von ihnen wollte den Spaß fortsetzen und wendete sich an Raniero. »Eins steht aber fest, Raniero, und das ist, daß du diesmal der Madonna in Florenz nicht das Kostbarste schicken kannst, was du im Kampfe errungen hast«, sagte er.

Raniero fragte, warum er glaube, daß er diesmal seinem alten Brauche nicht treu bleiben würde.

»Aus keinem andern Grunde«, sagte der Ritter, »als weil das Kostbarste, was du errungen hast, diese Lichtflamme ist, die du angesichts des ganzen Heeres in der Heiligen Grabeskirche entzünden durftest. Und die nach Florenz zu schicken, wirst du wohl nicht imstande sein.«

Wieder lachten die anderen Ritter, aber Raniero war jetzt in einer Laune, daß er das Verwegenste unternommen hätte, nur um ihrem Gelächter ein Ende zu machen. Er faßte rasch seinen Entschluß, rief einen alten Waffenträger zu sich und sagte zu ihm: »Mache dich zu langer Fahrt bereit, Giovanni! Morgen sollst du mit dieser heiligen Lichtflamme nach Florenz ziehen.«

Aber der Waffenträger weigerte sich schlankweg, diesen Befehl auszuführen. »Dies ist etwas, was ich nicht auf mich nehmen will«, sagte er. »Wie sollte es möglich sein, mit einer Lichtflamme nach Florenz zu reiten? Sie würde verlöschen, ehe ich noch das Lager verlasse.«

Raniero fragte einen seiner Mannen nach dem andern. Er erhielt von allen dieselbe Antwort. Sie schienen seinen Befehl kaum ernst zu nehmen.

Natürlich lachten die fremden Ritter, die seine Gäste waren, immer lauter und fröhlicher, je deutlicher es sich zeigte, daß keiner von den Mannen Ranieros Befehl ausführen wollte.

Raniero geriet in immer größere Erregung. Schließlich verlor er die Geduld und rief: »Diese Lichtflamme wird dennoch nach Florenz gebracht werden, und da kein andrer damit hinreiten will, werde ich es selbst tun.«

»Bedenke dich, bevor du so etwas versprichst!« sagte ein Ritter. »Du reitest von einem Fürstentum fort!«

»Ich schwöre euch, daß ich diese Lichtflamme nach Florenz bringen werde!« rief Raniero. »Ich werde tun, was kein anderer auf sich nehmen wollte.«

Der alte Waffenträger verteidigte sich: »Herr, für dich ist es ein ander Ding. Du kannst ein großes Gefolge mitnehmen, aber mich wolltest du allein ausschicken.«

Raniero jedoch war ganz außer sich und überlegte seine

Worte nicht. »Ich werde auch allein ziehen«, sagte er. Aber damit hatte Raniero sein Ziel erreicht. Alle im Zelte hatten zu lachen aufgehört. Sie saßen erschrocken da und starrten ihn an.

»Warum lacht ihr nicht mehr?« fragte Raniero. »Für einen tapferen Mann ist dies Beginnen wohl für nichts mehr zu achten als ein Kinderspiel.«

3

Am nächsten Morgen, bei Tagesgrauen, bestieg Raniero sein Pferd. Er trug die volle Rüstung, aber darüber hatte er einen groben Pilgermantel geworfen, damit das Eisenkleid von den Sonnenstrahlen nicht allzusehr erhitzt werde. Er war mit einem Schwert und einer Streitaxt bewaffnet und ritt ein gutes Pferd. Ein brennendes Licht hielt er in der Hand, und am Sattel hatte er ein paar große Bündel langer Wachskerzen befestigt, damit die Flamme nicht aus Mangel an Nahrung sterbe.

Raniero ritt langsam durch die überfüllte Zeltstraße, und so lange ging alles gut. Es war noch so früh, daß die Nebel, die aus den tiefen Tälern rings um Jerusalem aufgestiegen waren, sich nicht zerstreut hatten, und Raniero ritt wie durch eine weiße Nacht. Das ganze Lager schlief, und Raniero kam leicht an den Wachtposten vorbei. Keiner von ihnen rief ihn an, denn durch den dichten Nebel konnten sie ihn nicht sehen, und auf den Wegen lag fußhoher Staub, der die Schritte des Pferdes unhörbar machte.

Raniero war bald aus dem Bereiche des Lagers und schlug die Straße ein, die nach Joppe führte. Er hatte nun einen besseren Weg, aber er ritt noch immer ganz langsam, der Lichtflamme wegen. Die brannte schlecht in dem dichten Nebel, mit einem rötlichen, zitternden Schein. Und immer wieder kamen große Insekten, die mit knatternden Flügelschlägen gerade ins Licht stürzten. Raniero hatte vollauf damit zu tun, es zu hüten, aber er war guten Mutes und meinte noch immer, daß die Aufgabe, die er sich gestellt hätte, nicht schwerer wäre, als daß ein Kind sie bewältigen könnte.

Doch das Pferd ermüdete bei dem langsamen Trott und setzte sich in Trab. Da begann die Lichtflamme in der Zugluft zu zucken. Es half nichts, daß Raniero sie mit der Hand und mit dem Mantel zu schützen suchte. Er sah, daß sie ganz nahe dran war, zu erlöschen. Aber er war durchaus nicht gewillt, sein Vorhaben so bald aufzugeben. Er hielt das Pferd an und saß ein Weilchen still und grübelte. Schließlich sprang er aus dem Sattel und versuchte, sich rücklings daraufzusetzen, so daß er die Flamme mit seinem Körper vor Wind und Zug schützte. So gelang es ihm, sie brennend zu erhalten, aber er merkte jetzt, daß die Reise sich beschwerlicher gestalten würde, als er anfangs geglaubt hatte.

Als er die Berge, die Jerusalem umgeben, hinter sich gelassen hatte, hörte der Nebel auf. Er ritt nun durch die tiefste Einsamkeit. Es gab weder Menschen noch Häuser noch grüne Bäume oder Pflanzen, nur kahle Höhen.

Hier wurde Raniero von Räubern angefallen. Es war loses Gesindel, das dem Heere ohne Erlaubnis folgte und vom Rauben und Plündern lebte. Sie hatten hinter einem Hügel im Hinterhalt gelegen, und Raniero, der rücklings ritt, sah sie erst, als sie ihn schon umringt hatten und ihre Schwerter gegen ihn zückten.

Es waren etwa zwölf Männer, sie sahen recht jämmerlich aus und ritten auf erbärmlichen Pferden. Raniero sah gleich, daß es ihm nicht schwerfallen konnte, sich einen Weg durch die Schar zu bahnen und von dannen zu reiten. Aber er begriff, daß dies sich nicht tun ließe, ohne daß er das Licht von sich werfe. Und er wollte nach den stolzen Worten, die er heute nacht gesprochen hatte, nicht so leicht von seinem Vorsatz abstehen.

Er sah daher keinen anderen Ausweg, als mit den Räubern ein Übereinkommen zu schließen. Er sagte, daß es ihnen, da er wohlbewaffnet sei und ein gutes Pferd reite, schwerfallen würde, ihn zu überwinden, wenn er sich verteidige. Aber da er durch ein Gelöbnis gebunden sei, wolle er keinen Widerstand leisten, sondern sie dürften ohne Kampf alles nehmen, was sie begehrten, wenn sie nur versprächen, sein Licht nicht auszulöschen.

Die Räuber hatten sich auf einen harten Strauß gefaßt gemacht. Sie waren über Ranieros Vorschlag sehr erfreut und machten sich sogleich daran, ihn auszuplündern. Sie nahmen ihm Rüstung und Roß, Waffen und Geld. Das einzige, was sie ihm ließen, waren der grobe Mantel und die beiden Kerzenbündel. Sie hielten auch ehrlich ihr Versprechen, die Lichtflamme nicht zu löschen.

Einer von ihnen hatte sich auf Ranieros Pferd geschwungen. Als er merkte, wie gut es war, schien er ein wenig Mitleid mit dem Ritter zu empfinden. Er rief ihm zu: »Siehst du, wir wollen nicht gar zu hart gegen einen Christenmenschen sein. Du sollst mein altes Pferd haben, um darauf zu reiten.«

Es war eine elende Schindmähre und bewegte sich so starr und steif, als wenn sie aus Holz wäre.

Als die Räuber endlich verschwunden waren und Raniero daranging, sich auf den elenden Klepper zu setzen, sagte er zu sich selbst: »Ich muß wohl von dieser Lichtflamme verhext sein. Um ihretwillen reite ich nun wie ein toller Bettler meinen Weg.«

Er sah ein, daß es das klügste gewesen wäre, umzukehren, weil das Vorhaben wirklich unausführbar war. Aber ein so heftiges Verlangen, es zu vollbringen, war über ihn gekommen, daß er der Lust nicht widerstehen konnte, auszuharren.

Er zog also weiter. Noch immer sah er dieselben kahlen, lichtgelben Höhen um sich. Nach einer Weile ritt er an einem jungen Hirten vorbei, der vier Ziegen hütete. Als Raniero die Tiere auf dem nackten Boden weiden sah, fragte er sich, ob sie wohl Erde äßen.

Dieser Hirte hatte wahrscheinlich früher eine größere Herde besessen, die ihm von den Kreuzfahrern gestohlen worden war. Als er nun einen einsamen Christen heranreiten sah, suchte er ihm alles Böse zu tun, was er nur konnte.

Er stürzte auf ihn zu und schlug mit seinem Stab nach seinem Lichte. Raniero war von der Lichtflamme so gefesselt, daß er sich nicht einmal gegen einen Hirten verteidigen konnte. Er zog nur das Licht an sich, um es zu schützen. Der Hirte schlug noch ein paarmal danach, aber dann blieb er erstaunt stehen und hörte zu schlagen auf. Er sah, daß Ranieros Mantel in Brand geraten war, aber Raniero tat nichts, um das Feuer zu ersticken, solange die Lichtflamme in Gefahr war. Man sah es dem Hirten an, daß er sich schämte. Er folgte Raniero lange nach, und an einer Stelle, wo der Weg sehr schmal an zwei Abgründen vorüberging, kam er heran und führte sein Pferd.

Raniero lächelte und dachte, daß der Hirte ihn sicherlich für einen heiligen Mann halte, der eine Bußübung vornehme.

Gegen Abend begannen Raniero Menschen entgegenzukommen. Es war nämlich so, daß das Gerücht vom Falle Jerusalems sich schon während der Nacht die Küste entlang verbreitet hatte, und eine Menge Leute hatten sich sogleich bereit gemacht, hinzuziehen. Es waren Pilger, die schon jahrelang auf die Gelegenheit warteten, Jerusalem zu betreten, es waren nachgesendete Truppen, und vor allem waren es Kaufleute, die mit Wagenladungen von Lebensmitteln hineilten.

Als diese Scharen Raniero begegneten, der rücklings mit einem brennenden Lichte in der Hand geritten kam, riefen sie: »Ein Toller, ein Toller!« Die meisten waren Italiener, und Raniero hörte, wie sie in seiner eigenen Zunge riefen: Pazzo, pazzo!, was: ein Toller, ein Toller! bedeutet.

Raniero, der sich den ganzen Tag so wohl im Zaum zu halten verstanden hatte, wurde durch diese sich stets wiederholenden Rufe heftig gereizt. Mit einem Male sprang er aus dem Sattel und begann mit seinen Fäusten die Rufenden zu züchtigen. Als die Leute merkten, wie schwer die Schläge waren, die da fielen, entstand eine allgemeine Flucht, und er stand bald allein da.

Nun kam Raniero wieder zu sich selbst. »Wahrlich, sie hatten recht, als sie dich einen Tollen nannten«, sagte er, indem er sich nach dem Lichte umsah, denn er wußte nicht, was er damit angefangen hatte. Endlich sah er, daß es vom Wege in einen Graben gekollert war. Die Flamme war erloschen, aber er sah Feuer in einem trockenen Grasbüschel dicht daneben glimmen und begriff, daß das Glück ihn nicht verlassen hatte, denn das Licht mußte das Gras in Brand gesetzt haben, bevor es erloschen war.

Dies hätte leicht ein trauriges Ende großer Mühsal werden können, dachte er, während er das Licht entzündete und sich wieder in den Sattel schwang. Er fühlte sich recht gedemütigt. Es kam ihm jetzt nicht sehr wahrscheinlich vor, daß seine Fahrt gelingen würde.

Gegen Abend kam Raniero nach Ramle und ritt dort zu einem Hause, wo Karawanen Herberge für die Nacht zu suchen pflegten. Es war ein großer überbauter Hof. Ringsum waren kleine Verschläge, wo die Reisenden ihre Pferde einstellen konnten. Es gab keine Stuben, sondern die Menschen schliefen neben den Tieren.

Es war schon eine große Menschenmenge da, aber der Wirt schaffte doch Raum für Raniero und sein Pferd. Er gab auch dem Pferde Futter und dem Reiter Nahrung.

Als Raniero merkte, daß er so gut behandelt wurde, dachte er: Ich fange fast zu glauben an, daß die Räuber mir einen Dienst erwiesen haben, als sie mir meine Rüstung und mein Pferd raubten. Sicherlich komme ich mit meiner Bürde leichter durchs Land, wenn man mich für einen Wahnsinnigen hält.

Als Raniero das Pferd in den Stand geführt hatte, setzte er sich auf einen Bund Stroh und behielt das Licht in den Händen. Es war seine Absicht, nicht zu schlafen, sondern die ganze Nacht wachzubleiben.

Doch kaum hatte sich Raniero niedergesetzt, als er auch schon einschlummerte. Er war furchtbar müde, er streckte sich im Schlafe aus, so lang er war, und schlief bis zum Morgen.

Als er erwachte, sah er weder die Lichtflamme noch die Kerze. Er suchte im Stroh danach, aber fand sie nirgends.

»Jemand wird sie mir weggenommen und ausgelöscht haben«, sagte er. Und er versuchte zu glauben, daß er sich freue, weil alles aus war und er ein unmögliches Vorhaben nicht zu verfolgen brauchte.

Aber während er so dachte, empfand er zugleich eine innere Leere und Trauer. Es war ihm, als hätte er sich das Gelingen eines Vorsatzes nie sehnlicher gewünscht als eben diesmal.

Er führte das Pferd aus dem Stande, striegelte es und legte den Sattel auf.

Als er fertig war, kam der Wirt, dem die Karawanserei gehörte, mit einem brennenden Lichte auf ihn zu. Er sagte auf fränkisch: »Ich mußte dir gestern dein Licht nehmen, als du einschliefst, aber hier hast du es wieder.«

Raniero ließ sich nichts anmerken, sondern sagte ganz gelassen: »Es war klug von dir, daß du es ausgelöscht hast.«

»Ich habe es nicht ausgelöscht«, sagte der Mann. »Ich sah, daß du es brennen hattest, als du kamst, und ich glaubte, es sei von Gewicht für dich, daß es weiter brenne. Wenn du siehst, um wieviel es sich verringert hat, wirst du begreifen, daß es die ganze Nacht gebrannt hat.«

Raniero strahlte vor Freude.

Er rühmte den Wirt sehr und ritt in bester Laune weiter.

4

Als Raniero von Jerusalem aufbrach, hatte er den Seeweg von Joppe nach Italien nehmen wollen, aber er änderte diesen Entschluß, als die Räuber ihn um sein Geld plünderten, und beschloß, über Land zu ziehen.

Es war eine lange Reise. Er zog von Joppe nördlich, der Küste Syriens entlang. Dann ging die Fahrt nach Westen, längs der Halbinsel von Kleinasien. Dann wieder nördlich bis hinauf nach Konstantinopel. Und von dort hatte er noch eine ansehnliche Strecke Wegs bis Florenz.

Während dieser ganzen Zeit lebte Raniero von frommen Gaben.

Meistens waren es die Pilger, die nun in Massen nach Jerusalem strömten, die ihr Brot mit ihm teilten.

Obgleich Raniero fast immer allein ritt, waren seine Tage weder lang noch einförmig. Er hatte allezeit die Lichtflamme zu hüten und konnte sich um ihretwillen niemals ruhig fühlen. Es brauchte nur ein Wind, nur ein Regentropfen zu kommen, und es war um sie geschehen.

Während Raniero einsame Wege ritt und nur daran dachte, die Lichtflamme am Leben zu erhalten, kam es ihm in den Sinn, daß er schon einmal zuvor etwas Ähnliches erlebt hatte. Er hatte schon einmal zuvor einen Menschen über etwas wachen sehen, was ebenso verletzlich war wie eine Lichtflamme.

Dies schwebte ihm anfangs so undeutlich vor, daß er nicht recht wußte, ob es etwas war, was er geträumt hatte. Aber während er einsam durch das Land zog, kam der Gedanke, daß er schon einmal etwas Ähnliches miterlebt habe, unablässig wieder.

»Es ist, als hätt' ich mein ganzes Leben lang von nichts anderem gehört«, sagte er.

Eines Abends ritt Raniero in eine Stadt ein. Es dunkelte und die Frauen standen in den Türen und schauten nach ihren Männern aus. Da sah Raniero eine, die hoch und schlank war und ernste Augen hatte. Sie erinnerte ihn an Francesca degli Uberti.

In demselben Augenblick gelangte Raniero zur Klarheit, worüber er nachgegrübelt hatte. Er dachte, daß für Francesca ihre Liebe sicherlich wie eine Lichtflamme gewesen war, die sie immer brennend hatte erhalten wollen, und von der sie stets gefürchtet hatte, daß Raniero sie verlöschen würde. Er wunderte sich über diesen Gedanken, aber immer mehr ward es ihm zur Gewißheit, daß es sich so verhielt. Zum ersten Male begann er zu verstehen, warum Francesca ihn verlassen hatte und daß er sie nicht durch Waffentaten wiedererobern konnte.

Ranieros Reise wurde sehr langwierig. Und dies nicht zum wenigsten darum, weil er sie nicht fortsetzen konnte, wenn das Wetter ungünstig war. Dann saß er in der Karawanserei und bewachte die Lichtflamme. Das waren sehr harte Tage.

Eines Tages, als Raniero über den Berg Libanon ritt, sah er, daß sich die Wolken zu einem Unwetter zusammenzogen. Er war da hoch oben zwischen furchtbaren Klüften und Abstürzen, fern von allen menschlichen Behausungen. Endlich erblickte er auf einer Felsspitze ein sarazenisches Heiligengrab. Es war ein kleiner viereckiger Steinbau mit gewölbtem Dache. Es deuchte ihn am besten, seine Zuflucht dorthin zu nehmen.

Kaum war Raniero hineingekommen, als ein Schneesturm losbrach, der zwei Tage raste. Zugleich kam eine so furchtbare Kälte, daß er nahe daran war zu erfrieren.

Raniero wußte, daß es draußen auf dem Berge genug Zweige und Reisig gab, so daß es ein leichtes für ihn gewesen wäre, Brennstoff zu einem Feuer zu sammeln. Allein er hielt die Lichtflamme, die er trug, sehr heilig und wollte mit ihr nichts andres entzünden als die Lichter vor dem Altar der Heiligen Jungfrau.

Das Unwetter wurde immer ärger, und schließlich hörte er heftiges Donnern und sah Blitze.

Und ein Blitz schlug auf dem Berge dicht vor dem Grabe ein und entzündete einen Baum. Und so hatte Raniero eine Flamme, ohne daß er das heilige Feuer anzutasten brauchte.

Als Raniero durch einen öden Teil der Berggegend von Cilicien ritt, ging sein Licht zur Neige. Die Kerzenbündel, die er von Jerusalem mitgebracht hatte, waren längst aufgebraucht, aber er hatte sich doch weiterhelfen können, weil auf dem ganzen Wege christliche Gemeinden gewesen waren, wo er sich neue Lichter erbetteln konnte.

Aber nun war sein Vorrat zu Ende, und er glaubte, daß dies das Ende seiner Fahrt sein würde.

Als das Licht so tief herabgebrannt war, daß die Flamme seine Hand versengte, sprang er vom Pferde, sammelte

Reisig und trockenes Gras und entzündete dies mit dem letzten Überbleibsel der Flamme. Aber auf dem Berge fand sich nicht viel, was brennen konnte, und das Feuer mußte bald verlöschen.

Wie Raniero so saß und sich darüber betrübte, daß die heilige Flamme sterben mußte, hörte er vom Wege her Gesang, und eine Prozession von Wallfahrern kam mit Kerzen in den Händen den Pfad herangezogen. Sie waren auf dem Wege zu einer Grotte, in der ein heiliger Mann gelebt hatte, und Raniero schloß sich ihnen an. Unter ihnen befand sich auch eine Frau, die alt war und nur schwer gehen konnte, und Raniero half ihr und schleppte sie den Berg hinauf.

Als sie ihm dann dankte, machte er ihr ein Zeichen, daß sie ihm ihre Kerze geben möge. Und sie tat es, und auch mehrere andere schenkten ihm Kerzen, die sie trugen.

Er löschte die Lichter und eilte den Pfad hinunter und entzündete eines von ihnen an der letzten Glut des Feuers, das von der heiligen Flamme entzündet war.

Einmal um die Mittagsstunde war es sehr heiß, und Raniero hatte sich in ein Gebüsch schlafen gelegt. Er schlief tief, und das Licht stand zwischen ein paar Steinen neben ihm. Aber als Raniero ein Weilchen geschlafen hatte, begann es zu regnen, und dies dauerte ziemlich lange, ohne daß er erwachte. Als er endlich aus dem Schlummer auffuhr, war der Boden rings um ihn naß, und er wagte kaum zu dem Lichte hinzusehen, aus Furcht, daß es erloschen sein könnte.

Aber das Licht brannte still und ruhig mitten im Regen, und Raniero sah, daß dies daher kam, daß zwei kleine Vögelchen über der Flamme flogen und flatterten. Sie schnäbelten sich und hielten die Flügel ausgebreitet, und so hatten sie die Lichtflamme vor dem Regen geschützt.

Raniero nahm sogleich seine Kapuze ab und hing sie über das Licht. Dann streckte er die Hand nach den kleinen Vögeln aus, denn er hatte Lust, sie zu liebkosen. Und sieh da, keiner von ihnen flog von ihm fort, sondern er konnte sie einfangen.

Raniero staunte sehr, daß die Vögel keine Angst vor ihm hatten. Aber er dachte: das kommt daher, daß sie wissen, daß ich keinen andern Gedanken habe, als das zu schützen, was das Schutzbedürftigste ist, darum fürchten sie mich nicht.

Raniero ritt in der Nähe von Nicäa. Da begegnete er ein paar abendländischen Rittern, die ein Entsatzheer ins heilige Land führten. In dieser Schar befand sich auch Robert Taillefer, der ein wandernder Ritter und Troubadour war.

Raniero kam in seinem fadenscheinigen Mantel mit dem Lichte in der Hand herangeritten, und die Krieger begannen wie gewöhnlich zu rufen: »Ein Toller, ein Toller!« Aber Robert hieß sie schweigen und sprach den Reiter an: »Bist du lange so gezogen?« fragte er ihn.

»Ich bin so von Jerusalem hergeritten«, antwortete Raniero.

»Ist dein Licht nicht unterwegs oftmals erloschen?«

»An meiner Kerze brennt noch dieselbe Flamme, wie da ich von Jerusalem auszog«, sagte Raniero.

Da sprach Robert Taillefer zu ihm: »Ich bin auch einer von denen, die eine Flamme tragen, und ich wollte, daß sie ewig brennen könnte. Aber vielleicht kannst du, der du dein Licht brennend von Jerusalem hergebracht hast, mir sagen, was ich tun soll, damit sie nicht erlösche.«

Da erwiderte Raniero: »Herr, das ist ein schweres Beginnen, obgleich es von geringem Gewicht scheint. Ich will Euch wahrlich nicht zu solch einem Vorhaben raten. Denn diese kleine Flamme verlangt von Euch, daß Ihr ganz aufhört, an etwas anderes zu denken. Sie gestattet Euch nicht, eine Liebste zu haben, falls Ihr zu derlei geneigt sein solltet, auch dürft Ihr es um dieser Flamme willen nicht wagen, Euch bei einem Trinkgelage niederzulassen. Ihr dürft nichts anderes im Sinne haben als eben diese Flamme, und keine andre Freude darf Euch eigen sein. Aber warum ich Euch vor allem abrate, dieselbe Fahrt zu tun, die ich nun versucht habe, das ist, weil Ihr Euch keinen Augenblick sicher fühlen könnt. Aus wie vielen Gefahren Ihr auch die Flamme gerettet haben mögt, Ihr dürft Euch keinen Augenblick geborgen wähnen, sondern Ihr müßt darauf gefaßt sein, daß sie Euch im nächsten Augenblick entrissen werde.«

Raniero war nach Italien gekommen. Er ritt eines Tages auf einsamen Pfaden durch das Gebirge. Da kam ihm eine Frau nachgeeilt und bat ihn um Feuer von seinem Lichte. »Bei mir ist das Feuer erloschen«, sagte sie, »meine Kinder hungern. Leihe mir Feuer, damit ich meinen Ofen wärmen und ihnen Brot backen kann!«

Sie streckte die Hand nach dem Lichte aus, aber Raniero entzog es ihr, weil er nicht zulassen wollte, daß etwas andres an dieser Flamme entzündet werde als die Lichter vor dem Bilde der Heiligen Jungfrau.

Da sagte die Frau zu ihm: »Gib mir Feuer, Pilger, denn meiner Kinder Leben ist die Flamme, die brennend zu bewahren mir auferlegt ist!« Und um dieser Worte willen ließ Raniero sie den Docht ihrer Lampe an seiner Flamme entzünden.

Einige Stunden später ritt Raniero in ein Dorf. Es lag hoch oben auf dem Berge, so daß bittre Kälte dort herrschte. Ein junger Bauer stand am Wege und sah den armen Mann, der in seinem fadenscheinigen Rocke geritten kam. Rasch nahm er den kurzen Mantel ab, den er trug, und warf ihn dem Reiter zu. Aber der Mantel fiel gerade auf das Licht und löschte die Flamme.

Da erinnerte sich Raniero an die Frau, die Feuer von ihm geliehen hatte. Er kehrte zu ihr zurück und entzündete sein Licht wiederum mit dem heiligen Feuer.

Als er weiterreiten wollte, sagte er zu ihr: »Du sagst, die Lichtflamme, die du zu hüten hast, sei das Leben deiner Kinder. Kannst du mir sagen, welchen Namen die Lichtflamme trägt, die ich so weither bringe?

»Wo wurde deine Lichtflamme entzündet?« fragte die Frau.

»Sie wurde an Christi Grab entzündet.«

»Dann kann sie wohl nicht anders heißen als Milde und Menschenliebe«, sagte sie.

Raniero mußte über die Antwort lachen. Er deuchte sich ein seltsamer Apostel für solche Tugenden.

Raniero ritt zwischen blauen Hügeln von schöner Gestalt. Er sah, daß er sich in der Nähe von Florenz befand.

Er dachte daran, daß er nun bald von der Lichtflamme befreit sein würde. Er erinnerte sich an sein Zelt in Jerusalem, das er voll Kriegsbeute zurückgelassen hatte, und an die tapferen Krieger, die er noch in Palästina hatte und die sich freuen würden, wenn er das Kriegerhandwerk wieder aufnähme und sie zu Siegen und Eroberungen führte.

Da merkte Raniero, daß er keineswegs Freude empfand, wenn er daran dachte, sondern daß seine Gedanken lieber eine andre Richtung nahmen.

Raniero sah zum ersten Male ein, daß er nicht mehr derselbe Mann war, als der er Jerusalem verlassen hatte. Dieser Ritt mit der Lichtflamme hatte ihn gezwungen, sich an allen zu freuen, die friedfertig und klug und barmherzig waren, und die Wilden und Streitsüchtigen zu verabscheuen. Er wurde jedesmal froh, wenn er an Menschen dachte, die friedlich in ihrem Heim arbeiteten, und es ging ihm durch den Sinn, daß er gern in seine alte Werkstatt in Florenz einziehen und schöne, kunstreiche Arbeit verfertigen wolle.

Wahrlich, diese Flamme hat mich umgewandelt, dachte er. Ich glaube, sie hat einen andern Menschen aus mir gemacht.

5

Es war Ostern, als Raniero in Florenz einritt.

Kaum war er durch das Stadttor gekommen, rücklings reitend, die Kapuze über das Gesicht gezogen und das brennende Licht in der Hand, als auch schon ein Bettler aufsprang und das gewohnte »Pazzo, pazzo!« rief.

Auf diesen Ruf stürzte ein Gassenjunge aus einem Tor-weg, und ein Tagedieb, der die längste Zeit nichts andres zu tun gehabt hatte, als dazuliegen und den Himmel anzuguk-ken, sprang auf seine Füße. Und beide begannen dasselbe zu rufen: »Pazzo, pazzo!« Da ihrer nun drei waren, die schrien, so machten sie Lärm genug, um alle Burschen aus der ganzen Straße aufzuscheuchen. Diese kamen aus Ecken und Winkeln herbeigestürzt, und sowie sie Raniero in sei-nem fadenscheinigen Mantel auf seinem elenden Klepper gewahrten, riefen sie: »Pazzo, pazzo!«

Aber dies war nichts andres, als woran Raniero schon gewöhnt war. Er ritt durch die Gasse, ohne die Schreier zu beachten.

Sie begnügten sich jedoch nicht damit, zu rufen, sondern einer von ihnen sprang in die Höhe und versuchte das Licht auszublasen.

Raniero hob das Licht empor. Zugleich versuchte er, das Pferd anzutreiben, um den Jungen zu entkommen. Doch die hielten gleichen Schritt mit ihm und taten alles, was sie konnten, um das Licht auszulöschen.

Je mehr Raniero sich anstrengte, die Flamme zu behüten, desto eifriger wurden sie. Sie sprangen einander auf den Rücken, sie bliesen die Backen auf und pusteten. Sie warfen ihre Mützen nach dem Licht. Nur weil ihrer so viele waren und sie einander wegdrängten, gelang es ihnen nicht, die Lichtflamme zu töten.

Auf der Gasse herrschte das fröhlichste Treiben. An den Fenstern standen Leute und lachten. Niemand fühlte Mit-leid mit dem Verrückten, der seine Lichtflamme verteidigen wollte. Es war Kirchenzeit, und viele Kirchenbesucher wa-ren auf dem Wege zur Messe. Auch sie blieben stehen und lachten über den Spaß.

Aber nun stand Raniero aufrecht im Sattel, um das Licht zu bergen. Er sah wild aus. Die Kapuze war hinabgesunken, und man sah sein Gesicht, das bleich und abgezehrt war wie das eines Märtyrers. Das Licht hielt er erhoben, so hoch er vermochte.

Die ganze Gasse war ein einziges Gewühl. Auch die Älteren begannen an dem Spiele teilzunehmen. Die Frauen wehten mit ihren Kopftüchern, und die Männer schwenkten die Barette. Alle arbeiteten daran, das Licht zu verlöschen.

Raniero ritt nun an einem Hause vorbei, das einen Altan hatte. In diesem stand eine Frau. Sie beugte sich über das Geländer, riß das Licht an sich und eilte damit hinein.

Das ganze Volk brach in Gelächter und Jubel aus, aber Raniero wankte im Sattel und stürzte auf die Straße.

Aber wie er da ohnmächtig und geschlagen lag, wurde die Straße sogleich menschenleer.

Keiner wollte sich des Gefallenen annehmen. Sein Pferd allein blieb neben ihm stehen.

Sowie die Volksmenge sich von der Straße zurückgezogen hatte, kam Francesca degli Uberti mit einem brennenden Lichte in der Hand aus ihrem Hause. Sie war noch schön, ihre Züge sanft, und ihre Augen ernst und tief.

Sie ging auf Raniero zu und beugte sich über ihn. Raniero lag bewußtlos, aber in dem Augenblick, in dem der Lichtschein auf sein Antlitz fiel, machte er eine Bewegung und fuhr auf. Es sah aus, als ob die Lichtflamme alle Macht über ihn hätte.

Als Francesca sah, daß er zur Besinnung erwacht war, sagte sie: »Hier hast du dein Licht. Ich entriß es dir, weil ich sah, wie sehr es dir am Herzen lag, es brennend zu erhalten. Ich wußte keinen andern Weg, um dir zu helfen.«

Raniero hatte sich beim Fallen übel zugerichtet. Aber nun konnte niemand ihn halten. Er begann sich langsam aufzurichten. Er wollte gehen, schwankte aber und war nahe daran, wieder zu fallen. Da versuchte er sein Pferd zu besteigen. Francesca half ihm. »Wo willst du hin?« fragte sie, als er wieder im Sattel saß.

»Ich will zur Domkirche«, sagte er.

»Dann will ich dich geleiten«, sagte sie, »denn ich gehe zur Messe.« Und sie nahm den Zügel und führte das Pferd.

Francesca hatte Raniero vom ersten Augenblick an erkannt. Aber Raniero sah nicht, wer sie war, denn er gönnte sich nicht die Zeit, sie zu betrachten. Er hielt den Blick nur auf die Lichtflamme geheftet.

Auf dem Wege sprachen sie kein Wort. Raniero dachte nur an die Lichtflamme, daran, sie in diesen letzten Augenblicken wohl zu hüten. Francesca konnte nicht sprechen, weil sie es deuchte, daß sie nicht klaren Bescheid über das haben wolle, was sie fürchtete. Sie konnte nichts anderes glauben, als daß Raniero wahnsinnig heimgekommen wäre. Aber obgleich sie beinahe davon überzeugt war, wollte sie doch lieber nicht mit ihm sprechen, um nicht volle Gewißheit zu erlangen.

Nach einer Weile hörte Raniero, wie jemand neben ihm weinte. Er sah sich um und merkte, daß es Francesca degli Uberti war, die neben ihm ging, und wie sie so ging, weinte sie. Aber Raniero sah sie nur einen Augenblick und sagte nichts zu ihr. Er wollte nur an die Lichtflamme denken.

Raniero ließ sich zur Sakristei führen. Da stieg er vom Pferde. Er dankte Francesca für ihre Hilfe, sah aber noch immer nicht sie an, sondern das Licht. Er ging allein in die Sakristei zu den Geistlichen.

Francesca trat in die Kirche. Es war Karsamstag, und alle Lichter in der Kirche standen unentzündet auf ihren Altären, zum Zeichen der Trauer. Francesca deuchte es, daß auch bei ihr jede Flamme der Hoffnung, die einst in ihr gebrannt hatte, erloschen wäre.

In der Kirche ging es sehr feierlich zu. Vor dem Altare standen viele Priester. Zahlreiche Domherren saßen im Chore, der Bischof zuoberst unter ihnen.

Nach einer Weile merkte Francesca, daß unter den Geistlichen eine Bewegung entstand. Beinahe alle, die nicht bei der Messe anwesend sein mußten, erhoben sich und gingen in die Sakristei. Schließlich ging auch der Bischof.

Als die Messe zu Ende war, betrat ein Geistlicher den Chor und begann zum Volke zu sprechen. Er erzählte, daß Raniero di Ranieri mit heiligem Feuer aus Jerusalem nach

Florenz gekommen war. Er erzählte, was der Ritter auf dem Wege geduldet und erlitten hatte. Und er pries ihn über alle Maßen.

Die Menschen saßen staunend da und hörten dies. Francesca hatte nie eine so selige Stunde erlebt. »Oh, Gott«, seufzte sie, »dies ist mehr Glück, als ich tragen kann.« Ihre Tränen strömten, während sie lauschte. Der Priester sprach lange und beredt. Zum Schlusse sagte er mit mächtiger Stimme: »Nun kann es gewißlich eine geringe Sache scheinen, daß eine Lichtflamme hierher nach Florenz gebracht wurde. Aber ich sage euch: Betet zu Gott, daß er Florenz viele Träger des ewigen Feuers schenke, dann wird es eine große Macht werden und gebenedeit unter den Städten.«

Als der Priester zu Ende gesprochen hatte, wurden die Haupttore der Domkirche weit geöffnet, und eine Prozession, so gut sie sich in aller Eile hatte ordnen können, zog herein. Da gingen Domherren und Mönche und Geistliche, und sie zogen durch den Mittelgang zum Altare. Zuallerletzt ging der Bischof und an seiner Seite Raniero in demselben Mantel, den er auf dem ganzen Wege getragen hatte.

Aber als Raniero über die Schwelle der Kirche trat, stand ein alter Mann auf und ging auf ihn zu. Es war Oddo, der Vater eines Gesellen, den Raniero in seiner Werkstatt gehabt hatte und der sich um seinetwillen erhängt hatte.

Als dieser Mann zum Bischof und zu Raniero gekommen war, neigte er sich vor ihnen. Hierauf sagte er mit so lauter Stimme, daß alle in der Kirche ihn hörten: »Es ist eine große Sache für Florenz, daß Raniero mit heiligem Feuer von Jerusalem gekommen ist. Solches ist nie zuvor vernommen worden. Vielleicht, daß darum auch manche sagen werden, es sei unmöglich. Darum bitte ich, daß man das ganze Volk wissen lasse, welche Beweise und Zeugen Raniero dafür gebracht hat, daß dies wirklich Feuer ist, das in Jerusalem entzündet wurde.«

Als Raniero diese Worte vernahm, sagte er: »Nun helfe mir Gott. Wie könnte ich Zeugen haben? Ich habe den Weg allein gemacht. Wüsten und Wildnisse mögen kommen und für mich zeugen.«

»Raniero ist ein ehrlicher Ritter«, sagte der Bischof, »und wir glauben ihm auf sein Wort.«

»Raniero hätte wohl selbst wissen können, daß hierüber Zweifel entstehen würden«, sagte Oddo. »Er wird wohl nicht ganz allein geritten sein. Seine Knappen können wohl für ihn zeugen.«

Da trat Francesca degli Uberti aus der Volksmenge und eilte auf Raniero zu. »Was braucht es Zeugen?« rief sie. »Alle Frauen von Florenz wollen einen Eid ablegen, daß Raniero die Wahrheit spricht.«

Da lächelte Raniero, und sein Gesicht erhellte sich für einen Augenblick. Aber dann wendete er seine Blicke und seine Gedanken wieder der Lichtflamme zu.

In der Kirche entstand ein großer Aufruhr. Einige sagten, daß Raniero die Lichter auf dem Altar nicht entzünden dürfe, ehe seine Sache bewiesen war. Zu diesen gesellten sich viele seiner alten Feinde.

Da erhob sich Jacopo degli Uberti und sprach für Ranieros Sache. »Ich denke, daß alle hier wissen, daß zwischen mir und meinem Eidam nicht allzu große Freundschaft geherrscht hat«, sagte er, »aber jetzt wollen sowohl ich wie meine Söhne uns für ihn verbürgen. Wir glauben, daß er die Tat vollbracht hat, und wir wissen, daß er, der es vermocht hat, ein solches Unternehmen auszuführen, ein weiser, behutsamer und edelgesinnter Mann ist, den wir uns freuen in unsrer Mitte aufzunehmen.«

Aber Oddo und viele andre waren nicht gesonnen, Raniero das Glück, das er erstrebte, zu gönnen. Sie sammelten sich in einem dichten Haufen, und es war leicht zu sehen, daß sie von ihrer Forderung nicht abstehen wollten.

Raniero begriff, daß sie, wenn es nun zum Kampfe käme, gleich versuchen würden, nach der Lichtflamme zu trachten. Während er die Blicke fest auf seine Widersacher geheftet hielt, hob er das Licht so hoch empor, als er nur konnte.

Er sah todmüde und verzweifelt aus. Man sah ihm an, daß er, wenn er auch so lange wie möglich aushalten wollte, doch nur eine Niederlage erwartete. Was frommte es ihm nun, wenn er die Flamme entzünden dürfte. Oddos Worte waren ein Todesstreich gewesen. Wenn der Zweifel einmal geweckt war, dann mußte er sich verbreiten und wachsen. Es deuchte ihn, daß Oddo schon die Lichtflamme für alle Zeit gelöscht hätte.

Ein kleines Vöglein flatterte durch die großen geöffneten Tore in die Kirche. Es flog geradewegs auf Ranieros Licht zu. Dieser konnte es nicht so rasch zurückziehen, und der Vogel stieß daran und löschte die Flamme.

Ranieros Arm sank herunter, und die Tränen traten ihm in die Augen. Aber im ersten Augenblick empfand er dies als eine Erleichterung. Es war besser, als daß Menschen sie getötet hätten. Das kleine Vöglein setzte seinen Flug in die Kirche fort, verwirrt hin und her flatternd, wie Vögel zu tun pflegen, wenn sie in einen geschlossenen Raum kommen. Da brauste mit einem Male durch die ganze Kirche der laute Ruf: »Der Vogel brennt! Die heilige Lichtflamme hat seine Flügel entzündet!«

Der kleine Vogel piepste ängstlich. Er flog ein paar Augenblicke wie eine flatternde Flamme unter den hohen Wölbungen des Chors umher. Dann sank er rasch und fiel tot vor dem Altar der Madonna nieder. Aber in demselben Augenblick, wo der Vogel auf den Altar niederfiel, stand Raniero da. Er hatte sich einen Weg durch die Kirche gebahnt, nichts hatte ihn halten können. Und an den Flammen, die die Schwingen des Vogels verzehrten, entzündete er die Kerzen vor dem Altar der Heiligen Jungfrau.

Da erhob der Bischof seinen Stab und rief: »Gott wollte es! Gott hat für ihn gezeugt!«

Von Raniero ist noch zu berichten, daß er hinfort seiner Lebtag großes Glück genoß und weise, behutsam und barmherzig war. Aber das Volk von Florenz nannte ihn immer Pazzo di Raniero, zur Erinnerung daran, daß man ihn für toll gehalten hatte. Und dies ward ein Ehrentitel für ihn. Er gründete ein edles Geschlecht, und dieses nahm den Namen Pazzi an, und so nennt es sich noch heute.

Es mag weiter berichtet werden, daß es in Florenz Sitte wurde, jedes Jahr am Karsamstag ein Fest zur Erinnerung an Ranieros Heimkunft mit dem heiligen Feuer zu feiern, und daß man dabei immer einen künstlichen Vogel mit Feuer durch den Dom fliegen läßt. Und so wird dieses Fest wohl auch noch in diesem Jahr begangen worden sein, wenn nicht ganz vor kurzem eine Änderung eingetreten ist.

Aber ob es wahr ist, wie viele meinen, daß die Träger heiligen Feuers, die in Florenz gelebt und die Stadt zu einer der herrlichsten der Erde gemacht haben, ihr Vorbild in Raniero fanden und dadurch ermutigt wurden, zu opfern, zu leiden und auszuharren, dies mag hier ungesagt bleiben.

Denn was von dem Lichte bewirkt wurde, das in dunklen Zeiten von Jerusalem ausgegangen ist, läßt sich weder messen noch zählen.

LEGENDEN AUS ITALIEN UND DEM HEILIGEN LAND

Der Fischerring

Um die Regierungszeit des Dogen Gradenigo lebte in Venedig ein alter Fischer namens Cecco. Er war einst sehr stark gewesen und noch jetzt rüstig für sein Alter, aber in der letzten Zeit hatte er doch aufgehört zu arbeiten. Er ließ sich von seinen zwei Söhnen erhalten. Er war sehr stolz auf diese Söhne und liebte sie, aber er hatte sie auch fast allein aufgezogen. Ihre Mutter war früh gestorben, und so hatte Cecco für alles sorgen müssen. Er hatte ihnen Kleider und Essen gegeben; er hatte mit Nadel und Faden im Boot gesessen und genäht und geflickt und gar nicht danach gefragt, ob man ihn darum verlachte. Er allein hatte sie auch alles gelehrt, was ihnen zu wissen not tat. Ein paar tüchtige Fischer hatte er aus ihnen gemacht und sie dazu erzogen, Gott und San Marco zu ehren.

»Vergeßt nicht«, sagte er zu ihnen, »daß Venedig sich nie aus eigener Kraft erhalten könnte. Seht es an! Ist es nicht auf Wellen erbaut? Seht euch die niedrigen Inseln auf der Landseite an, wo das Wasser zwischen dem Seegras auf und nieder schaukelt. Ihr würdet den Fuß nicht hinsetzen wollen, und doch ruht auf solchem schwanken Grunde die ganze Stadt. Und wißt ihr nicht, daß der Nordsturm die Macht hat, Kirchen und Paläste ins Meer zu stürzen? Wißt ihr nicht, daß wir Feinde von so großer Gewalt haben, daß alle Fürsten der Christenheit sie nicht zu besiegen vermöchten? Darum sollt ihr allezeit zu San Marco beten, denn er ist es, der mit starker Hand Venedig über den Meerestiefen schwebend erhält.«

Abends wenn das Mondlicht auf Venedig fiel, wenn sie sachte den Canale Grande hinaufglitten und die Gondeln voller Sänger waren; wenn die Paläste erblichen und tausend Lichtstreifen über dem dunklen Wasser lagen, dann erinnerte er sie immer daran, daß sie für Leben und Glück San Marco zu preisen hätten. Aber er vergaß seiner auch am Tage nicht. Wenn sie von einem Fischfang heimkamen und über das lichtblaue und goldglänzende Lagunenwasser glitten, wenn die Stadt sich vor ihnen auf den Wellen schwebend erhob, wenn die großen Schiffe hafenaus und hafenein glitten und der Dogenpalast ihnen entgegenleuchtete wie ein großer, verschlossener Schmuckschrein, in dem alle Schätze der Welt verwahrt lagen, dann vergaß er nie, ihnen einzuprägen, daß dies alles San Marcos Gaben wären und daß alles vergehen würde, wenn ein einziger Venezianer undankbar genug wäre, ihn nicht mehr andächtig zu verehren.

Nun geschah es, daß die Söhne sich eines Tages auf einen großen Fischzug auf das offene Meer begaben. Sie waren in Gesellschaft, hatten eine prächtige Schaluppe und gedachten, einige Tage fortzubleiben. Das Wetter war schön, und sie hofften, einen guten Fang zu machen.

Als sie draußen auf dem Meer waren, stiegen einige Fischer in ein Boot und ruderten von der Schaluppe fort, um die Netze auszuwerfen. Es war heller Sonnenschein; niemand dachte an eine Gefahr. Sie hatten ein gutes Boot und waren seetüchtige Leute.

Nach einer Weile jedoch merkten die auf der Schaluppe Zurückgebliebenen, daß sich das Meer und der Himmel im Norden rasch verdunkelten. Sie begriffen, daß Nordwind im Anzuge war, und begannen, nach den Kameraden zu rufen, aber diese waren schon zu weit entfernt, um die Warnung zu hören.

Der Wind erreichte zuerst das Boot. Als die Fischer plötzlich die Wellen sahen, stellte sich einer von ihnen auf und winkte den Kameraden auf der Schaluppe, aber in demselben Augenblick taumelte er rücklings ins Meer. Gleich darauf kam eine Woge, die das Boot ganz auf die Spitze stellte, und man sah, wie die Leute gleichsam von den Ruderbänken geschüttelt und ins Meer geschleudert wurden. Alles war in einem Moment verschwunden. Dann kam das

Boot mit umgekehrtem Kiel wieder zum Vorschein. Man versuchte nun, die Schaluppe an die Unglücksstelle zu bringen, aber man vermochte nicht, gegen den Wind zu arbeiten.

Es war ein furchtbarer Sturm, der über das Meer kam, und die Fischer in der Schaluppe hatten bald genug mit ihrer eigenen Rettung zu tun. Sie kehrten aber doch glücklich heim und erzählten das Unglück. Ceccos beide Söhne und drei andere waren umgekommen.

Lieber Gott, wie sich doch alles fügen kann! Cecco war an demselben Morgen hinunter zur Rialtobrücke gegangen, um sich den Fischhandel anzusehen. Er ging zwischen den Fischständen hin und her und brüstete sich wie ein Edelmann, weil er nicht zu arbeiten brauchte. Ja, er nahm sogar ein paar alte Fischer in eine Osteria mit und lud sie zu einem Becher Weines ein.

Er setzte sich breit auf die Bank und prahlte mit seinen Söhnen. Er geriet in so gute Laune, daß er die Zechine herausnahm, die er vom Dogen bekommen hatte, weil er ein Kind vor dem Ertrinken im Canale Grande gerettet hatte. Er hielt große Stücke auf die stattliche Goldmünze. Er trug sie immer bei sich und zeigte sie, sobald sich eine Gelegenheit dazu bot. Da kam ein Mann herein und begann von dem Unglück zu erzählen, ohne auf Cecco zu achten. Aber er hatte noch nicht lange gesprochen, als der Fischer sich über ihn warf und ihn an der Kehle packte.

»Du willst doch nicht sagen, daß sie tot sind«, schrie er ihn an, »nicht meine Söhne, hörst du, nicht meine Söhne!«

Der Mann riß sich los, aber Cecco gebärdete sich, als hätte er den Verstand verloren.

Die Vorübergehenden hörten ihn schreien und wehklagen; sie drängten sich in die Osteria und standen im Kreise um ihn herum wie um einen Gaukler.

Cecco lag auf dem Boden und krümmte sich. Er schlug mit der Hand auf den harten Stein und rief einmal ums andere: »Das ist San Marco, San Marco, San Marco.«

»Ah, Cecco, du bist durch deinen Schmerz von Sinnen«, sagte man zu ihm.

»Ich wußte, es würde draußen auf dem Meere geschehen«, sagte Cecco, »ich wußte, es würde geschehen. San Marco würde sie dort ereilen. Er trug ihnen Groll nach. Ich habe es lange gefürchtet. Ja«, sagte er, ohne auf die Beruhigungen der anderen zu hören, »sie haben ihn einmal verlacht, als wir draußen waren. Er hatte es nicht vergessen. Er duldet es nicht, daß man ihn verlacht.«

Cecco ließ seine verwirrten Blicke rings über die Umstehenden wandern, als suche er Hilfe. »Hörst du, Beppo von Malamocco«, sagte er und reichte einem großen Fischer die Hand hin, »glaubst du nicht, daß es San Marco war?«

»Denke doch nur nicht so etwas, Cecco!«

»Du sollst hören, wie es war, Beppo. Siehst du, als meine Kinder noch klein waren, lagen wir einmal draußen auf dem Meere, und damit uns die Zeit nicht lang würde, erzählte ich ihnen, wie San Marco nach Venedig gekommen ist. San Marco, der Evangelist, sagte ich ihnen, lag zuerst in einem schönen Dome zu Alexandria in Ägypten begraben. Aber die Stadt kam in die Hände der Ungläubigen, und ihr Kalif befahl, einen prächtigen Palast in Alexandria zu erbauen und Säulen aus den Kirchen der Christen zu nehmen, um ihn zu schmücken. Aber gerade um diese Zeit weilten zwei venezianische Kaufleute im Hafen von Alexandria mit zehn reich beladenen Schiffen. Als diese Männer in die Kirche kamen, wo San Marco begraben lag, und von dem Befehle des Kalifen vernahmen, sagten sie zu den betrübten Priestern: ›Die kostbare Leiche, die ihr in eurer Kirche habt, ist in Gefahr, von den Sarazenen entweiht zu werden. Gebt sie uns! Wir wollen sie ehren, denn San Marco war der erste, der das Christentum auf den Lagunen predigte, und der Doge wird euch belohnen.‹ Da gaben die Priester ihre Zustimmung. Damit die Christen Alexandrias sich dem Vorhaben nicht widersetzten, legten sie die Leiche eines anderen heiligen Mannes in den Sarg des Evangelisten. Aber damit die Sarazenen auch nicht erführen, daß die Leiche fortgebracht wurde, legten sie sie auf den Boden einer großen Kiste und bedeckten sie mit Schinken und Rauchfleisch, dessen Geruch die Sarazenen nicht vertragen konnten, so daß die Zollwächter, als sie den Deckel der Kiste öffneten, wegeilten. Aber die beiden Kaufleute brachten San Marco unversehrt nach Venedig. Du kennst ja die Erzählung, Beppo.«

»Ja gewiß, Cecco.«

»Ja, aber nun sollst du hören«, und Cecco richtete sich halb auf und sprach mit dumpfer Stimme: »als ich erzählte, daß der Heilige unter dem Speck gelegen hat, begannen die Jungen aus vollem Halse zu lachen. Ich hieß sie schweigen, aber sie lachten nur um so mehr. Giacomo lag flach im Vordersteven, und Pietro ließ die Beine über den Bootsrand hängen; und sie lachten so, daß man es weit übers Meer hinaus hörte.« – »Nun, aber Cecco, zwei Kinder werden doch wohl lachen dürfen.«

»Aber begreifst du denn nicht, daß sie heute dort gestorben sind. An derselben Stelle! Könntest du sonst begreifen, warum sie gerade dort sterben mußten?« Nun begannen sie alle zu sprechen und ihn zu trösten. Es sei sein Schmerz, der ihn irre leite. San Marco sei nicht so. Er nehme nicht Rache an zwei Kindern. Es sei ja natürlich, daß ein Boot auf offnem Meere in den Sturm gerate und nicht im Hafen.

Nein, seine Söhne hätten nicht in Feindschaft mit San Marco gelebt. Sie hätten ebenso eifrig wie jeder andere »Evviva San Marco« gerufen.

»Aber du, Cecco«, sagten sie, »du bringst Unglück über uns mit deinen Reden über San Marco. Du bist doch ein alter und weiser Mann, du solltest es besser wissen und ihn nicht gegen die Venezianer aufreizen. Was sind wir ohne ihn?«

Cecco saß da und sah sie mit verwirrten Blicken an. »Ihr glaubt es also nicht?« sagte er.

»Kein vernünftiger Mensch kann so etwas glauben.« Es sah aus, als wäre es ihnen geglückt, ihn zu beruhigen.

»Ich will auch versuchen, es nicht zu glauben«, sagte er,

stand auf und ging zur Tür. »Es wäre zu grausam, nicht wahr? Sie waren zu schön und zu frisch, als daß jemand sie hätte hassen können. Ich will es nicht glauben.«

Er ging heim, und in dem Gäßchen vor seiner Tür traf er eine Nachbarsfrau.

»Sie lesen jetzt eben im Dom die Seelenmesse«, sagte sie zu Cecco und eilte fort. Sie hatte Furcht vor seinem Aussehen.

Da nahm Cecco das Boot und steuerte durch die kleinen Kanäle, bis er freien Ausblick hatte. Dort sah er nach dem Meere hinaus. Ach, es war ein tüchtiger Wind, aber wahrlich kein Sturm. Und in solchem Wetter sollten seine Söhne ihr Leben eingebüßt haben? Es war unbegreiflich.

Er machte das Boot fest und ging über die Piazzetta in die Markuskirche hinein. Dort war viel Volk, und alle lagen auf den Knien und beteten in großer Herzensangst.

Cecco fiel nicht auf die Knie, sondern blieb stehen. Er erinnerte sich, wie er mit seinen kleinen Söhnen hierhergekommen war und sie gelehrt hatte, zu San Marco zu beten.

»Er ist es, der uns über die Meere führt, er ist es, der uns die Pforten von Byzanz geöffnet und uns die Herrschaft über die Inseln des Ostens geschenkt hat«, hatte er zu ihnen gesagt. Zum Dank dafür hatten die Venezianer San Marco den schönsten Tempel der Welt erbaut. Nie kehrte ein Schiff von einem ausländischen Hafen heim, ohne eine Gabe für die Kirche mitzubringen.

Dann hatten sie sich alle drei an den roten Marmorwänden des Domes erfreut und an der goldnen, mosaikgezierten Decke. Und er hatte ihnen gesagt, daß kein Unglück eine Stadt treffen könnte, die ihrem Schutzherrn eine solche Burg errichtet hätte.

Cecco sank in aller Hast auf die Knie und begann Paternoster um Paternoster zu beten.

Die schlimmen Gedanken kamen wieder, das fühlte er. Er wollte sie mit Gebeten von sich weisen. Er wollte nichts Böses von San Marco glauben.

Aber es war ja heute morgen gar kein Sturm gewesen.

Und das stand fest: wenn der Heilige nicht selbst das Unglück hervorgerufen hatte, so hatte er auch nichts getan, um seinen Söhnen beizustehen; er hatte sie verderben lassen, zur Kurzweil gleichsam.

Sobald er sich bei solchen Gedanken ertappte, vertiefte er sich aufs neue ins Gebet, aber die Gedanken wollten sich nicht verscheuchen lassen.

Und dabei zu denken, daß San Marco hier im Dom eine Schatzkammer hatte, mit Märchenherrlichkeit gefüllt; zu denken, daß er selbst sein ganzes Leben lang zu ihm gebetet hatte und selten an der Piazzetta vorbeigerudert war, ohne hineinzugehen und ihn anzurufen ...

Es mußte wohl seinen Grund haben, daß die Söhne gerade dort draußen ihr Leben eingebüßt hatten. Ah, es war ein Elend für die Venezianer, nichts Besseres zu haben, worauf sie bauen konnten! Man denke: ein Heiliger, der Rache an zwei Kindern nahm, ein Schutzherr, der nicht vor einem Küstenwind zu schützen vermochte!

Er hatte sich erhoben, zuckte die Achseln und ließ die Arme sinken, als er zu dem Heiligengrab im Chore hinsah.

Ein Kirchendiener ging mit einem großen, vergoldeten und getriebenen Teller umher und sammelte Gaben für San Marco ein. Er ging von Mann zu Mann und kam auch zu Cecco.

Cecco prallte zurück, als reiche ihm der böse Feind den Teller. Begehrte San Marco Gaben von ihm? Meinte er, Gaben von ihm verdient zu haben? Doch plötzlich griff er nach der großen, goldnen Zechine, die er im Gürtel trug, und schleuderte sie mit solcher Gewalt auf den Teller, daß man den Klang durch die ganze Kirche hörte. Die Betenden wendeten aufgestört die Köpfe. Und jeden, der Ceccos Antlitz sah, erfaßte Entsetzen. Er sah aus, als hätten die Dämonen Macht über ihn bekommen.

Cecco ging aus der Kirche und fühlte sich anfangs erleichtert, da er sich an dem Heiligen gerächt hatte. Er war mit ihm verfahren wie mit einem Wucherer, der mehr haben will, als er zu bekommen hat. »Nimm auch das«, sagt man und schleudert ihm das letzte Goldstück an den Kopf, aber der Wucherer schlägt nicht zurück; er bückt sich nur und hebt die Zechine auf. So hatte es auch San Marco gemacht.

Er hatte Ceccos Zechine angenommen, nachdem er ihm seine Söhne geraubt hatte. Er hatte eine Gabe angenommen, die mit Haß gegeben wurde. Hätte ein ehrlicher Mann sich dazu herbeigelassen? Aber San Marco war ein jämmerlicher Patron, ebenso feige wie rachsüchtig.

An Cecco würde er sich nicht rächen. Er war wohl froh und dankbar über die Zechine. Er strich sie ein und tat, als wäre sie ihm in aller Frömmigkeit gegeben.

Als Cecco in der Vorhalle von San Marco stand, kamen zwei Kirchendiener vorbeigeeilt. »Es steigt, es steigt ganz furchtbar«, sagte der eine.

»Was?« fragte Cecco.

»Das Wasser in der Krypta. In diesen letzten Minuten ist es um einen Fuß gestiegen.«

Als Cecco auf die Kirchentreppe hinauskam, bemerkte er eine kleine Wasserlache auf dem Platze, gleich bei der untersten Stufe. Das war das Meerwasser, das von der Piazzetta heraufspritzte.

Es überraschte ihn, daß das Meer so hoch gestiegen war; er eilte zur Riva hinunter, wo er sein Boot hatte. Dort war alles, wie er es verlassen hatte, nur daß das Wasser sich recht bedeutend erhoben hatte. Es kam in breiten Wellen herangerollt. Die Kanäle stiegen, so daß die Wassertore der Häuser geschlossen werden mußten. Der Himmel war gleichmäßig grau wie das Meer.

Es kam Cecco gar nicht in den Sinn, daß dies ein ernsthaftes Unwetter werden könnte. Er wollte an so etwas nicht glauben. San Marco hatte seine Söhne ohne Grund sterben lassen; dies war gewiß kein ernstlicher Sturm. Das wollte er doch sehen, ob daraus etwas werden könnte. Und er setzte sich neben sein Boot und wartete.

Da begann die glatte Wolkendecke, die den Himmel verhüllte, zu zerreißen. Große Gewitterwolken, schwarz wie

Kriegsschiffe, zogen herauf und aus ihnen rauschte peitschender Regen und Hagel auf die Stadt hinunter.

Der Wind war jetzt so stark, daß die Möwen ihr ruhiges Schweben nicht fortsetzen konnten, sondern aus ihren Bahnen geschleudert wurden. Bald sah Cecco sie mühsam dem Meere zustreben, um nicht vom Sturme ergriffen und gegen die Mauern der Häuser geworfen zu werden. Die vielen hundert Tauben auf dem Markusplatz flogen auf und bargen sich in den Ecken und Winkeln des Kirchendachs.

Aber nicht nur die Vögel wurden von dem Unwetter erfaßt. Schon hatten sich ein paar Gondeln losgerissen. Sie wurden gegen den Strand geschleudert, daß sie dem Zerschellen nahe waren. Alle Gondolieri kamen herangestürzt, um die Boote in den Bootshütten zu bergen oder in die kleinen Kanäle wegzuführen. Die Seeleute auf den Schiffen im Hafen arbeiteten an den Ankertauen, drückten die Mützen tief in die Stirne und sahen sich nach allem beweglichem Gut um, das unter Deck gebracht werden mußte. Den Canale Grande herunter kam eine ganze Fischerflotte gestürmt. Alle Fischer waren auf der Flucht, um ihr Heim zu erreichen, bevor der Sturm übermächtig würde.

Cecco lachte, als er die Fischer über die Ruder gebeugt stehen sah, als flüchteten sie vor dem Tode. Sahen sie denn nicht, daß dies nur ein Windstoß war? Er brachte sein Boot nicht in Sicherheit. Der Sturm wurde immer heftiger. Die Wäschestege wurden von den Wellen emporgehoben und aufs Land geworfen, indes die Wäscherinnen schreiend flüchteten. Den Signori wurden die breitkrempigen Hüte von den Köpfen gerissen und in die Kanäle geschleudert. Gassenjungen fischten sie hocherfreut heraus. Segel wurden von den Masten gerissen und flatterten dröhnend durch die Luft; Kinder wurden umgeblasen, und die Wäschestücke, die in den schmalen Gäßchen auf Leinen hingen, flogen auf und fielen weit entfernt ganz zerfetzt zu Boden.

Cecco lachte über den Sturm, der da sein Spielchen trieb, die Vögel verscheuchte und Unfug in den Gassen anrichtete, zog aber doch sein Boot unter eine Brückenwölbung.

Gegen Abend fand Cecco, daß es gut wäre, jetzt auf dem Meere zu sein. Auf dem Lande war es unheimlich. Hier barsten Schornsteine; die Dächer der Bootshütten flogen ans Ufer. Dachziegel regneten in die Kanäle. Der Wind schlug Türen und Fenster zu, brauste in die offenen Loggien der Paläste und brach die Verzierungen los.

Cecco hielt sich noch tapfer, aber er ging nicht nach Hause, um sich niederzulegen. Als jemand an ihm vorüberging und sagte, dies sei ein schreckliches Wetter, wollte er es nicht zugeben. Er hätte in seiner Jugend schon ganz andre Wetter durchgemacht, sagte er. Als die Nacht kam, stürmten Meer und Wind so gewaltig, daß Venedig in seinen Grundfesten erzitterte. Der Doge Gradenigo und die Herren des hohen Rats begaben sich in finstrer Nacht in die Markuskirche, um für die Stadt zu beten. Fackelträger gingen ihnen voraus. Die Flammen flatterten flach im Winde. Er zerrte so heftig an dem schweren Brokatgewand des Dogen, daß zwei Männer es halten mußten.

Cecco fand, dies sei das Wunderlichste, das er je gesehen hätte. Doge Gradenigo selbst zog zum Dom, um solch eines unbedeutenden Lüftchens willen. Was würden die Menschen erst beginnen, wenn ein richtiger Sturm käme?

Die Wellen schlugen unaufhörlich gegen den gepfählten Strand. Es war, als sprängen weißhäuptige Ungeheuer aus der Tiefe und klammerten sich mit Zähnen und Klauen an die Pfosten, um sie vom Strande loszureißen. Cecco vermeinte, ihr erbostes Zischen zu hören. Ein Schauer begann ihn zu packen.

Jetzt bei Nacht kam ihm der Sturm viel furchtbarer vor. Er hörte Rufe die Luft durchschneiden, die nicht die Rufe des Windes waren; zuweilen kamen schwarze Wolken wie eine Reihe schwerer Galeeren getrieben, und es war, als rückten sie zum Sturmlauf an.

Dann hörte er es deutlich aus ein paar zerrissenen Wolken sprechen.

»Nun schlägt die Stunde für Venedig«, ertönte es aus der

einen Wolke, »bald kommen unsre Brüder, die Dämonen, und vernichten die Stadt.«

»Ich fürchte, San Marco läßt es nicht geschehen«, sprach es aus der andern Wolke.

»San Marco ist von einem Venezianer vor die Stirne geschlagen worden, so daß er machtlos daliegt und niemand helfen kann«, sagte die erste Stimme.

Die Worte erreichten den alten Cecco, und von Stund an lag er auf den Knien und betete zu San Marco um Gnade und Vergebung.

Denn es war so, wie die Dämonen gesagt hatten. Die schöne Inselkönigin war ihrem Untergange nahe. Ein Venezianer hatte San Marco gelästert, und darum war Venedig im Begriff, vom Meere hinweggespült zu werden. Es sollte keine Mondscheinfahrten mehr auf den Kanälen geben; keine Barcarolen sollten mehr von schwarzen Gondeln erklingen. Das Meer wollte die goldblonden Signoras, die stolzen Paläste und den güldenen Markusdom verschlingen.

Wenn niemand diese Schlamminseln schützte, waren sie dem Verderben geweiht. Bevor San Marco nach Venedig kam, war es oft geschehen, daß große Stücke der Inseln von den Wogen hinweggespült wurden.

Mit dem ersten Morgengrauen begannen die Glocken der Markuskirche zu läuten. Alles Volk strömte zur Kirche, während ihnen der Wind die Kleider fast vom Leibe riß. Die Priester öffneten die Hauptportale des Doms, und in langer Reihe ergoß sich die Prozession aus der Kirche. Voran wurde das Kreuz getragen, dann kamen die Fackelträger, am Ende führte man San Marcos Banner und die heilige Hostie. Aber der Sturm warf die Kreuzträger zu Boden, löschte die Wachslichter und schleuderte den Baldachin, der über der Hostie gehalten wurde, auf das Dach des Dogenpalastes. Mit knapper Not wurde San Marcos Banner mit dem geflügelten Löwen davor bewahrt, durch die Luft entführt zu werden.

Cecco sah dies alles und schlich laut klagend zum Boote hinunter. Den ganzen Tag lag er am Strande; oft gingen die

Wellen über ihn hin, und er war nahe daran, ins Meer gerissen zu werden. Den ganzen Tag war er in unablässige Gebete zu Gott und San Marco versunken. Er fühlte, daß von seinen Gebeten das Schicksal der ganzen Stadt abhing.

Der Sturm dauerte den ganzen Tag mit der gleichen Heftigkeit fort. Gegen Abend versammelte sich eine große Menschenschar auf dem Markusplatz und der Piazzetta, obgleich diese überschwemmt waren. Die Menschen wagten es nicht, in den Häusern zu bleiben, die in ihren Grundfesten erbebten. Wohnstätten standen unter Wasser, Kinder ertranken in ihren Wiegen, Greise und Kranke folgten den einstürzenden Häusern in die Wellen.

Cecco lag noch immer da und betete zu San Marco. Ah, das Vergehen eines geringen Fischers konnte doch nicht so hoch angeschlagen werden! Der Heilige konnte nicht ohnmächtig sein um seinetwillen. Mochte er doch ihn und sein Boot den Dämonen übergeben. Er verdiente es nicht besser. Aber nicht die ganze Stadt! Gott sollte sich erbarmen, nicht die ganze Stadt!

»Meine Söhne«, sagte Cecco zu San Marco, »was bedeuten meine Söhne, wenn es Venedig gilt! Ich wollte einen Sohn hingeben für jeden Dachziegel, der in Gefahr ist, in den Kanal geweht zu werden, wenn ich ihn um diesen Preis festzuhalten vermöchte. Oh, San Marco, jeder, auch der geringste Stein von Venedig ist so viel wert wie ein blühender Sohn.«

Zuweilen sah er entsetzliche Dinge. Da war eine große Galeere, die sich vom Anker losgerissen hatte und nun ans Land getrieben wurde. Sie ging gerade gegen den gepfählten Strand los und stieß mit dem Widderkopfe, den sie am Vordersteven trug, zu, als sollte sie sich in ein feindliches Schiff bohren. Stoß um Stoß führte sie, und der Anprall war so furchtbar, daß das Schiff sogleich aus den Fugen ging. Die Wellen leckten hinein, die Spalten weiteten sich, und das stolze Fahrzeug wurde in Stücke gerissen. Aber die ganze Zeit klammerten sich der Kapitän und ein paar Leute der Besatzung, die das Schiff nicht verlassen wollten, an das

Verdeck, ohne einen Versuch zu machen, dem Tode zu entkommen.

So kam die zweite Nacht, und Ceccos Gebete ließen nicht ab, an die Himmelstür zu pochen.

»Laß mich allein leiden«, sagte er. »San Marco, dies ist mehr, als ein Mann ertragen kann, wenn er andre mit ins Unglück stürzen sieht. Sende doch deinen Löwen und töte mich; ich will nicht von der Stelle weichen. Was ich für die Stadt dahingeben soll, sag es mir, ich opfere es gern.«

Als er dieses sagte, blickte er zur Piazzetta hinüber, und es war ihm, als könnte er den Markuslöwen auf der Granitsäule nicht mehr sehen. Hatte San Marco zugelassen, daß sein Löwe zur Erde geweht wurde? Der alte Cecco weinte. Er war nahe daran, an Venedig zu verzweifeln.

Während er so dalag, sah er die ganze Zeit über Gesichte und hörte Stimmen. Die Dämonen sprachen und tobten rings um ihn. Er hörte sie gleich wilden Tieren zischen, wenn sie sich gegen die Strandpfähle warfen. Er fragte nicht viel danach. All sein Sinnen und Trachten galt Venedig.

Da hörte er über sich starken Schwingenschlag, und das Herz sank ihm im Leibe; das war sicherlich San Marcos Löwe, der da geflogen kam. Es regte sich in der Luft. Der alte Cecco dachte daran, ins Boot hinunter zu kriechen und sich unter der Brückenwölbung in Sicherheit zu bringen, aber er ermannte sich und blieb, wo er war.

In demselben Augenblick stand urplötzlich ein großer, ehrwürdiger Mann neben ihm.

»Guten Abend, Cecco«, sagte der Mann, »nimm dein Boot und führe mich hinüber nach San Giorgio Maggiore.«

»Ja«, sagte der alte Fischer, »gleich, Herr.«

Es war ihm, als erwache er aus einem Traum. Der Löwe war verschwunden, und der Mann hier kannte ihn, obgleich Cecco sich nicht entsinnen konnte, ihm schon einmal begegnet zu sein. Er war recht froh, daß er Gesellschaft fand. Die furchtbare Last und Beklemmung, die auf ihm gelegen hatten, seit er in Feindschaft mit dem Heiligen geraten war, waren auf einmal gänzlich verschwunden. Aber was nun die

Überfahrt nach San Giorgio betraf, so glaubte er keinen Augenblick, daß das glücken könnte.

»Wir können ja nicht einmal das Boot herausbekommen«, sagte er zu sich selbst. Aber der Mann neben ihm erschien ihm so vertrauenerweckend, daß er es wagte, und siehe, es glückte wirklich, das Boot hervorzuziehen. Er half dem Fremdling einsteigen und ergriff das Ruder.

Cecco lachte über sich selbst. »Glaubst du denn, du könntest abstoßen?« dachte er. »Hast du je solche Wellen gesehen? So sage ihm doch, daß das nicht in menschlicher Macht steht.«

Aber er konnte dem Fremdling nicht sagen, daß es ein unmögliches Unternehmen sei. Dieser saß so gelassen da, als sollte er an einem Sommerabend zum Lido fahren. Und Cecco begann nach San Giorgio Maggiore zu rudern. Es war unheimlich; einmal ums andre gingen die Wellen über sie hin. Das Boot stieg steile Anhöhen hinan und glitt hinab in tiefe Täler, aber Cecco arbeitete sich doch immer näher an San Giorgio heran.

»Wer ist es, für den du all dies tust und Boot und Leben wagst?« überlegte er. »Du weißt ja nicht einmal, ob er dich bezahlen kann. Er sieht nicht aus wie ein vornehmer Herr.«

Aber das sagte Cecco nur, um guten Muts zu bleiben und sich seiner Nachgiebigkeit nicht zu schämen. Er fühlte sich gezwungen, alles zu tun, was der Mann im Boote verlangte.

»Aber nicht bis San Giorgio, du Narr«, sagte er, »da weht der Wind noch ärger als am Rialto.«

Aber er legte dort an und hielt das Boot fest, indes der Fremdling an Land ging. Er wollte das Boot dalassen und sich fortschleichen, aber er tat es nicht. Er hätte eher den Tod erleiden, als den Fremden im Stich lassen mögen. Er sah diesen die Insel hinaufgehen und in die Kirche San Giorgio eintreten. Bald darauf kam er zurück, von einem eisengepanzerten Ritter begleitet.

»Rudre uns jetzt hinaus nach San Niccolo am Lido.«

»Ach ja, freilich«, dachte Cecco, »warum nicht auch zum Lido?« Da es schon Todesqual gewesen war, bis nach San

Giorgio zu rudern, erschrak Cecco sehr, weil er dem Fremdling so bis in den Tod gehorsam war, – denn nun ruderte er wirklich zum Lido hin.

Jetzt, da er zwei Gäste im Boote hatte, war die Arbeit noch schwerer. Er wußte gar nicht, wie er es ertragen sollte. »Du hattest doch noch viele Jahre zu leben«, sagte er vorwurfsvoll zu sich selbst. Aber das Wunderliche war, daß er dennoch nicht betrübt war. Er trauerte weder über die Söhne noch über irgend etwas andres. Und wie stolz er war, daß er sich durch den Sturm zu arbeiten verstand. »Er weiß sein Ruder zu führen, der alte Cecco«, sagte er zu sich selbst.

Sie legten am Lido an, und die beiden Fremdlinge gingen an Land. Sie stiegen zu San Niccolo hinauf und kamen bald in Gesellschaft eines alten Bischofs zurück, der mit der Stola bekleidet war, den Stab in der Hand und die Mitra auf dem Haupte hatte.

»Rudere nun hinaus ins offene Meer«, sagte der erste Fremdling. Der alte Cecco erbebte. Sollte er ins Meer hinausrudern, wo seine Söhne den Tod gefunden hatten? Nun sagte er kein Scherzwort mehr zu sich selbst. Er dachte auch nicht so sehr an den Sturm, als an das Grauen, das darin lag, zum Grabe der Söhne hinauszufahren. Er fühlte, daß er mehr als sein Leben für die Fremden hingab.

Die drei Männer saßen schweigend im Boote. Cecco sah, wie sie sich vorbeugten und in die Dunkelheit hinausspähten. Sie hatten die Meerespforte beim Lido erreicht, und das große, sturmdurchwühlte Meer lag vor ihnen.

In Cecco schluchzte es gleichsam auf. Er dachte daran, daß hier in diesen Wellen die zwei Leichen umherrollten. Er starrte ins Wasser hinab nach den wohlbekannten Gesichtern, aber vorwärts ging es trotz alledem. Cecco ließ sich nicht unterducken.

Da erhoben sich plötzlich die drei Männer im Boote, und Cecco sank in die Knie, obgleich er noch immer das Ruder festhielt. Ein großes Schiff kam gerade auf sie zugesteuert.

Das heißt, Cecco konnte nicht genau sehen, ob es ein Schiff war oder nur treibender Nebel. Die Segel waren groß, als wären sie zu den vier Enden des Himmels gespannt. Der Rumpf war gewaltig, aber gleichsam aus dem leichtesten Meeresdunst erbaut. Cecco vermeinte, eine Besatzung von Dämonen an Bord zu sehen und ihre Rufe zu hören; aber die Dämonen waren wie eine geballte Dunkelheit und ihre Rufe wie das Brüllen des Sturmes.

Jedenfalls war es zu furchtbar, das Schiff gerade auf sie zukommen zu sehen; und Cecco schloß die Augen. Doch mußten die drei im Boote den Stoß abgewehrt haben, denn das Boot wurde nicht übersegelt. Als Cecco aufsah, war das Schiff auf der Flucht ins Meer hinaus, und laute Klageschreie drangen durch die Nacht.

Er richtete sich zitternd auf, um weiterzurudern. Er fühlte eine solche Müdigkeit, daß er kaum das Ruder führen konnte. Die Gefahr war gebannt. Der Sturm hatte aufgehört, und die Wellen legten sich zur Ruhe.

»Führe uns nun heim nach Venedig«, sagte der Fremdling zum Fischer. Cecco brachte das Boot zum Lido, wo der Bischof ausstieg, und nach San Giorgio, wo der Ritter sie verließ. Der erste mächtige Fremdling begleitete ihn bis zum Rialto. Als sie an Land stiegen, sagte er zum Fischer: »Wenn es tagt, sollst du zum Dogen gehen und ihm sagen, was du heute nacht geschaut hast. Sage ihm, daß San Marco, San Giorgio und San Niccolo in dieser Nacht die Dämonen, die Venedig zerstören wollten, vertrieben haben.«

»Ja, Herr«, sagte der Fischer, »ich will alles berichten. Aber wie werde ich so zu reden wissen, daß der Doge mir Glauben schenkt?«

Da reichte San Marco ihm einen Ring mit einem wundersam strahlenden Edelstein. »Zeige diesen Ring dem Dogen«, sagte er, »dann weiß er, daß er von mir Kunde bringt. Er kennt meinen Ring.«

Der Fischer nahm den Ring und küßte ihn ehrfurchtsvoll.

»Und weiter sollst du dem Dogen sagen«, fuhr der Heilige fort, »daß ich diesen Ring als ein Zeichen gebe, daß ich

Venedig niemals verlassen werde. Selbst wenn der letzte Doge aus dem Palazzo ducale gezogen ist, werde ich Venedig erhalten. Selbst wenn Venedig die Inseln des Ostens verliert und die Herrschaft über das Meer, werde ich die Stadt schön und strahlend bewahren. Stets wird sie reich und geliebt sein, stets besungen und gepriesen. Sage ihm dieses, Cecco, und der Doge wird deiner in deinen alten Tagen nicht vergessen!«

Damit verschwand der Apostel, und schon kurz darauf stieg die Sonne über die Meerespforte bei Torcello empor.

Mit den ersten herrlichen Strahlen warf sie einen Rosenschimmer über das weiße Venedig und das schillernde Meer. Und in die schönen Morgen traten strahlende Venezianerinnen und lächelten von den Loggien dem Tage entgegen.

Wieder war Venedig wie eine schöne Göttin, die in rosig glitzernder Muschel über den Wellen thront. Schön wie nie zuvor, strählte sie ihr Goldhaar und hüllte sich in ihren Purpurmantel, um einem ihrer seligsten Tage entgegenzugehen. Denn ein Rausch des Glücks erfüllte die Stadt, als der Fischer dem Dogen den Ring darbrachte und alle erfuhren, daß der Heilige heute und allezeit seine schützende Hand über sie halte.

Die sieben Todsünden

Einmal wollte der böse Feind seinen Spott und Hohn mit einem weisen Mönche treiben. Er vermummte sich deshalb mit einem weiten Mantel und einem mächtigen Schlapphut, damit ihn niemand erkenne, und begab sich zu dem alten Mönch, der in dem Beichtstuhl saß und auf seine Beichtkinder wartete.

»Ehrwürdiger Vater«, sagte der Versucher, »ich bin ein Ackersmann und eines Ackermannes Sohn. Ich stehe mit der Sonne auf und vergesse niemals, mein Morgengebet zu sprechen, dann arbeite ich den ganzen Tag draußen auf dem Felde. Meine Nahrung ist Milch und Brot, und wenn ich mit meinen Freunden fröhlich sein will, bewirte ich sie mit Honig und Früchten. Ich bin meiner alten Eltern einzige Stütze. Ich habe keine Frau, und mein Sehnen steht nicht nach Weibern. Ich gehe fleißig in die Kirche und gebe den Zehnten von dem, was ich besitze. Ehrwürdiger Vater, du hast meine Beichte gehört. Willst du mir nun Absolution erteilen?«

»Mein Sohn«, sagte der Mönch, »du bist der frömmste Mann, den ich je gesehen habe. Gerne will ich dir den Ablaß geben. Laß mich dir erst nur erzählen, was sich jüngst hier in diesem Orte zugetragen hat. Es wird dein Herz erfreuen, denn du wirst von rühmlichen Taten hören, und kannst dir doch sagen, daß die, die sie vollbracht haben, mit deinem Maße gemessen, arme Sünder sind.«

»Vater, du verleitest zum Hochmut«, sagte der Mann.

»Gott schütze mich vor so großer Sünde«, erwiderte der Mönch. »Wenn du meine Erzählung erst vernommen hast, wirst du anders denken.«

Und er begann: »Der stolze Rittersmann, dem das große Bergschloß jenseits des Flusses gehört, beschloß eines Tages, seine Tochter einem reichen und mächtigen Manne zu vermählen, der ihr gar herzlich zugetan war. Aber das widerstrebte der Jungfrau sehr, denn sie hatte ihre Treue schon einem andern versprochen.

Da schrieb die Jungfrau einen Brief an ihren Herzallerliebsten und erzählte ihm, daß sie von ihrem Vater gezwungen würde, einem andern anzugehören. ›Darum sag' ich Dir vieltausendmal Lebewohl‹, schrieb sie ihm, ›und bitte Dich sehr, Dich um meinetwillen nicht zu betrüben, denn ich bin Dir treu in meinem Herzen!‹

Aber der Ritter, ihr Vater, nahm dem Boten den Brief ab und verbrannte ihn insgeheim.

So kam ihr Hochzeitstag, und sie grüßte ihn mit vielen Tränen. Aber in der Kirche weinte sie nicht: der Schmerz schlug seinen Wohnsitz in den Zügen ihres Gesichts auf und versteinerte sie. Und alle Leute in der Kirche weinten über sie.

Der Ritter, ihr Vater, sah auch, wie der Kummer ihr Gesicht versteinert hatte. Da erschrak er über seine Tat. Und als sie von der Kirche heimkehrten, rief er die Tochter in seine Turmkammer und sagte: ›Liebe, ich habe unrecht gegen dich gehandelt.‹ Und obgleich er ein stolzer Mann war, fiel er vor ihr auf die Knie und gestand, daß er eine schimpfliche Tat begangen und ihren Brief genommen hatte. Denn er hatte gefürchtet, daß ihr Geliebter mit seinen Knappen herbeireiten und sie mit Gewalt entführen würde, wenn er um die Hochzeit wüßte.

Sie sagte zu ihm: ›Es mag deine Rechtfertigung sein, Vater, daß du nicht weißt, welche Not du verursacht hast.‹ Und sie trat auf die Zugbrücke hinaus.

Da kam der Bräutigam zu ihr. ›Liebste, warum steht ein solcher Schmerz auf deinem Gesicht geschrieben?‹ fragte er.

Da antwortete die Braut: ›Darum, weil ich einen Herzallerliebsten habe, dem ich geschworen habe, ihn niemals zu lassen.‹

Er antwortete: ›Sei nicht betrübt um dessentwillen. Meine Liebe zu dir ist so groß, daß ich glaube, niemand kann dich glücklicher machen, als ich es tun werde.‹

›So denken alle, die lieben‹, sagte sie nur.

›Sage mir, was ich tun soll, um den Schmerz aus deinem Gesicht zu vertreiben‹, sagte er, ›und ich will dir zeigen, daß ich die Wahrheit spreche.‹ Da faßte die Braut Mut und dachte: ›Ich will es sagen, vielleicht, daß Gott sein Herz bewegt.‹ Und sie erzählte ihm, daß sie und ihr Liebster einander den Eid geschworen hätten, daß sich derjenige am Hochzeitstage töten würde, der von seinem Feinslieb betrogen würde. ›Also tötet sich heute mein Geliebter‹, sagte die Braut. Und sie sank zu Boden in ihrem Jammer und lag flehend zu des Bräutigams Füßen. ›Laß mich zu ihm gehen, bevor er es vollbringt.‹

Es lag eine solche Macht in dem Schmerz des Weibes, daß ihr Bräutigam, obgleich er dachte: ›Lasse ich sie zu dem Geliebten ziehen, sehe ich sie niemals wieder‹, sich doch überwand und sagte: ›Du magst tun, was dich gut dünkt.‹ Da stand sie auf und dankte ihm unter Tränen. Dann ging sie in den Saal zu den Hochzeitsgästen, die an den gedeckten Tischen eifrig des Schmauses harrten, denn sie waren sehr hungrig nach dem langen Ritte und der langen Messe.

›Vielliebe Herren und Frauen‹, sagte die Braut zu ihnen, ›ich muß euch sagen, daß ich mit meines Gemahls Erlaubnis an diesem Abend fortgehe, zu meinem Liebsten. Denn er will sich heute töten, weil ich ihm untreu geworden bin. Nun gehe ich, ihm zu sagen, daß ich gezwungen wurde. Verwundert euch nicht, daß ich selbst gehe, denn zu solchem Auftrag kann man nicht Brief noch Boten finden, der sicher genug wäre. Aber ich bitte euch: Esset, trinket und seid fröhlich, dieweil ich fort bin, denn ich komme wieder, wenn ich meinen Liebsten vom Tode errettet habe.‹

Aber alle Hochzeitsgäste weinten, als sie ihnen von dem Schmerz erzählte, der ihr drohte, und sie antworteten ihr: ›Wir wollen nicht essen und trinken, solange solches Leid dich bedrückt. Gehe du, und wenn du wiederkehrst, werden wir mit dem Schmause beginnen.‹

Und sie verließen die Tische.

Als die Braut über den Burghof ging, ertönte ein großer Lärm aus der Küche. Ein kleiner Junge vom Gesinde war zum Küchenmeister geeilt und hatte ihm zugerufen, daß das Mahl um mehrere Stunden verschoben werden sollte. Und den Küchenmeister hatte Betrübnis erfaßt, als er an seinen Braten und die anderen Gerichte dachte, die nun verderben mußten. Ein Pfund Butter warf er ins Feuer, und einen Korb Eier zerschellte er an den Steinfliesen; den Jungen schleuderte er über die Schwelle und stand nun vor dem Liegenden, den großen Besen zum Schlage erhoben.

Als aber die Braut auf den Burghof hinaustrat, bat sie, den kleinen Jungen loszulassen. Der Küchenmeister konnte ihrer Bitte nicht widerstehen und hörte sogleich auf, den Jungen zu schlagen. Und er rief: ›Gepriesen sei Gott, der dich so holdselig schuf. Ich will dich fürder nicht betrüben.‹ Und er verwahrte die Speisen viele Stunden, ohne ein erzürntes Wort zu sagen.

Die Braut ging nun allein durch den großen Wald, denn sie wollte zu Fuß zu dem Geliebten kommen und ohne Geleite, so wie man zur Muttergottes-Kapelle kommt in großer Not.

Aber im Walde wohnte ein Räuber. Aus seinem Schlupfwinkel sah er die Braut über den Weg schreiten. Sie hatte Ringe an den Fingern, ein Goldkrönlein auf dem Haupte, eine schwere Silberschärpe um den Leib und Perlen am Halse. Da sagte der Räuber zu sich selbst: ›Dies ist nur ein schwaches Weib, der will ich ihre Kleinodien nehmen, dann habe ich Reichtum genug, kann in ein anderes Land ziehen, dieses schmähliche Leben lassen und ein ehrlicher Mann werden.‹

Als aber die Braut näher kam und er ihr Gesicht sah, da wurde er machtlos. Denn Gott hatte sie sehr hold geschaffen. Er dachte: ›Ich kann ihr nicht schaden. Sie ist eine Braut, und ich kann diese liebliche Jungfrau nicht geplündert ins Hochzeitshaus gehen lassen.‹ Und er fürchtete Gott, der das Weib also geschaffen hatte, und ließ sie ziehen.

In demselben Walde wohnte ein alter Eremit, der seinen Körper damit kasteite, daß er volle sechs Tage wachte und immer nur am siebenten schlief. Er hatte sich auferlegt, wenn er am siebenten Tage nicht schlafen könne, sechs weitere Tage zu wachen. Denn er glaubte, dies sei Gott wohlgefällig. Nun war sein siebenter Tag beinahe vergangen, ohne daß er hätte schlafen können, denn viele Kranke und Bekümmerte hatten ihn aufgesucht. Aber als er sie alle abgefertigt hatte und sich gerade zum Schlummer niederlegen wollte, erblickte er die Braut, die durch den dichten Wald kam. Und er dachte bei sich selbst: ›Wie soll diese Pilgerin über den reißenden Fluß gelangen, der über Nacht angeschwollen ist und die Brücke weggeschwemmt hat?‹ Und er verließ seine Lagerstätte und geleitete sie zum Flusse und trug sie auf seinen Schultern über das Wasser. Als er wieder zu seiner Höhle kam, war seine Zeit abgelaufen, und er mußte wieder sechs Tage wachen um dieses fremden Weibes willen. Aber er bereute es nicht, denn über ihr lag ein solcher Liebreiz, daß alle, die ihrer ansichtig wurden, froh waren, um ihretwillen auf etwas zu verzichten.

So kam die Braut zum Hause des Geliebten. Der war in sein Kämmerlein gegangen und hatte die Tür mit schweren Schlössern versperrt. Und als sie klopfte, öffnete er nicht, denn er hatte das Schwert gezogen und wollte sich töten.

Da vermochte sie weder zu rufen noch zu bitten, denn die Angst erstickte ihre Stimme. Aber ihre heißen Tränen fielen auf die steinernen Fliesen, und er hörte sie durch die Eichentüre schluchzen. Er konnte sich nicht töten, solange er darauf lauschte, und so schloß er ihr auf.

Da stand sie mit gefalteten Händen vor ihm und sagte ihm, daß sie gezwungen worden war. Und als er sah, daß er ihre Liebe noch hatte, versprach er ihr, sich nicht den Tod zu geben. Da schmiegte sie sich an ihn, und er küßte sie, und sie fühlten zu gleicher Zeit alle Freude und allen Kummer, die ein Herz bergen kann.

Er sprach zu ihr: ›Du mußt jetzt gehen, denn du gehörst einem andern an.‹ Und sie erwiderte: ›Wie kann ich?‹

Aber der Geliebte riß sich aus ihren Armen und sagte: ›Ich will ihn nicht kränken, ihn, der dich zu mir ziehen ließ.‹ Und er ließ zwei Pferde satteln und ritt heim mit ihr zu ihres Vaters Hof.«

Dies alles erzählte der Mönch dem bösen Feinde und wußte noch nicht, mit wem er sprach. Und dann fragte er ihn, wer von all denen das größte Opfer gebracht habe. Denn der Mönch war ein weiser Mann und wußte genau, daß kein Mensch so ohne Sünde sein kann, wie dieser Fremde von sich sagte. Und durch diese Erzählung gedachte er zu erfahren, welche der sieben Todsünden die seine wäre, denn je nachdem er erwidern würde, der Vater, oder der Bräutigam, oder die Hochzeitsgäste, oder der Küchenmeister, oder der Räuber, oder der Eremit, oder der Liebste hätte am meisten geopfert, würde der Mönch erfahren, ob Hochmut oder Eifersucht, oder Völlerei, oder Zorn, oder Geiz, oder Faulheit, oder Wollust die Seele des Fremden beherrschte. Denn was er am höchsten bei andern bewunderte, das müßte ihm selbst zu vollbringen am schwersten fallen.

Aber der böse Feind war so sehr von seinem eigenen Spiel gefangen, daß er die List des Mönches gar nicht merkte. »Wahrlich«, sagte er, »es fällt mir nicht leicht, deine Frage zu beantworten. Es dünkt mich, daß der Mann nicht weniger geopfert hat als der Geliebte und die Hochzeitsgäste keine geringere Entsagung geübt haben als der Räuber. Sie verdienen alle das größte Lob.« Und er vermeinte, so geantwortet zu haben, wie der Mönch es wünschte.

»Um Gottes Barmherzigkeit willen«, rief da der fromme Mann und war sehr erschrocken, »sage doch, daß du eine Tat der andern vorziehst, oder sage, daß du keiner sonderlichen Wert beimissest!«

»Keineswegs, ehrwürdiger Vater«, antwortete der Versucher, »nichts von dem, was diese Männer getan haben, halte ich für leicht. Auch kann ich nicht eines über das andere setzen.«

Der Mönch aber neigte die Lippen zum Ohr hinab und

sagte mit keuchender Stimme: »Ich beschwöre dich, sage mir, daß eine Tat die beste ist.«

Aber der böse Feind weigerte sich und bat um Absolution.

»Dann bist du aller sieben Todsünden schuldig«, rief der Mönch entsetzt, »und du mußt der Teufel selbst sein und kein Mensch.«

Als er dieses gesagt hatte, stürzte er aus dem Beichtstuhle und flüchtete zum Altar. Und dort begann er die Beschwörung zu sprechen: Vade retro Satanas.

Als der böse Feind sah, daß er sich verraten hatte, breitete er seinen Mantel gleich einem Paar Flügel aus und fuhr durch die dämmrige Wölbung der Kirche wie eine große, schwarze Fledermaus.

Und es hatte nicht sein Bewenden damit, daß er seine böse Absicht verfehlt hatte, sondern durch Gottes Gnade geschah es, daß sie zum Segen ausschlug: Die Erzählung des Mönches wird seit langer Zeit dazu verwendet, das Herz des Menschen zu erforschen. Wenn man sich ihrer recht bedient, ist sie gleich einem Netze in des Fischers Hand. So wie dieses ins Meer geworfen wird und die Fische auffängt, so taucht sie hinab ins Menschenherz und zieht die Sünden herauf ans Licht, auf daß sie bekämpft und unterjocht werden können.

Das heilige Bild in Lucca

Vor langer, langer Zeit begab es sich einmal, daß ein armer Häusler und seine Frau über die Hauptstraße von Palermo gingen. Die Frau führte einen Esel, der mit zwei Gemüsekörben beladen war, und der Mann ging hinterher und trieb mit einem Stock das Tier an. Wie sie so ihres Weges zogen, sahen sie einen Mönch, der an einer Straßenecke stand und predigte. Er war von einer großen Volksmenge umgeben, und man hörte eine Lachsalve nach der anderen.

»Lieber Mann«, sagte die Frau, »wenn es dir recht ist, bleiben wir ein paar Augenblicke stehen und hören diesem Manne Gottes zu. Er scheint ein lustiger Kauz zu sein; und ich hätte nichts dagegen, den Tag mit einem fröhlichen Lachen zu beschließen.«

»Meiner Treu, ich auch nicht«, sagte der Mann. »Die Arbeit ist ja für heute zu Ende; warum sollten wir uns eine kleine Zerstreuung versagen, wenn sie nichts kostet?«

Sie drängten sich durch die Volksmenge, aber als sie nahe genug herangekommen waren, um die Gesichtszüge des Redners erkennen zu können, waren sie ganz betroffen. Er war sicherlich kein Gaukler, wie sie zuerst geglaubt hatten, sondern stand da und redete mit der allerfeierlichsten Miene. Dies verhinderte jedoch keineswegs, daß alles Volk sich vor Lachen geradezu krümmte.

»Wie in aller Welt kann das zusammenhängen?« fragte die alte Frau verwundert. »Dieser Mönch sieht doch ganz andächtig aus, warum lachen denn alle Menschen über ihn?«

Einer der Umstehenden hatte die Frage der armen Frau gehört. »Ihr dürft euch über unser Lachen nicht verwundern«, sagte er. »Dieser Mönch ist aus Lucca in Italien, und er bettelt um Geld für ein Heiligenbild, das dort in einer

Kirche sein soll. Er versichert, das Bild sei so mächtig, daß es jede Gabe, die man ihm darbringe, hundertfach vergelte. Kann man sich etwas Lächerlicheres denken?«

»Ich bin nur ein ungelernter Landarbeiter«, flüsterte der alte Mann seiner Frau zu. »Darum verstehe ich wohl auch nicht, weshalb die Leute dies so lächerlich finden.«

Sie drängten immer näher, und endlich konnten sie die Beteuerung des Mönches mit eigenen Ohren hören.

»Wenn jemand dem heiligen Bilde des Gekreuzigten, das in der Domkirche zu Lucca verwahrt wird, eine Gabe darbringt«, sagte er, »groß oder klein, so wird sie ihm hundertfach vergolten werden.«

Der Mönch hatte das treuherzigste Gesicht der Welt, aber die Städter hielten seine Versicherung für einen Scherz. Mit jedem Worte, das er sprach, wurden die Lachsalven immer lauter und die Witzworte immer derber.

»Ich kann diese Stadtleute wahrhaftig nicht verstehen«, sagte die arme Frau. »Sehen sie denn nicht, was für ein prächtiges Angebot man ihnen macht? Ich wünschte nur, ich hätte etwas, das ich diesem Bilde geben könnte.«

»Du hast ganz recht«, stimmte der Mann bei. »Sieh dir nur den Mönch an! Das ist ein ehrlicher und glaubwürdiger Mann, der weiß, was er sagt. Wenn ich einer dieser reichen Stadtleute wäre, ich würde keinen Augenblick zögern, dem Bilde mein ganzes Vermögen zu geben, um es verhundertfacht wiederzubekommen.«

»Lieber, guter Mann«, rief jetzt die Frau, »mache doch ernst mit dem, was du sagst! So ganz bettelarm sind wir ja nicht. Haben wir nicht unseren Gemüsegarten, unsere Hütte und unseren alten Esel? Es käme ja keine große Summe heraus, wenn wir das alles verkauften, aber ums Hundertfache vergrößert, reichte es uns bis ans Ende der Tage.«

»Du nimmst mir das Wort aus dem Munde«, erwiderte der Mann. »Wir haben uns unser ganzes Leben lang geplagt und abgerackert, ohne darum reicher zu werden. Jetzt kommt langsam die Zeit heran, da wir uns nur noch mit großer Mühe ernähren können. Wir dürfen diese Gelegenheit nicht versäumen, uns ein sorgenfreies Alter zu verschaffen.«

Hiermit war ihr Beschluß gefaßt. Am nächsten Tage gingen sie zu ihrem Nachbarn, einem reichen und verständigen Landwirte, und fragten ihn, ob er ihnen nicht ihre Hütte, ihren Garten und ihren alten Esel abkaufen wolle.

Der reiche Bauer hatte sich schon längst gewünscht, das kleine Stückchen Erde zu besitzen, das an seinen Hof angrenzte, und war darum über das Angebot sehr erfreut. Aber ehe er den Kauf abschloß, wollte er, wie es einem guten Nachbarn geziemt, doch wissen, wovon die alten Leute zu leben gedächten, nachdem sie ihr bißchen Hab und Gut veräußert hätten.

»Nein, weiß Gott«, rief er, als er gehört hatte, wie sie ihr Geld anzulegen gedachten, »ich habe mir lange euren Garten gewünscht, aber nun, da ich höre, in welch törichter Weise ihr den Kaufschilling anzuwenden gedenkt, kann ich den Kauf nicht verantworten. Ihr seid doch mehr als dreißig Jahre meine Nachbarn gewesen; und ich will nicht zu eurem Unglücke beitragen.«

Da erklärten ihm die beiden Alten noch einmal, daß sie von einem Mönch gehört hatten, daß dieses heilige Bild die Macht habe, ihnen alles hundertfach zu vergelten.

»Warum nicht gleich tausendfach?« fragte der Nachbar. »Derlei sagen alle Mönche aus alter Gewohnheit, ohne damit zu rechnen, daß jemand ihre Worte ernst nimmt.«

Der Bauer erhob alle Einwände, die ein ehrlicher Mann in einem solchen Falle vorbringen muß. Erst als die beiden Alten drohten, ihr Anwesen einem anderen Nachbarn anzubieten, gab er nach und kaufte ihnen alles für eine Summe von dreißig Gulden ab, die er ihnen aus einem Lederbeutel aufzählte.

»Seht her«, sagte er, »hier ist das Geld, aber kommt dann nicht und gebt mir die Schuld, wenn alles dahin ist und euch kein anderer Ausweg bleibt, als betteln zu gehen.«

»Lieber Nachbar«, sagte die alte Frau, »wenn ihr uns wiederseht, haben wir hundertmal so viele Gulden wie heute. Warum sollten wir dann Euch oder irgendeinen anderen um Almosen bitten?«

»Nun«, sagte der Bauer und lachte, »ihr seid so lichterloh verrückt, daß es sich gar nicht lohnt, ein vernünftiges Wort mit euch zu reden. Sagt mir jetzt nur, was ihr fürs erste zu tun gedenkt?«

»Was wir zu tun gedenken?« wiederholte der Arme. »Aber lieber Nachbar, was sollten wir anderes tun, als mit unserer Gabe nach Lucca zu wandern und sie vor dem heiligen Bilde niederzulegen?«

»Ich glaube wahrhaftig, dieser Mönch war ein Hexenmeister, der euch den Kopf verdreht hat«, sagte der Bauer mit großer Heftigkeit. »Wie könnt ihr euch einbilden, ein Heiligenbild könnte euch bares Geld geben? Und warum sollte gerade euch in so wunderbarer Weise geholfen werden und allen anderen nicht? Seht, ich habe eine Tochter, die seit mehr als einem Jahr krank daniederliegt. Wenn ihr wüßtet, wie viel ich für sie der Santa Rosalia di Palermo und anderen Heiligen geopfert habe! Aber glaubt ihr, mir wäre geholfen worden? Nein! Keiner der Heiligen hat einen Finger gerührt. Sie geht jetzt wohl bald von mir, und dann ist es für mich in diesem Leben mit aller Freude vorbei.«

Als der reiche Mann dies gesagt hatte, winkte er seinen Nachbarn zum Abschiede und ging rasch in sein Haus, denn er war den Tränen nahe.

Die beiden Armen blieben einen Augenblick stehen und sahen ihm nach.

»Ja, es ist schon wahr – von Sorgen bleibt keiner verschont«, sagte die Frau und wischte sich die Augen. »Vergiß nur nicht, lieber Mann, daß wir bei dem heiligen Bild für unseren lieben Nachbarn bitten. Er ist ein guter Mann und hat es wohl verdient, daß sein Kind am Leben bleibt.«

Das alte Paar nahm von dem treuen Esel zärtlichen Abschied und trat die Wanderung nach Lucca an. Da sie jedoch um keinen Preis die dreißig Gulden angreifen wollten, mußten sie den ganzen Weg zu Fuß zurücklegen. Um Essen und Nachtherberge zu bekommen, mußten sie betteln. Es war also keine leichte Reise, aber sie schlugen sich doch ohne Schwierigkeiten durch. In Messina mußten sie eine Fähre nehmen, um über die Meerenge zu kommen, die Sizilien von dem Festlande trennt. Als sie an den Hafen kamen, bemerkten sie sogleich eine kleine Fähre, die für Reisende bestimmt zu sein schien, die zu Fuß gingen und kein großes Gepäck hatten. Sie wollten sogleich einsteigen, wurden aber von dem Fährmann, einem armen Galeerensklaven, der mit starken Fesseln an sein Fahrzeug geschmiedet war, abgewiesen.

»Nein, nein, meine Mitchristen! Keiner von euch kommt mir hier herauf, eh ihr nicht jeder einen halben Gulden für die Überfahrt bezahlt habt.«

Er hatte sich, so gut es ging, auf der Ruderbank ausgestreckt und warf nun einen recht unwirschen Blick auf die frommen Wanderer, denn sie waren gerade in der heißesten Mittagsglut zur Fähre gekommen, wo sonst aller Verkehr zu ruhen pflegte.

»Mein Freund«, sagte der arme Mann. »Ich merke, daß du uns für Bettler hältst, die von dir übergesetzt sein wollen, ohne etwas dafür zu bezahlen, aber so verhält es sich keineswegs. Wir sind auf der Wanderung nach Italien begriffen, um unser Geld zu verzinsen, und wenn wir zurückkommen, werden wir so reich sein, daß wir dir fünf Gulden bezahlen können, wenn du es wünschest. Hilf uns diesmal umsonst übers Wasser. Du wirst es nicht zu bereuen haben.«

Der Galeerensklave hob den Kopf ein wenig, warf ihnen aus halbgeschlossenen Augen einen flüchtigen Blick zu und legte sich wieder zurecht. »Ihr seht mir gerade danach aus, als ob ihr Geld zum Verzinsen hättet.«

»So wahr ich lebe«, sagte der arme Mann, »ich habe nicht weniger als dreißig Gulden in meinem Beutel. Aber ich will sie nicht anrühren, weil sie für einen bestimmt sind, der alles, was man ihm gibt, hundertfach zurückzahlt. Du kannst dir also denken, daß ich die Summe jetzt nicht verringern und die Überfahrt erst auf dem Rückweg bezahlen will.«

Der Fährmann' hob den Kopf mit etwas größerer Teilnahme.

»Wer ist denn das, der hundertfach zurückzahlt?« fragte er.

»Wer sollte es sonst sein als das heilige Bild in Lucca?« rief der Arme.

Da brach der Galeerensklave in bitteres Lachen aus. »Ich will euch etwas sagen. Mir ist freilich von der Obrigkeit befohlen, von jedem, den ich übers Wasser führe, einen halben Gulden zu verlangen, aber in meiner freien Mittagszeit habe ich das Recht, euch ohne Bezahlung überzusetzen. Dankt mir nicht dafür, denn es wäre viel barmherziger, euch nicht zu helfen, aber ich habe keine Lust, barmherzig zu sein. Seid ihr erst einmal in Italien, so findet ihr vielleicht auch den Weg nach Lucca, und dort werdet ihr schon sehen, wie man euch angeführt hat.«

Er winkte ihnen, in das Boot einzusteigen. Auf der ganzen Überfahrt sagte er kein Wort, aber als sie in Reggio anlegten, begann er aufs neue mit seinen bitteren Reden.

»Da ihr so sicher darauf vertraut, daß dieses Bild euch helfen wird, will ich euch sagen, daß niemand mehr Gebete zum Himmel gesandt haben kann als ich, der ich hier an die Ruder festgeschmiedet sitze. Und ich hätte auch Hilfe finden müssen, denn ich sitze hier wegen eines ungerechten Urteils. Ich bin kein Verbrecher. Die Mächtigen im Himmel müßten in einem solchen Falle Hilfe bringen, aber ich merke nichts davon. Keinem ist es eingefallen, etwas für mich zu tun.«

Als die beiden Armen das Boot verlassen hatten und das Ufer hinaufgingen, bemerkte die alte Frau, die Welt sei doch reicher an Schmerz und Unglück, als sie je geglaubt hätte.

»Ja«, sagte der Mann, »sie ist wahrlich von Betrübten erfüllt. Denke daran, liebe Frau, daß wir nicht vergessen, das mächtige Bild zu fragen, warum dieser Mann keine Erhörung findet und nicht von seinem Leiden befreit wird.«

Hierauf schlugen sie den Weg nach dem Norden ein und

wanderten wochen- und monatelang. Endlich eines Tages, um die Abendzeit, kamen sie in eine Stadt, von der man ihnen sagte, daß dies Lucca sei.

»Lieber Mann«, sagte die alte Frau, als sie zum Stadttor hineingingen, »wie bin ich doch froh, daß wir am Ziele unserer Wanderung angelangt sind. Wenn es dir recht ist, begeben wir uns sogleich in die Domkirche. Ich kann weder Ruhe noch Rast finden, bis ich das heilige Bild gesehen habe.«

»Du hast ganz recht«, sagte der Mann, »aber wenn wir dem Bilde noch heute unsere Gabe überreichen sollen, müssen wir uns sehr sputen. Es ist schon so spät am Tage, daß es nicht mehr lange dauern kann, und die Abendandacht ist zu Ende, und die Kirchtüren werden geschlossen.«

Obgleich sie nach der Wanderung sehr müde waren, beschleunigten sie ihre Schritte, und als sie die Mauern des Domes sahen, begannen sie zu laufen. Aber sie kamen doch zu spät. Der Sakristan, dem die Sorge für die Kirche oblag, stand eben auf der Kirchentreppe, und steckte, als sie herankamen, das schwere Bund mit den Kirchenschlüsseln in den Gürtel.

»Ach, Herr Sakristan, Herr Sakristan«, begann die Alte, die zuerst anlangte. »Wollt Ihr Euch nicht unser erbarmen und uns für ein paar Augenblicke in die Kirche einlassen? Ihr wißt nicht, wie weit wir gewandert sind. Wir kommen aus Palermo, um dem heiligen Bilde, das sich hier befindet, eine Gabe darzubringen.«

»Herr Sakristan«, rief der alte Mann, seine Frau unterbrechend, »wir sind keine Bettler. Hier seht Ihr einen Beutel mit dreißig Gulden, den wollen wir Eurem wundertätigen Bilde schenken, weil wir wissen, daß es uns alles hundertfach zurückzahlen wird.«

Sie waren so eifrig, daß sie den Sakristan am Mantel faßten, um ihn zurückzuhalten. Aber diese Heftigkeit brachte den Kirchenhüter auf den Gedanken, daß er es mit ein paar Wahnsinnigen zu tun habe.

»Was fällt euch ein? Die Kirche ist für heute geschlossen. Vor morgen früh wird keine Messe gelesen.«

»Lieber Freund«, sagte die Frau. »Wir wollen ja keine Messe hören. Wir haben Priester und Kirchen genug in Sizilien; dazu hätten wir nicht den weiten Weg zu wandern brauchen. Wir kommen einzig und allein, um Eurem heiligen Bilde dreißig Gulden zu geben, weil wir wissen, daß es alle Gaben, die man ihm bringt, hundertfach zurückzahlt.«

Die arme Frau sprach mit noch größerer Sicherheit als gewöhnlich, weil sie nun endlich am Ziel ihrer langen Reise angekommen war – aber der Sakristan schien über ihre Behauptung sehr verwundert zu sein.

»Lieber Herr Sakristan«, sagte die Frau, »Ihr müßt doch wissen, wie sich die Sache verhält. Ein Mönch aus dieser Stadt hat in Palermo von diesem Bilde erzählt.«

»Ich versichere euch, meine lieben Freunde, daß ich nichts weiß und daß ich kein Wort von dem, was ihr sagt, verstehe. Erzählt mir einmal alles ordentlich der Reihe nach. Ihr seht wie kluge, verständige Leute aus, aber ihr sprecht, als wäret ihr von Sinnen.«

Während sie nun ihre Geschichte von Anfang an erzählten, dachte der Kirchenwächter: »Wenn diese Menschen die Wanderung von Palermo bis Lucca gemacht haben, um dem heiligen Bilde das Geld zu bringen, dann nützt es nichts, ihnen die Kirche zu verweigern. Sie werden bitten und betteln, bis ich ihnen das Tor geöffnet habe.«

Und so nahm er das Schlüsselbund aus dem Gürtel und schickte sich an, die Kirchentüre zu öffnen, während er einen letzten Versuch machte, sie von ihrem Irrtum zu befreien.

»Ach, meine Freunde«, sagte er, während er an den schweren Riegeln zerrte, »es ist wohl wahr, daß sich in dieser Kirche ein altes Bild des Gekreuzigten befindet, aber es ist in schlechtem Zustand. Es hängt unbemerkt an einer Säule, und niemand pflegt seine Gebete an dieses Bildnis zu richten. Ich kann darauf schwören, in den fünfundzwanzig Jahren, die ich Sakristan an der Domkirche bin, hat es keine Wunder gewirkt.«

Die Alten waren über diese Auskunft höchlichst verwundert.

»Ach, meine Freunde«, fuhr der Sakristan fort, »wenn dieses Bild solche Macht hätte, wie ihr sie ihm zuschreibt, dann müßte es doch wenigstens diesem Rosenbusch helfen können, der hier an der Kirchenmauer steht. Früher einmal waren seine Blüten meine größte Freude. Bis zum Turm hinauf leuchteten die schönsten Rosen, aber seit einigen Jahren hat der Busch aufgehört, Blüten zu treiben. Ich gieße und pflege ihn, so gut ich kann; er sieht auch ganz frisch und grün aus, und ich kann durchaus nicht verstehen, warum es mir nicht vergönnt ist, ihn in seiner Blütenpracht zu sehen.«

Er seufzte tief und sah wirklich so betrübt aus, daß die beiden armen Wanderer versprachen, das heilige Bild zu befragen, warum der Rosenbusch keine Rosen mehr trage. Aber der Sakristan schien ihren Worten keinerlei Beachtung zu schenken.

»Eilt euch jetzt nur«, sagte er, indem er die Kirchentüre öffnete. »Ich bleibe hier draußen und warte auf euch. Nichts ist leichter, als das Bild zu finden; es hängt an der Säule, die der brennenden Lampe zunächst steht.«

Die beiden Alten waren freilich von seinen Erklärungen betroffen, aber ihr Glaube war keineswegs erschüttert; und kaum sahen sie die Türe geöffnet, eilten sie auch schon in die Kirche. Drinnen angelangt, blieben sie zunächst stehen, denn in dem altertümlichen Gotteshaus, das nur ganz wenige und sehr schmale Fenster hatte, herrschte schon tiefe Dunkelheit. Ganz vorne schimmerte freilich ein rotes Flämmchen, aber sie wußten nicht, wie sie dahin gelangen sollten, ohne an Säulen und Grabdenkmäler anzustoßen.

Die alte Frau machte einen Schritt vorwärts. Fast wäre sie über eine Stufe gefallen. Ganz erschrocken blieb sie wieder stehen.

»Lieber Mann«, sagte sie, »das nenne ich wirklich Unglück, zu wissen, daß das heilige Bild nur ein paar Schritte entfernt ist, und nicht zu ihm gelangen zu können!«

»Verhalte dich nur ein paar Minuten still, bis unsere Augen sich an die Dunkelheit gewöhnt haben«, flüsterte der

Mann. Er war von der Heiligkeit der Stätte so ergriffen, daß er kein lautes Wort wagte.

In diesem Augenblick kam es ihnen vor, als ob sich das rote Flämmchen, das vorne in der Kirche brannte, spaltete. Die eine Hälfte begann in der Kirche hin und her zu schweben. Überall, wo sie hinkam, flammten plötzlich die Wachskerzen auf, so daß die Finsternis sich rasch erhellte.

»Ach, lieber Mann«, sagte die alte Frau, »siehst du, man zündet schon Lichter an. Bald wird es keine Kunst mehr sein, zu dem heiligen Bilde zu kommen.«

»Liebe Frau«, sagte der Mann, »der Sakristan war uns doch freundlicher gesinnt, als es den Anschein hatte. Er ist durch die Sakristei hereingekommen und hat uns die Lichter angezündet. Nur kann ich nicht verstehen, warum er sich um unseretwillen so viel Mühe macht. Zwei, drei Kerzen wären doch genug gewesen. Siehst du, er zündet nicht nur am Hochaltar die Lichter an, sondern auch in den Seitenkapellen und Nischen.«

So war es wirklich. Die ganze Kirche strahlte von Licht. Die beiden waren jedoch in diesem Augenblick so von dem Gedanken an das wundertätige Bild erfüllt, daß sie sich über die vielen Flammen nicht weiter verwunderten.

»Es ist ja möglich, daß hier ein Heiligenfest gefeiert werden soll«, sagte die Alte. »Auf jeden Fall bin ich froh, daß so viele Kerzen brennen. Es ist mir immer viel andächtiger zumute, wenn in einer Kirche viele Kerzen brennen. Ich wünschte nur, daß auch die Orgel gespielt würde.«

Kaum war dies gesagt, als ein leises Brausen von der Orgelempore erklang.

»Nein, aber höre doch nur«, sagte der Mann. »Ich glaube, heute abend geht dir jeder Wunsch in Erfüllung. Und wie schön man in dieser Kirche spielt! So herrliche Musik habe ich nicht einmal im Dom von Palermo gehört.«

»Es ist so holdselig, daß man glauben könnte, ein Engel spielte«, sagte die Alte. »Geringeres hätte ich auch in dieser Kirche nicht erwartet. Nun wünschte ich nur noch Weihrauchduft, denn die duftenden Weihrauchwolken lassen mich immer fühlen, daß ich mich in einem heiligen Raume befinde.«

Kaum hatte die Frau zu Ende gesprochen, als der alte Mann staunend ausrief: »Hast du je einen so herrlichen Wohlgeruch geatmet! Das ist doch der feinste, mildeste, lieblichste Weihrauch, den ich je gerochen habe.«

Sie sahen niemanden, der Weihrauchgefäße schwang, ebensowenig bemerkten sie auf der Orgelempore einen Organisten, aber sie dachten auch gar nicht darüber nach. Sie lebten nur in dem Gedanken an das heilige Bild. Sie wanderten sehr langsam den Haupteingang hinunter, denn es wäre ihnen unschicklich vorgekommen, irgendwelche Eile zu zeigen.

Als sie ungefähr in der Mitte der Kirche angelangt waren, blieben sie stehen, denn über den Gang kam ihnen jemand entgegen. Es war eine hohe, liebliche Frauengestalt. Sie war in ein blaues Kleid und einen roten Mantel gehüllt. Sie trug ein Krönchen aus Perlen und Edelsteinen auf dem Kopfe und reiche Geschmeide um Arme und Hals. Sie grüßte die alten Leute mit dem allerfreundlichsten Lächeln, etwa wie eine Hausfrau es zeigt, die geehrten und ersehnten Gästen entgegengeht, und fragte sie, was sie so spät am Tage noch in der Kirche suchten.

»Hochgeehrte Frau Königin«, sagte die alte Frau mit freudiger Stimme, denn ein so gutes und schönes Antlitz glaubte sie noch nie erblickt zu haben, »wir sind hergekommen, ich und mein Mann, um unser Opfer vor dem heiligen Bilde des Gekreuzigten niederzulegen, das an einer Säule hier in der Kirche hängen soll.«

Hierauf begannen die Alten, wie es ihre Gewohnheit war, ihre ganze Geschichte zu erzählen, von der Abendstunde an, wo sie den Mönch in der Hauptstraße von Palermo predigen gehört hatten, bis zu ihrer Begegnung mit dem Sakristan draußen auf der Kirchentreppe. Die Fremde betrachtete sie mit großem Wohlwollen, aber je weiter die Erzählung fortschritt, nahm ihr Antlitz einen immer traurigeren Ausdruck an.

»Ach«, sagte sie, als sie alles zu Ende gehört hatte, »ich weiß nicht, ob eure Hoffnungen sich erfüllen werden, aber ich fürchte das Schlimmste. Nur selten kann Gott den Wünschen der Menschen willfahren. Ihre Qual kann ihnen ja als Strafe für irgendeine Missetat auferlegt sein. – Seht zum Beispiel den Sakristan an. Er klagt darüber, daß sein Rosenstrauch keine Rosen mehr trägt, aber er bedenkt nicht, daß dies eine Mahnung für ihn sein soll. Seit Jahr und Tag läßt er die vielen Heiligenbilder, die ihr hier rings um euch seht, ganz und gar verfallen und denkt nicht daran, die Vergoldung aufzufrischen oder die Schäden zu reparieren, die den Bildern bei den Prozessionen zugefügt werden. Er hadert mit Gott, weil ihm dieser nicht zu seiner ersehnten Freude verhilft, aber er sieht nicht ein, daß er, der verlangt, daß Gott den Rosenstrauch mit Rosen schmücken soll, nicht versäumen darf, die Bilder von Gottes heiligen Männern und Frauen, die seiner Hut anvertraut sind, in all ihrer Herrlichkeit und Pracht zu erhalten.«

»Ach ja«, sagte das alte Paar seufzend, »wir hätten uns ja denken können, daß der Sakristan ein Versäumnis begangen haben muß. Sicherlich haben wir schwerer gesündigt als er. Aber wir sind hierhergekommen im Vertrauen auf das Versprechen, das uns gegeben ward.«

Die schöne Frau vor ihnen hob die Augenbrauen ein wenig, fuhr dann aber mit derselben sanften Stimme fort: »Es ist eine schöne Sache um einen festen Glauben. Aber dies allein ist nicht genug, um von Gott erhört zu werden. Ihr könntet euch ja leicht etwas wünschen, das euch selbst zum Schaden gereichte. Ihr habt mir eben von dem armen Galeerensklaven erzählt, der eine Fähre zwischen Messina und Reggio hin und her rudert. Noch vor wenigen Jahren war er ein reicher Kaufmann; und er war auch ein guter Mann, der niemandem etwas zuleide tat, aber er war so sehr auf das Wohlleben und die Genüsse des Leibes erpicht, daß er sich die furchtbarsten Krankheiten zugezogen hätte und wahrscheinlich schon längst tot wäre, wenn Gott ihm nicht dieses Unglück gesandt hätte. Es begab sich nämlich, daß ein Dieb eine edelsteingeschmückte Krone von einem Marienbilde im Dome stahl; um den Verdacht von sich abzulenken, brach der Dieb einen Edelstein aus der Krone und steckte ihn dem reichen Kaufmann in die Tasche. Dieser Stein wurde bei ihm gefunden. Man beschuldigte ihn, die Krone der Madonna gestohlen zu haben. All seinen Unschuldsbeteuerungen zum Trotz wurde er verurteilt, an die Fähre festgeschmiedet, sein Leben lang Reisende über die Meerenge zu befördern. Nichts wäre leichter, als ihm zu helfen, denn der Dieb hat die Krone in einer Ecke des Dachbodens der Kirche versteckt. In demselben Augenblick, in dem sie zum Vorschein käme, wäre die Unschuld des Kaufmanns bewiesen, und er würde freigelassen. Aber wie soll Gott dies zulassen, ehe der Kaufmann nicht anderen Sinnes geworden ist. Würde ihm früher geholfen, so würde er gewiß sein altes Leben wieder anfangen und dem sicheren Verderben entgegengehen.«

»Liebe gnädigste Frau«, sagte der alte Mann, »wir sind froh, daß der Kaufmann aus diesem Grund unter einem ungerechten Urteil leiden muß. Wir hätten uns wohl selbst denken können, daß es mit seiner Strafe eine besondere Bewandtnis hat. Was nun uns selbst betrifft, so wissen wir freilich nicht, ob das, was wir uns wünschen, uns zum Frommen oder zum Schaden gereichen würde, aber wir bauen auf dieses Versprechen, das uns gegeben ward.«

Wieder hob die holde Erscheinung eine Augenbraue vor Ungeduld über diese Hartnäckigkeit, dann fuhr sie jedoch mit einer Stimme fort, die um so milder klang, je länger sie sprach: »Es ist etwas sehr Gutes um einen festen Glauben, aber es ist nicht gewiß, ob Gott nur um dessentwillen eure Gebete erhören kann. Es mag ja sein, daß er euch zuerst lehren will, mit dem zufrieden zu sein, das euch beschieden ist. Mir fällt dabei euer Nachbar, der reiche Bauer von Palermo, ein. Außer der kranken Tochter hat er noch eine andere, aber die ist häßlich und ein wenig mißgestaltet, und darum behandelt er sie immer schlecht. Sie ist aber klug und gut und arbeitsam und macht sich in jeder Weise nützlich.

Ihre Leiden haben Gott gerührt, so daß er eine Krankheit über ihre Schwester verhängt hat. Obgleich sie sehr leicht zu beheben wäre – sie rührt nur von einem vergifteten Kamme her, den eine böswillige Araberin ihr verkauft hat –, muß sie vielleicht daran sterben, wenn ihr Vater nicht lernt, seine beiden Kinder gleich zu lieben. Die Kranke brauchte nur aufzuhören, sich mit dem gefährlichen Kamme zu kämmen, und sie würde allmählich genesen – aber dies wird nicht eher geschehen, als bis der Vater gelernt hat, die guten Gaben seiner häßlichen Tochter zu schätzen.«

»Wahrlich«, rief die alte Frau, »je länger ich Euch sprechen höre, gute, gnädigste Frau, desto fester bin ich von Gottes Weisheit und Gerechtigkeit überzeugt. Sicherlich haben wir beiden Alten oftmals verabsäumt, ihm für alle seine Wohltaten zu danken, aber wir vertrauen doch trotz allem auf das Versprechen, das man uns gegeben hat.«

Bei diesen Worten überstrahlte das holdeste Lächeln das Antlitz der edlen Frau, und indem sie den beiden Alten winkte, ihr zu folgen, sagte sie: »Ich habe euch gewarnt, meine Freunde, aber ich sehe, daß es unmöglich ist, euch von eurem Vorhaben abzubringen. Denkt noch einmal daran, wie schwer es ist, Erhörung zu finden, bevor ihr all euer Hab und Gut weggebt!«

Ohne eine Antwort abzuwarten, führte sie die Alten zu einer Säule und wies in die Höhe. Da hing ganz oben an der Decke ein großes Kreuz aus dunklem Holz. Daran war ein Christusbild befestigt, das so anders als alle anderen Bilder des Gekreuzigten war, daß die Alten sich an ihre Begleiterin wandten, um sich zu vergewissern, ob sie auch recht gegangen waren.

»Dieses Bild ist sehr alt«, sagte sie, »und sehr schlecht erhalten, aber dennoch stellt es meinen Sohn dar, den gekreuzigten Heiland.«

Die beiden Alten waren so in die Betrachtung des heiligen Bildes vertieft, daß sie erst viel später die ganze Bedeutung dieser Worte erfaßten.

»Lieber Mann«, flüsterte die alte Frau, »der Heilige dort

oben macht mir fast bange mit seinen breiten Augenbrauen und seinen tiefen Augen. Mir wird ganz ängstlich zumute, weil er ohne Bart abgebildet ist. Ich kann ihn nicht wiedererkennen.«

Sie wunderten sich auch, daß der Gekreuzigte in einen kurzen Rock gehüllt war und einen Gürtel um den Leib trug und Holzsandalen an den Füßen. Das Bildnis war auch sehr verstaubt und hing sicherlich schon jahrelang da, ohne daß es jemand eingefallen war, nach ihm zu sehen.

»Ihr seid gewiß recht unruhig«, sagte ihre Begleiterin. »Ihr hattet sicherlich ein anderes Aussehen des Mächtigen erwartet, der euch helfen soll.«

»Liebe gnädigste Frau Königin«, sagte der alte Mann, »wir denken nichts dergleichen. Wir wissen, daß er so aussah, als er noch hier auf Erden wandelte; er war seinem Äußeren nach gering, und die Menschen verstanden nicht sogleich, daß er Gottes Sohn war.«

Da kehrte das Lächeln in vollster Klarheit auf dem Antlitz der fremden Frau wieder.

»So überreicht ihm denn eure Gabe«, sagte sie.

Ohne ein weiteres Wort zu sagen, sanken die beiden Alten in die Knie und neigten den Kopf auf den steinernen Boden.

»O Christus, Gottes Sohn«, sagten sie, »nimm unsere Gabe und höre unsere Bitte. Sieh hier diese dreißig Gulden, die wir erhielten, als wir unser Gärtchen verkauften, unsere Hütte und unseren alten Esel. Wir haben sie aus Sizilien hierhergetragen, weil wir wissen, daß du jede Gabe, die man dir darbringt, hundertfach vergiltst. Mache unseren Glauben nicht zuschanden, sondern schenke uns soviel, daß wir ein sorgenloses Alter genießen können!«

Während sie dies sagten, löste der Mann den Beutel mit den dreißig Gulden von seinem Gürtel und schob ihn zu der Säule, die das Kreuz trug.

Noch einmal wiederholten sie dieselben Worte, ohne den Kopf zu heben, aber plötzlich hörten sie ein leichtes Knacken über sich. Sie blickten auf und sahen, daß das

Holzbild einen Arm und einen Fuß von den Nägeln befreit hatte.

Die alte Frau umklammerte heftig die Hand ihres Mannes, aber keiner von ihnen sagte ein Wort. Ihre Herzen klopften in seliger Erwartung. Sie waren nun sicherer denn je, daß ihre Gebete erhört werden würden.

Das Christusbild löste mit einem raschen Griff die Holzsandale von seinem Fuße und ließ sie zu den Betenden herabfallen. Dann nahm es seine gewohnte Stellung wieder ein und sah mit derselben strengen und betrübten Miene von seinem Kreuze wieder auf sie nieder wie zuvor.

Es war alles das Werk eines Augenblicks, und sie hätten dem Zeugnis ihrer Augen nicht getraut, hätte nicht vor ihnen auf dem Boden die Sandale gelegen.

Es war eine ganz gewöhnliche Sandale mit Holzsohle und Lederriemen. Weder Stein noch Schmuck waren daran; sie war ganz wertlos. Die edle Frau, die noch immer neben ihnen stand, glaubte zu bemerken, daß die beiden Armen sich in ihren Erwartungen getäuscht sahen.

»Ach«, sagte sie mitleidig, »diese Sandale ist wahrlich eine schlechte Vergeltung für eure große Gabe. Aber noch ist es ja nicht zu spät. Ihr könnt sie liegenlassen, wo sie liegt, und eure Gulden wieder zurücknehmen.« Da sahen sie die beiden Alten beinahe vorwurfsvoll an.

»Wo denkt Ihr hin, liebe gnädigste Frau?« sagten sie. »Das heilige Bild hat uns sicherlich so viel gegeben, als es in seiner Armut vermag. Es hat ein Wunder getan, um uns diese Sandale zu schenken. Die ist wohl tausendmal mehr wert als unsere armseligen Gulden.«

Kaum hatten sie dies gesagt, als das Angesicht der hohen Frau von dem zärtlichsten Lächeln erhellt wurde.

»Ihr seid meines Sohnes rechte Diener«, sagte sie, »und ihr sollt euch in eurem Vertrauen zu ihm nicht getäuscht haben. Die unschuldigen Wünsche frommer Menschen kann Gott allezeit erfüllen.«

Während sie so sprach, wurde sie von einem solch reinen Glanze umstrahlt, daß die Alten ihre Augen schließen mußten. Als sie die Augen wieder öffneten, herrschte Dunkelheit in der Kirche; die Lichter waren erloschen; das Orgelspiel hatte aufgehört; und die strahlende Frau, die eben noch vor ihnen gestanden hatte, war verschwunden.

Aber sie hatten gar keine Zeit, über die Veränderung zu staunen. Nicht einen Augenblick waren sie allein. Die Kirchentüre wurde aufgerissen, und der Sakristan kam hereingestürzt.

»Ihr lieben heiligen Wanderer«, rief er, »welches Wunder! Ich habe es gesehen; ich saß auf der Treppe und wartete auf euch, aber als ihr so lange ausbliebt, stand ich auf und guckte durch das Schlüsselloch. Da sah ich euch in Strahlen überirdischen Lichtes dahingehen; und die heilige Mutter Gottes, die sonst auf einem Altar hier vorne thront, war herniedergestiegen und ging an eurer Seite. Dann sah ich, wie sich der Gekreuzigte über euch neigte, um euch seine Sandale zu schenken. Ach, ihr müßt gleich mit mir zum Herrn Bischof kommen!«

Er führte sie zum Bischof, der im Kapitelsaale saß, umgeben von seinen Domherren.

Und der Sakristan erzählte, und die beiden Alten erzählten, und endlich wurde es den frommen Herren klar, welch großes Wunder sich begeben hatte.

Da beeilte sich der Bischof, seinem Schatzmeister zu winken.

»Mein Freund«, sagte er, »ich will die Sandale, die diese guten Menschen in so wunderbarer Weise von dem heiligen Bilde empfangen haben, mit dreitausend Gulden bezahlen. Ich will nicht, daß die Sandale aus Lucca fortkommt.«

Als das Geld aufgezählt und dem alten Mann in die Hand gelegt war, fuhr der Bischof fort: »Ehe ihr nun Lucca verlaßt, fordere ich euch auf, mit uns das heilige Bild auf seinen rechten Platz über dem Hochaltar zu bringen; aber dann sollt ihr schleunigst denselben Weg zurückgehen, den ihr gekommen seid und alles, was ihr auf eurer Wanderung erlebt habt, einem jeglichen erzählen, der es hören will. Ich freue mich, daß nun durch euch der Galeerensklave von seinen Rudern erlöst und eures guten Nachbars Tochter von ihrer Krankheit geheilt werden wird, so wie ich auch gewiß bin, daß der Sakristan nicht versäumen wird, den Rosenbusch wieder blühen zu lassen.«

Er verstummte einen Augenblick, dann breitete er die Hände über die beiden Alten aus.

»Ihr seid die Weisen, und wir sind die Toren«, rief er. »Auch wir wissen, daß Gott allmächtig ist, aber wir wagen es nicht, auf seinen Beistand zu vertrauen! Danket Gott, der euch die Gabe des Glaubens gegeben hat. Das ist die größte seiner Segnungen.«

Santa Caterina di Siena

Es ist in dem alten Hause Santa Caterinas in Siena, an einem Tage Ende April, in der Woche, in der ihr Fest gefeiert wird. In dem alten Hause in der Färberstraße ist es, dem Hause mit der schönen Loggia und den vielen kleinen Kammern, die jetzt zu Kapellen und Betzimmern umgewandelt sind, in die die Menschen mit weißen Liliensträußen kommen, und wo es von Räucherwerk und Veilchen duftet.

Und wenn man da geht, denkt man: Es ist ganz so, als wäre die kleine Caterina gestern gestorben, als hätten alle, die heute in ihrem Haus aus und ein gehen, sie gesehen und gekannt.

Aber eigentlich kann doch niemand glauben, sie sei tot, denn da würde man mehr Schmerz und Tränen sehen und nicht bloß ein stilles Vermissen wie jetzt. Es ist eher, als ob eine geliebte Tochter eben geheiratet hätte und aus dem väterlichen Heim fortgezogen wäre.

Werft nur einen Blick auf die nächsten Häuser. Die alten Mauern sind festlich verkleidet. Und in ihrem eignen Heim hängen Blumengirlanden unter Pforten und Loggien, grünes Laub liegt auf Treppen und Schwellen, und in den Zimmern duftet es von großen Blumensträußen.

Und man kann es gar nicht glauben, daß sie schon seit fünfhundert Jahren tot ist. Viel eher ist es, als hätte sie ihre Hochzeit gefeiert und wäre fortgezogen in ein Land, aus dem sie erst spät oder niemals wiederkehren kann. Sind es nicht lauter rote Tücher und rote Decken und rote Seidenfahnen, die die Häuser verkleiden, und sind nicht die größten, rotesten Papierrosen in die dunklen Steineichengirlanden gesteckt, und die Schabracken über Türen und Fenstern, sind sie nicht rot mit goldnen Fransen? Kann es etwas Fröhlicheres geben?

Und seht nun, wie drinnen im Hause alte Frauen umhergehen und ihre kleinen Besitztümer betrachten. Es ist, als hätten sie sie gerade diesen Schleier, dieses Bußgewand tragen sehen. Sie besehen das Zimmer, wo sie gewohnt hat, und weisen auf die Lagerstatt und auf die Briefbündel. Und sie erzählen, wie sie erst gar nicht schreiben lernen konnte, aber dann kam es ganz plötzlich über sie, daß sie es konnte – ganz ohne Unterricht. Und seht nur, was für eine gute, klare Handschrift! – Dann zeigen sie auch die kleine Flasche, die sie am Gürtel zu tragen pflegte, um immer ein paar Tropfen zur Hand zu haben, wenn sie einem Kranken begegnete; und sie lesen einen Segensspruch über der alten Nachtlampe, die sie in der Hand trug, wenn sie ging und die Kranken in den Nächten des Leidens aufsuchte. Es ist ganz, als wollten sie sagen: »O Gott, o Gott, daß sie nun fort ist, die kleine Caterina Benincasa, daß sie nie mehr kommen wird und nach uns Alten sehen!«

Und sie küssen ihr Bild und nehmen Blumen aus den Sträußen und bergen sie als Andenken.

Es sieht ganz so aus, als hätten die, die im Heim zurückgeblieben sind, sich lange auf die Trennung vorbereitet und versucht, alles mögliche zu tun, um das Gedächtnis der Fortgezogenen so recht lebendig zu erhalten. Seht, dort an der Wand, da ist sie gemalt, da ist ihre ganze kleine Geschichte Zug für Zug gesammelt. Da ist sie, wie sie sich das lange, schöne Haar abschnitt, damit kein Mann sie lieben könnte, denn sie wollte nicht heiraten! Oh, oh, welchen Schimpf sie darum leiden mußte! Es ist schrecklich, daran zu denken, daß ihre Mutter sie quälte und sie wie eine Dienstmagd behandelte und sie auf dem Steinboden im Flur schlafen ließ und ihr nichts zu essen geben wollte, bloß weil sie standhaft blieb. Aber sie, die keinen andern Bräutigam haben wollte als Christus, was sollte sie tun, da sie stets versuchten, sie zu verehelichen? Und da ist sie, wie sie auf den Knien lag und betete, und wie ihr Vater in das Zimmer trat, ohne daß sie darum wußte, und eine schöne, weiße Taube über ihrem Haupte schweben sah, solange das Gebet währte.

Und da ist sie, in einer Weihnachtsnacht, als sie sich zum Altar der Madonna geschlichen hatte, um sich so recht der Geburt des Gottessohnes zu freuen.

Und die schöne Madonna beugte sich aus dem Rahmen hinab und reichte ihr das Kind, damit sie's für einen Augenblick in ihren Armen halte. Ah, welche Wollust da über ihr war!

Du lieber Gott, ja, man muß ja auch nicht sagen, daß sie tot ist, die kleine Caterina Benincasa. Man kann ganz einfach sagen, sie sei fortgezogen mit ihrem Bräutigam.

Dort im Haus wird man ihr frommes Tun und Lassen nie vergessen. Da kommen alle Armen Sienas und klopfen an die Tür, denn sie wissen: dies ist des kleinen Jungfräuleins Hochzeitstag. Und da liegen große Haufen Brot für sie bereit, ganz, als wäre sie noch daheim. Sie bekommen die Körbe und die Taschen voll. Sie hätte sie nicht schwerer beladen wegschicken können, wenn sie selbst noch da wäre.

Da ist ein solcher Kummer um die Dahingegangne, daß man kaum begreift, wie der Bräutigam es hat übers Herz bringen können, sie fortzuführen.

Drinnen in den kleinen Kapellen, die in jeder Ecke des Hauses eingerichtet sind, lesen sie Messe um Messe, den ganzen Tag, und sie rufen die Braut an und singen Hymnen an sie.

»Heilige Caterina«, sagen sie, »an deinem Todestag, der dein himmlischer Hochzeitstag ist: Bitte für uns!«

»Heilige Caterina, du strahlende Himmelsbraut, du allerglückseligste Jungfrau, die die Gottesmutter zur Seite des Sohnes erhob, die an diesem Tage von Engeln in das Reich der Herrlichkeit getragen wurde: Bitte für uns!«

Es ist wunderlich, wie lieb man sie gewinnt; das Heim und die Bilder und die Liebe der Alten und Armen machen sie so lebendig. Und man beginnt nachzugrübeln, wie sie wirklich war, ob sie nur eine Heilige gewesen ist, nur eine Himmelsbraut, ob es wahr ist, daß sie es nicht vermochte, einen andern als Christus zu lieben. Und da kommt eine alte Erzählung, die einem vor langer Zeit das Herz erwärmt hat, aus der Erinnerung aufgetaucht, erst ganz unbestimmt und formlos; aber während man in dem festlich geschmückten Haus unter der Loggia sitzt und die Armen mit ihren gefüllten Körben fortwandern sieht und das dumpfe Murmeln aus der Kapelle hört, wird das Schwebende immer deutlicher und steht mit einem Mal ganz klar vor dem Gedanken.

Nicola Tungo war ein junger Edelmann aus Perugia, der oft nach Siena kam um der Wettrennen willen. Er merkte bald, was für eine schlechte Verwaltung Siena hatte, und sagte oft bei den Gastmählern der Großen und wenn er im Wirtshause saß und trank, daß Siena sich gegen die Signoria erheben und sich andre Machthaber schaffen solle.

Die damalige Signoria war noch nicht länger als ein halbes Jahr am Ruder; sie war ihrer Stellung nicht sehr sicher und wollte es nicht dulden, daß der Perugier das Volk aufreizte. Um der Sache ein rasches Ende zu machen, ließ sie ihn gefangennehmen, und nach einem kurzen Verhör wurde er zum Tod verurteilt. Man warf ihn in eine Gefängniszelle des Palazzo pubblico, indessen alles zur Hinrichtung vorbereitet wurde, die am nächsten Morgen auf dem Marktplatz stattfinden sollte.

Im Anfang deuchte es ihn wunderlich. Morgen sollte er also nicht mehr seinen grünen Samtmantel tragen und das schöne Wehrgehenk, er sollte nicht über die Straße gehen in seinem Straußfederbarett und die Blicke der jungen Mägdlein auf sich locken. Und es schwebte ihm vor wie eine schmerzliche Leere, daß er sein neues Pferd nicht würde reiten können, das er gestern gekauft und erst ein einziges Mal versucht hatte.

Plötzlich rief er den Gefängniswächter und hieß ihn zu den Herren Signoria gehen und ihnen sagen, daß er sich unmöglich töten lassen könnte, er hätte keine Zeit. Er hätte zu viel zu tun. Das Leben könnte ihn nicht entbehren. Sein Vater sei alt, und er sei ja der einzige Sohn, er sei es, der das

Geschlecht fortsetzen solle. Er, der die Schwestern zu verheiraten hätte, der den neuen Palast bauen, den neuen Weingarten pflanzen müßte.

Er war ein stattlicher junger Mann, er wußte nicht, was Krankheit ist, nichts als Leben hatte er in den Adern. Sein Haar war dunkel und seine Wangen waren rosig. Er konnte es nicht fassen, daß er sterben sollte.

Wenn er daran dachte, daß man ihn wegriß von Spiel und Tanz und Karneval, vom Wettrennen des nächsten Sonntags, von der Serenade, die er der schönen Giulietta Lombardi bringen wollte, da wurde er rasend vor Zorn über die Ratsherren, so wie man über Diebe und Räuber außer sich gerät. Die Schurken, die Schurken, das Leben wollten sie ihm nehmen!

Aber je mehr Zeit hinging, desto größer wurde seine Trauer. Er trauerte um Licht und Wasser, um Himmel und Erde. Er dachte, daß er gern ein Bettler am Wege sein wollte, krank sein, hungern und frieren wollt er, wenn er nur leben dürfte.

Er wünschte, daß alles mit ihm stürbe, daß nichts nach ihm übrig bliebe. Das wäre ihm ein großer Trost gewesen.

Aber daß am nächsten Tag und alle Tage Leute auf den Markt kommen und handeln würden, daß Frauen Wasser vom Brunnen holen und Kinder über die Straße laufen würden, und er es nicht sehen sollte, das konnte er nicht ertragen. Er beneidete nicht nur die Leute, die prunken und Feste feiern konnten und glücklich waren. Er beneidete ebensosehr den elendesten Krüppel. Was er wollte, war nichts als das Leben.

Da kamen Priester und Mönche zu ihm.

Er wurde beinahe froh, denn nun hatte er jemand, gegen den er seinen Zorn kehren konnte. Er ließ sie erst ein wenig reden, er war begierig, zu hören, was sie einem so zu Unrecht verurteilten Mann sagen würden; aber als sie ihm sagten, er möge sich freuen, daß es ihm vergönnt sei, in seiner blühenden Jugend aus dem Leben zu scheiden und die himmlische Seligkeit zu gewinnen, da fuhr er auf und ergoß seinen Zorn über sie. Er höhnte Gott und die Himmelsfreuden, er bedürfe ihrer nicht. Das Leben wolle er und die Erde, Lust und Tand. Er bereue jeden Tag, an dem er sich nicht in irdischen Freuden gewälzt, jede Versuchung, der er widerstanden hätte. Was brauche Gott sich um ihn zu bekümmern? Er trage kein Verlangen nach seinem Himmel.

Und als die Priester fortfuhren zu sprechen, packte er einen von ihnen an der Brust und hätte ihn getötet, wenn sich nicht der Kerkermeister dazwischengeworfen hätte. Da ließen sie ihn binden und knebelten seinen Mund und predigten ihm; aber sobald er wieder reden konnte, raste er wie zuvor. Sie blieben stundenlang bei ihm, aber sie sahen, daß es nichts fruchtete.

Als sie sich gar keinen andern Rat mehr wußten, da schlug einer von ihnen vor, man möge die junge Caterina Benincasa zu ihm senden, der eine große Macht eigen war, trotzige Herzen zu beugen.

Wie der Perugier diesen Namen hörte, hielt er mitten in seinem Redestrom inne. Fürwahr, das behagte ihm. Das war ganz etwas andres, es mit einem jungen, schönen Mägdlein zu tun zu haben.

»Schickt mir die Jungfrau her«, sagte er.

Er wußte, daß sie eine junge Färberstochter war, die allein in Straßen und Gäßchen umherzog und predigte. Manche hielten sie für wahnsinnig, andre erzählten, daß sie Visionen hätte. Für ihn war sie immerhin eine bessere Gesellschaft als diese schmutzigen Mönche, die ihn ganz von Sinnen brachten.

So gingen die Mönche ihrer Wege, und er blieb allein. Kurz darauf öffnete sich die Tür aufs neue; aber wenn die Geholte jetzt hereingekommen war, mußte sie mit sehr leichten Schritten gegangen sein, denn er hörte nichts. Er lag auf dem Boden, wie er sich in seinem großen Unmut hingeworfen hatte, und war zu müde, um sich zu erheben oder eine Bewegung zu machen oder auch nur aufzublikken. Seine Arme waren mit Stricken zusammengeschnürt, die tief ins Fleisch schnitten.

Da fühlte er, wie jemand begann, diese Stricke zu lösen, eine warme Hand streifte seinen Arm, und er sah auf. Neben ihm lag ein kleines Wesen in weißer Dominikanertracht, Kopf und Hals so dicht in weiße Schleier eingehüllt, daß von ihrem Gesicht gerade so viel sichtbar wurde, wie von dem eines Ritters, wenn er einen Helm mit heraufgeschlagenem Visier trägt.

Sie sah gar nicht so fromm aus, sie war wohl ein wenig aufgebracht. Er hörte, wie sie etwas murmelte von den Gefängnisknechten, die die Stricke zugezogen hatten. Es schien, als sei sie zu keinem andern Zweck gekommen, als sich um die Knoten zu mühen. Sie war ganz davon erfüllt, sie zu lösen, ohne ihm wehe zu tun. Endlich mußte sie die Zähne zu Hilfe nehmen, und da ging es. Sie schnürte den Strick mit leichten Bewegungen auf, nahm dann die kleine Flasche, die sie am Gürtel trug, und goß ein paar Tropfen daraus auf die zerschnittene Haut.

Er lag da und blickte sie immerfort an, aber sie begegnete seinem Blick nicht und schien nur auf das bedacht, was sie unter den Händen hatte. Es war, als läge ihr nichts so fern, als daß sie hier weilte, um ihn zum Tod vorzubereiten.

Er war jetzt so ermüdet von seiner Aufwallung und gleichzeitig so beruhigt durch ihre Gegenwart, daß er bloß sagte:

»Ich glaube, ich möchte schlafen.«

»Es ist eine wahre Schmach, daß sie dir kein Stroh gebracht haben«, sagte sie.

Sie sah sich einen Augenblick unschlüssig um, dann kam sie und ließ sich hinter ihm auf den Boden nieder und legte seinen Kopf auf ihre Knie.

»Ist dir jetzt besser?« fragte sie.

Nie in seinem Leben hatte er sich so ruhevoll gefühlt.

Aber schlafen konnte er doch nicht, sondern er lag da und blickte zu ihrem Antlitz empor, das gelblichweiß und durchsichtig war. Solchen Augen war er nie zuvor begegnet. Sie blickten immer weit, weit fort, sie sahen in eine andre Welt hinein, indessen sie unbeweglich dasaß, um seinen Schlummer nicht zu stören.

»Du schläfst nicht, Nicola Tungo«, sagte sie und sah unruhig aus.

»Ich kann nicht schlafen«, erwiderte er, »denn ich liege da und denke nach, wer du sein magst.«

»Ich bin die Tochter Luca Benincasas, des Färbers, und seiner Ehefrau Lapa. Unser Haus liegt in der Talsohle unter dem Dominikanerkloster.«

»Ich weiß«, sagte er, »und ich weiß auch, daß du in den Straßen umhergehst und predigst. Und daß du die Nonnentracht genommen und das Gelübde der Keuschheit abgelegt hast, weiß ich auch. Aber dennoch weiß ich nicht, wer du bist.«

Sie wendete den Kopf ein wenig ab. Dann sagte sie flüsternd, wie eine, die ihre erste Liebe bekennt: »Ich bin die Braut Christi.«

Er lachte nicht; aber er fühlte einen Stich im Herzen, wie vor Eifersucht. »Ah, Christus!« sagte er, als hätte sie sich weggeworfen.

Sie hörte, daß Verachtung in seinem Tone lag, aber sie verstand das so, als meine er, sie wäre vermessen.

»Ich begreife es selbst nicht«, sagte sie, »aber es ist so.«

»Das ist eine Einbildung oder ein Traum«, erwiderte er.

Sie wendete ihm ihr Gesicht zu. Es leuchtete rosig von dem Blut, das unter der durchsichtigen Haut aufgestiegen war. Es deuchte ihn mit einem Mal, daß sie schön sei wie eine Blume, und er wurde ihr gut. Sie regte die Lippen, als wolle sie sprechen, doch es kam kein Laut über sie.

»Wie soll ich das glauben können?« beharrte er.

»Ist es dir nicht genug, daß ich hier bei dir im Kerker bin?« fragte sie mit erhobner Stimme. »Ist es eine Freude für ein junges Mägdlein, wie ich es bin, zu dir und zu andern Verbrechern in ihre trüben Gefängnishöhlen zu gehen, eine Zielscheibe allen Hohns? Brauche ich nicht Schlaf wie andre, und doch muß ich jede Nacht aufstehen und zu den Kranken des Hospitals gehen? Habe ich nicht Furcht wie andre, und doch muß ich zu den hochvornehmen Herren wandern auf ihr Schloß und ihnen ins Gewissen reden? Zu den Pestkranken muß ich gehen, alle Laster, alle Sünde muß ich schauen. Wann sahst du je eine Jungfrau all dies tun? Und ich muß es doch.«

»Ach, du Arme«, sagte er und strich sacht über ihre Hand. »Du Arme.«

»Denn ich bin nicht kühner oder klüger oder stärker als irgendeine andre«, sagte sie. »Es fällt mir ebensoschwer, solches zu tun, wie allen andern Jungfrauen. Du siehst es ja. Bin ich nicht hergekommen, um mit dir von deiner Seele zu reden, und doch habe ich gar nicht gewußt, was ich dir sagen soll.«

Es war wunderlich, wie ungern er sich überzeugen ließ. »Du magst dich dennoch irren«, sagte er. »Woher weißt du, daß du dich Christi Braut nennen kannst?«

Ihre Stimme begann zu beben, und es war, als müßte sie sich das Herz aus der Brust reißen, da sie antwortete: »Es fing früh bei mir an, ich war nicht mehr als sechs Jahre alt. Da ging ich eines Abends mit meinem Bruder über die Wiese unter der Dominikanerkirche, und gerade wie ich meine Augen zur Kirche erhob, sah ich Christus auf einem Thron sitzen, umgeben von aller Macht und Herrlichkeit. Er war in leuchtende Gewänder gekleidet wie der heilige Vater in Rom, sein Haupt war von paradiesischem Licht umgeben, und um ihn her standen Pietro, Paolo und Giovanni, der Evangelist. Und wie ich ihn betrachtete, da drangen in mein Herz eine solche Liebe und eine solche heilige Wollust ein, daß ich es kaum zu ertragen vermochte. Er erhob die Hand und segnete mich, und ich sank zu Boden und war so berückt vor Seligkeit, daß mein Bruder mich am Arm ergriff und schüttelte. Seither, Nicola Tungo, habe ich Jesus geliebt wie meinen Bräutigam.«

Doch er wendete wieder ein: »Du warst ein Kind damals. Du bist auf der Wiese eingeschlafen und hast geträumt.«

»Geträumt«, wiederholte sie, »sollte ich wohl alle die Male geträumt haben, da ich ihn gesehen habe? Sollte es ein Traum gewesen sein, daß er in der Kirche zu mir kam in Gestalt eines Bettlers und mich um ein Almosen bat? Da war ich doch ganz wach. Und hatte ich um eines bloßen Traumes willen durch so viel Leiden gehen können, wie mir jungem Mägdlein widerfuhr, weil ich keine Ehe schließen wollte?«

Doch Nicola blieb hartnäckig, denn er konnte es nicht ertragen, daß sie umherging und eine andre Liebe im Herzen trug. »Aber wenn du auch Christus liebst, o Jungfrau, woher weißt du, daß er dich wiederliebt?«

Sie lächelte ihr fröhlichstes Lächeln und schlug die Hände zusammen wie ein Kind. »Das sollst du hören, das sollst du hören«, sagte sie. »Nun will ich dir das Allerwichtigste sagen. Es war eine Nacht in den Fasten. Ich hatte mit den Eltern Frieden geschlossen und ihre Erlaubnis erwirkt, das Gelübde der Keuschheit abzulegen und die Nonnentracht zu nehmen, obgleich ich immer noch in ihrem Hause wohnte. Und es war Nacht, wie ich dir gesagt habe, aber es war die letzte Nacht des Karnevals, so daß alle die Nacht zum Tag machten. Es war ein Fest auf allen Gassen, die Balkone hingen wie Vogelbauer an den Mauern der großen Paläste und waren ganz mit seidnen Tüchern und Fahnen verkleidet und mit edlen Damen besetzt. Ich sah ihre Schönheit im Schimmer der roten, rauchenden Fackeln, die in Bronzeleuchtern staken, Reihe um Reihe, bis zum Dachfirst hinauf. Und über die bunten Gassen kamen sie in Wagen gefahren, und alle Götter und Göttinnen und alle Tugenden und Schönheiten wallten in langen Zügen dahin. Und dazwischen gab es ein Spiel der Masken und solch eine Lustigkeit, daß du, o Herr, nie bei etwas Fröhlicherem warst. Und ich floh in meine Kammer, aber ich hörte doch das Gelächter von der Straße, und nie habe ich Menschen so lachen hören, es war so lieblich und klingend, daß die ganze Welt mitlachen mußte, und sie sangen Weisen, die sicherlich böse waren, aber sie klangen so unschuldig und brachten solche Freude mit sich, daß das Herz erzitterte, so daß ich mich mitten im Gebet fragen mußte, warum ich nicht mit dort draußen wäre, und es zog und lockte mich so unwiderstehlich, als wäre ich an ein scheues Pferd gebunden.

Aber nie zuvor habe ich so zu Christus gebetet, daß er mir zeigen möge, was sein Wille mit mir sei. Und da hörte plötzlich aller Lärm auf. Eine große, wunderbare Stille war um mich, und ich sah eine grüne Wiese, wo die Gottesmutter unter Blumen saß, und in ihrem Schoß lag das Jesuskind und spielte mit Lilien. Und ich eilte mit großen Freuden hinzu und sank vor dem Kind auf die Knie und war plötzlich voll Frieden und Ruhe, und da schob das heilige Kind einen Ring auf meinen Finger und sagte zu mir: ›Wisse es, Caterina, daß ich heute mein Verlobungsfest mit dir feiere und dich an mich binde mit der stärksten Treue!‹«

»Oh, Caterina!«

Der junge Perugier hatte sich auf dem Boden umgedreht, so daß er sein Gesicht in ihrem Schoß vergraben konnte. Es war, als ertrüge er es nicht, zu sehen, wie sie strahlte, während sie sprach, und wie ihre Augen gleich klar schimmernden Sternen wurden. Es gingen Schmerzensschauer durch seinen Körper.

Aber indessen sie sprach, war ein großer Kummer in ihm aufgekeimt. Das kleine Jungfräulein, das weiße, kleine Jungfräulein – das sollte er niemals gewinnen. Ihre Liebe gehörte einem andern, sie konnte nie sein werden. Es lohnte nicht einmal, ihr zu sagen, daß er ihr gut war. Aber er litt, sein ganzes Wesen zitterte in Liebesqual. Wie sollte er leben können ohne sie? Da war es ihm beinahe ein Trost, zu denken, daß er zum Tod verurteilt war. So brauchte er nicht zu leben und sie zu entbehren.

Da stieß das Mägdlein hinter ihm einen tiefen Seufzer aus und kehrte von den Himmelsfreuden zurück, um an die armen Menschen zu denken. »Ich vergesse ganz, mit dir von deiner Seele zu sprechen«, sagte sie. Da dachte er: Sieh, diese Bürde kann ich ihr doch erleichtern.

»Schwester Caterina«, sagte er, »ich weiß nicht, welcher himmlische Trost sich auf mich gesenkt hat. In Gottes Namen, ich will mich auf den Tod vorbereiten. Du kannst Priester und Mönche rufen, und ich werde ihnen beichten. Aber eines mußt du mir geloben, bevor du gehst. Du wirst zu mir kommen, morgen, wenn ich sterben soll, und wirst meinen Kopf zwischen deinen Händen halten, so wie du jetzt tust.«

Als er dies sagte, begann sie zu weinen, und eine unsägliche Freude erfüllte sie. »Nicola Tungo, wie glücklich bist du!« sagte sie. »Du kommst vor mir ins Paradies.« Und sie begann leise sein Haar zu streicheln.

Und er sagte wieder: »Du kommst zu mir, morgen, auf den Marktplatz. Vielleicht werde ich sonst bange. Vielleicht kann ich sonst nicht in Standhaftigkeit sterben. Aber wenn du da bist, werde ich nur Freude empfinden, und alle Furcht wird von mir weichen.«

»Ich sehe dich nicht mehr als ein armes Menschenkind«, sagte sie, »als ein Einwohner des Himmels erscheinst du mir. Mir ist, als strahltest du Licht aus, als umschwebte dich Weihrauch. Es strömt Seligkeit über von dir auf mich, der du so bald dem geliebten Bräutigam begegnen wirst. Sei getrost, ich werde kommen und dich sterben sehen.« Hierauf führte sie ihn zur Beichte und zum Abendmahl. Er tat alles wie ein Schlummernder, Todesfurcht und Lebenssehnsucht hatten ihn verlassen. Er wünschte den Morgen herbei, an dem er sie wieder sehen sollte, er dachte nur an sie und an die Liebe für sie, die ihn erfaßt hatte. Der Tod deuchte ihn jetzt etwas ganz Geringes gegen den Schmerz, daß sie ihn niemals lieben würde.

Die Jungfrau schlief nicht viel in dieser Nacht, und frühmorgens war sie auf dem Richtplatz, um seiner zu harren. Sie rief unablässig Jesu Mutter an, Maria, und die heilige Katharina von Ägypten, die Jungfrau und Märtyrerin, daß sie seine Seele retteten. Unablässig sagte sie: »Ich will, daß er erlöst werde, ich will, ich will.«

Aber sie hatte Angst, daß ihre Gebete fruchtlos sein würden, denn sie empfand nicht mehr jene Begeisterung, die am Abend vorher über ihr gewesen war, nur ein unsägliches Mitleid fühlte sie mit ihm, der sterben sollte. Nur Kummer und Schmerz waren über ihr.

Langsam füllte sich der Marktplatz mit Menschen. Die

Henkersknechte marschierten auf, die Büttel kamen, Lärm und Geplauder herrschten ringsum, aber sie merkte nichts und hörte nichts. Ihr war, als wäre sie ganz allein. Als er kam, ging es ihm ebenso. Er hatte keine Gedanken an all die andern, er sah nur sie. Aber als er beim ersten Blicke auf sie sah, wie ihr Gesicht in Schmerz aufgelöst war, da leuchtete er auf und wurde beinahe froh. Und laut rief er ihr zu: »Heute nacht hast du nicht geschlafen, Jungfrau.«

»Nein«, sagte sie, »ich habe im Gebet für dich gewacht, aber jetzt bin ich in Verzweiflung, denn meine Gebete haben keine Kraft.«

Er ließ sich auf den Richtblock nieder, und sie lag auf den Knien davor, um seinen Kopf zwischen ihren Händen halten zu können.

»Nun ziehe ich aus, deinem Bräutigam zu begegnen, Caterina.«

Sie schluchzte immer heftiger. »Ich kann dich so schlecht trösten«, sagte sie.

Er sah sie mit einem wunderbaren Lächeln an. »Deine Tränen sind mein bester Trost.«

Der Scharfrichter stand mit gezognem Schwert neben ihnen, aber sie winkte ihm, er solle zurücktreten, sie wolle noch einige Worte mit dem Verurteilten sprechen.

»Bevor du kamst«, sagte sie, »habe ich mich hier auf diesen Richtblock gelegt, um zu versuchen, ob ich es ertragen könnte. Und da fühlte ich, daß ich noch Grauen vor dem Tod hatte, daß ich Jesus nicht genug liebe, um in dieser Stunde sterben zu wollen. Und ich will auch nicht, daß du stirbst, und meine Gebete haben keine Kraft.«

Als sie dieses gesagt hatte, dachte er: Wenn es mir vergönnt gewesen wäre, zu leben, hätte ich sie dennoch gewonnen, und er war froh, daß er sterben sollte, bevor es ihm gelungen war, die strahlende Himmelsbraut zur Erde herunterzuziehen.

Als er aber seinen Kopf in ihre Hände gelegt hatte, da kam über sie beide ein großer Trost. »Nicola Tungo«, sagte sie, »ich sehe den Himmel sich auftun. Engel schweben herab, um deine Seele zu empfangen.« Ein verwundertes Lächeln zog über sein Gesicht. Sollte das, was er um ihretwillen getan hatte, ihm das Himmelreich verdient haben? Er erhob seine Augen, um zu sehen, was sie sah, da fiel das Schwert des Büttels.

Aber sie sah die Engel immer tiefer und tiefer herniederschweben, sah sie seine Seele emporheben und sie gen Himmel tragen.

Daß sie alle diese fünfhundert Jahre weitergelebt hat, erscheint mir mit einem Male so natürlich. Wie sollte man sie vergessen können, das sanfte, kleine Jungfräulein, das große, liebende Herz? Wieder und wieder muß man zu ihrem Preise singen, was jetzt in den kleinen Kapellen gesungen wird:

> Pia mater et humilis,
> Naturae memor fragilis,
> In huius vitae fluctibus
> Nos rege tuis precibus.
> Ora pro nobis.
> Ut digni efficiamur promissionibus Christi.
> Santa Caterina, ora pro nobis.

Zur Erinnerung an die heilige Brigitta

Rede, gehalten bei der Gedenkfeier in Vadstena

Vor fünfhundertfünfzig Jahren, im Juli 1373, liegt eine alte Frau krank in Rom in einem kleinen Häuschen am Campo de' Fiori, ganz nahe dem Tiberufer. Das Haus, in dem sie weilt, ist unansehnlich, aber recht gut erhalten. Mit seinem Ziergarten, seinen kleinen, kühlen Stuben, seinem starken Tor macht es einen Eindruck von Sicherheit und Ordnung inmitten einer Stadt, wo die grasüberwucherten Straßen von den Trümmern eingestürzter Kirchen versperrt sind, wo Erdbeben, Seuchen, Hungersnot und nie und nimmer rastende Blutsfehden die Bewohner an den Rand der Verzweiflung und Verwilderung gebracht haben.

Weder die Kranke noch jemand aus ihrer Umgebung glaubt, daß die Krankheit zum Tod führen werde. Sie leidet mehr an einer schweren Niedergeschlagenheit der Seele, und alle meinen, daß, wenn sie die nur erst überwunden hat, sie aufstehen und ihrer gewohnten Arbeit nachgehen wird.

Das Leben um sie nimmt auch seinen Fortgang wie alle Tage. Die ganze Straßenmauer ist von einer Reihe Krüppel und Kranker belagert, Frauen und Männer durcheinander. Eine alte Bettlerin, der nichts fehlt, sitzt zunächst dem Tor und fühlt sich all diesen Armen gegenüber als Hausfrau, denn sie hat, seit die heilige Frau aus dem Norden vor etwa zwanzig Jahren in Signora Papazuris Haus einzog, auf diesem selben Platze gesessen und Almosen in Empfang genommen.

Die unruhigen Kranken wenden sich der Bettlerin zu, die mit den Bewohnern des Häuschens so gut bekannt zu sein scheint, und verlangen Auskünfte über die große Wundertäterin, die sie zu Rate ziehen wollen, sie möchten gerne wissen, ob ihre Macht wirklich so groß ist, daß sie Hilfe erhoffen können.

Und die Bettlerin antwortet ihnen, wie sie all die vielen Jahre den anderen Hilfesuchenden geantwortet hat.

Was meinten sie wohl, warum saß sie, Monna Assunta, hier vor diesem Tor? Glaubten sie, sie säße hier, um Almosen zu erbitten? Aber da hätte sie sich doch ebensogut vor irgendeiner Kirche niederlassen können. Nein, sie saß hier, weil sie sich daran freute, den Gotteswundern beizuwohnen, der Gesundmachung der Kranken, der Heilung der Aussätzigen, die hier tagtäglich vor sich ging.

Sie erzählt den eifrig Lauschenden, wie die heilige Frau im Jubeljahr nach Rom kam, eine Pilgerin wie alle anderen, mit einem kleinen Geleite, alle in Pilgertracht. Aber welche Hoheit, welcher Adel hatte sie doch auch im Büßermantel umstrahlt! Jeder mußte es sehen, sie war eine Edelgeborene, eine Fürstin, ja, man flüsterte sich zu, daß sie in ihrem eigenen Land eine Königin gewesen war.

Man behauptete, sie sei nach Rom gewandert, um die Genehmigung einer Klosterregel zu erlangen. Aber die alte Assunta wußte es besser. In diesen Zeiten, wo der Heilige Vater Rom verlassen hatte, um in Frankreich zu leben, da war die heilige Frau auf Gottes Geheiß hingekommen, um die Armen der Stadt zu trösten und den Kranken zu helfen. Nun, da die Herrlichkeit der großen Stadt vergangen war, ihre Kirchen in Trümmern, ihre Straßen verödet, ihre Kastelle eingestürzt, ihre Priester den Bettlern gleich, war diese Frau gekommen, um bis zur Wiederkehr des Heiligen Vaters den Elenden eine Mutter, den Hilflosen ein Hort zu sein.

Die mächtige Frau, von der die alte Assunta spricht, liegt unterdessen auf ihrem Bett und kämpft einen harten Kampf. Sie hält die Augen geschlossen, die Lippen fest zusammengepreßt, die Hände krampfhaft um ein kleines Kruzifix geschlungen. Der Schweiß perlt von der Stirn auf die Wangen herab. Sie liegt ganz still wie eine, die große

Schmerzen leidet, aber niemanden ihr Leiden merken lassen will. Stimmen flüstern ihr unablässig so hohnvolle, grausige Worte ins Ohr, daß sie glaubt, sie kommen von bösen Geistern, die sie zum Abfall von Gott verleiten wollen.

Die bösen Geister kennen ihren verwundbarsten Punkt. Sie wollen ihr beweisen, daß die Gesichte und Offenbarungen, die ihr Erhebung und Labsal waren, nichts andres sind als ihr teuflisches Werk.

»Und wenn du, Brigitta Birgerstochter«, sagen sie, »noch glaubst, daß du zu Gottes Angesicht erhoben wardst, daß du das milde Antlitz der Mutter Gottes geschaut und die lobsingenden Engel ihren Schöpfer preisen gehört hast, so mußt du dich wohl jetzt in deinem hohen Alter von solchem Irrtum lossagen.

Denn daß dies ein Irrtum und nichts andres ist, werden wir dir alsogleich zeigen. Du sagst ja, Gott habe dir befohlen, eine Klosterregel zu stiften und ein Kloster in Vadstena zu erbauen, und ebenso glaubst du, das Gelöbnis des Herrn empfangen zu haben, daß du eine Nonne in diesem Kloster und seine erste Äbtissin sein wirst, sintemalen es stets dein größtes Verlangen war, ein Leben fern von der Welt zu führen, bis daß du in Gottes Reich eingehen darfst.

Aber wenn diese Verheißungen dir wirklich von Gott gegeben wären, dann wären sie wohl auch ungesäumt in Erfüllung gegangen, denn Gott ist allmächtig. Aber siebenundzwanzig Jahre mußtest du warten, bis der Papst sich bewegen ließ, deine Regel zu genehmigen, und du mußtest es dulden, daß er Änderungen an den Bestimmungen vornahm, die dir von Gott gegeben waren. Darum, Brigitta, mußt du nun einsehen, daß dieser Befehl, einen Orden zu gründen, dir nicht von Ihm gegeben sein kann, der allmächtig ist und Herr über die Welt.

Und ferner, da Gott wahrhaftig ist, kann es unmöglich Er sein, der dir versprochen hat, daß du Nonne und Äbtissin in Vadstena werden sollst. Denn du bist nun alt und schwach, und du fühlst wohl, daß du in Rom sterben mußt.

Sondern der dir dies versprach, das war der gefallene Engel in der Hölle, der dich gelockt und verleitet hat.«

Die Greisin versucht, zu widersprechen und Einwände zu erheben, aber mit schrillen, zornigen Stimmen antworten sie ihr und häufen Beweis auf Beweis, daß sie das ganze Leben lang nur in ihrem Dienste gewirkt hat.

Ab und zu tritt eine Frau in mittleren Jahren mit einem hellen, sanften Antlitz in das Zimmer und beugt sich über die Liegende. Sie wischt ihr den Schweiß von der Stirn und fragt, ob sie ihr nicht Hilfe und Linderung verschaffen kann. Aber die Alte ist in ihre Gedanken versunken. Sie scheint von der Gegenwart der anderen nichts zu wissen.

Da geht die jüngere Frau wieder in den Vorraum hinaus, um all jenen, die dort warten, zu sagen, daß ihre Mutter noch immer leidend ist und noch nicht zu ihnen sprechen kann.

Dort draußen sitzen einige von denen, die zu Frau Brigittas Hausstand in Rom gehören, und führen Gespräche im Flüsterton mit den vielen Menschen, Fremden und guten Freunden, die gekommen sind, um die nordische Seherin um Rat zu fragen.

Da sieht man Sendboten des Papstes Gregor in Avignon, die Aufschlüsse über eine göttliche Botschaft begehren, die Frau Brigitta ihm geschickt hat und die schwer zu deuten ist. Da sind nordische Pilger, die Botschaft aus Vadstena bringen und Anfragen wegen des Klosterbaus, der jetzt dort im Werke ist. Da sind vornehme Römerinnen, die Ratschläge für die zukünftige Laufbahn von Söhnen und Töchtern wünschen. Da sitzen bescheidenere Frauen, die Heilung für Gebreste suchen, wallfahrende Mönche und Nonnen, die zu ihrem Seelentrost die sehen wollen, die so oft in ihren Träumen und Visionen Gott geschaut hat.

In einer Ecke sitzen einige Römerinnen im Gespräch. »Erinnert ihr euch, wie damals der Blitz in die große Glokke der Peterskirche einschlug?« sagt eine von ihnen. »Ganz Rom staunte und glaubte, daß etwas Böses bevorstünde, aber diese nordische Sibylle war die erste, die ihre Stimme erhob und das Zeichen dahin deutete, daß Papst Klemens sterben würde, und so geschah es.«

»Ja«, sagte die andere, »gewiß entsinne ich mich. Und ich erinnere mich auch, wie es Papst Urban erging. Er war ein frommer Mann. Vor einigen Jahren kam er aus Avignon hierher und blieb drei Jahre in Rom, aber die ganze Zeit sehnte er sich nach Frankreich zurück. Wie ein schleichender Dieb wollte er sich schließlich aus Rom fortstehlen, aber die Heilige, die dort drinnen ruht, bekam Kunde von seinem Vorhaben. Sie eilte ihm nach und erreichte ihn unterwegs. Und sie sagte ihm, daß, wenn er Rom verließe und nach Avignon zurückkehrte, Gott seine Tage verkürzen würde. Und Gott ließ seine Seherin nicht zuschanden werden, sondern da der Papst ihr nicht glaubte und in sein Land zurückkehrte, geschah es also, wie sie vorausgesagt hatte.«

Man erzählt ein Beispiel nach dem andern für ihre große Sehergabe. »Wahrlich«, sagte ein Mönch, »ist diese Frau nicht ein Sprachrohr Gottes: die Mächtigen beben vor ihren Strafgerichten, aber den Armen und Bekümmerten bringt sie Trost und Erquickung.«

»Was, Signora Lukrezia«, ruft eine Edeldame, die weiter vorne im Zimmer sitzt, »habt Ihr davon nicht gehört? Aber es soll wirklich wahr sein, daß Königin Johanna von Neapel in Liebe zu einem von Frau Brigittas Söhnen entbrannte, der sie auf der Wallfahrt zum Heiligen Lande begleitete, und ihn zu ihrem Gemahl machen wollte. Doch die Heilige widersetzte sich dem Willen der Königin, denn der Sohn war schon verheiratet und hatte daheim in Schweden eine Frau. Aber, Signora, was konnte das Verbot der alten Mutter bedeuten, wenn die Königin und der Sohn in der Sache einig waren? Sie hatte keine andere Zuflucht als ihre Bitten, den Greuel zu verhindern. Aber die Bitten dieser Frau sind mächtig, und Gott stand ihr auf die Weise bei, daß ihr Sohn von der Pest hinweggerafft ward, ehe noch die Ehe vollzogen werden konnte.«

So sitzt man in der Stille da und erzählt. Ohne daß man

recht weiß wie, ist das Zimmer von Andacht und weihevoller Stimmung erfüllt. In der Kammer hier daneben, denkt man, liegt ein Mensch, der Gott gesehen hat, einer, der lieber den Tod auf seine Liebsten herabbeschwört, als daß er sie eine Todsünde begehen läßt.

Die helle, milde Frau, die die Tochter der Heiligen ist, Frau Karin, öffnet nun wieder die Kammertür und huscht hinein. Während sie drinnen bei der Kranken verweilt, ist alles still. Einige der Unglücklichen, die erwartet haben, daß die wunderbare Braut Christi, die da ruht, sie von Krankheiten heilen würde, von denen sie sonst nirgendwo Genesung finden konnten, fallen auf die Knie und strecken die Arme nach der Tür aus. In den zitternden Händen halten sie Rosenkränze, und während die Perlen durch die Finger gleiten, flüstern sie Ave Marias und Vaterunser.

Frau Karin hat die Tür offengelassen, und aus dem Zimmer der Kranken dringt ein schwaches Stöhnen, ein leises Ächzen. Da werden alle im Vorraum von tiefem Mitleid ergriffen. Ihre Herzen wollen hinschmelzen bei dem Gedanken, daß die heilige Frau, die die Qualen so vieler Kranken gelindert, selbst dem Schmerz zum Opfer fallen muß. Mit einem Male sinken sie alle auf die Knie, alle strecken sie die Arme nach dem Krankenzimmer aus, alle beginnen sie zu beten.

Als Frau Karin zurückkommt, bleibt sie auf der Schwelle stehen, erstaunt, alle diese Menschen in betender Stellung zu sehen. Mit einem raschen Entschluß läßt sie die Tür offen, kniet neben den andern nieder und flüstert wie diese: *Pater noster qui es in coelo.*

Wie sie so liegt, der Kammer zugewandt, kann sie das abgezehrte Antlitz der Mutter sehen, und es jammert sie, daß die Greisin immer noch kämpfen muß, daß sie selbst nie den Frieden erlangen kann, den sie allen schenkt, die an sie glauben.

Aber wie Brausen von der Meeresküste, wie blütenduftgeschwängerter Wind dringen die geflüsterten Gebete in Frau Brigittas Kammer. Und plötzlich sieht die Tochter, wie die Spannung in den Zügen nachläßt, wie die geballten Hände sich lösen. Staunen und große Freude malen sich in dem Antlitz. Die Runzeln der Stirn glätten sich, der Mund lächelt, und die Wangen färben sich rosig.

Es ist nicht mehr Zeit vergangen, als daß Frau Karin ein Paternoster zu Ende beten konnte, da erhebt sich die Mutter klar wach im Bett und winkt sie zu sich. Sie eilt hinein und schließt die Tür hinter sich zu.

Nach einer kleinen Weile steht Frau Karin wieder vor den Betenden. Man sieht, daß sie sehr bewegt ist, ihre Stimme zittert und auch ihre Augen leuchten vor Freude.

»Meine liebe Mutter bittet mich, euch zu sagen, daß sie eine Zeitlang von den Heimsuchungen böser Geister arg gequält wurde. Aber heute nun hat sie Christus gesehen. Mit sanftem Antlitz offenbarte er sich ihr vor dem Altar, der in ihrem Kämmerlein steht. Und er sprach zu ihr, er habe an ihr getan, wie der Bräutigam zu tun pflegt, wenn er es eine Zeitlang unterläßt, sich seiner Braut zu zeigen, auf daß er desto inbrünstiger ersehnt werde. So hatte er meine Mutter einige Tage lang nicht besucht, weil dies ihre Prüfungszeit war.«

Hier hält Frau Karin inne und bewegt die Lippen ein Weilchen, bis sie die Stimme zu festigen vermag, so daß sie fortfahren kann: »So sprach dann Christus zu meiner Mutter, sie sei nun genug geprüft, und sie solle sich auf eine große Freude gefaßt machen, denn am fünften Tage nach diesem wird sie zur Nonne und Äbtissin vor seinem Altar in Vadstena geweiht werden.

Und meine liebe Mutter läßt euch sagen, daß sie einige Tage der Ruhe braucht, um ihre zeitlichen Angelegenheiten recht zu ordnen, ehe sie daran geht, von der Welt Abschied zu nehmen. Aber sie bittet euch, am fünften Tag wiederzukommen und sich mit ihr zu freuen, daß sie nun erreicht hat, was von frühester Kindheit an das allergrößte Sehnen und Verlangen ihrer Seele war.«

Da entfernten sich alle Besucher, trauernd, daß die große Seherin Rom verlassen würde, aber doch erhoben in ihrem

Sinn, weil sie Gottes Gnade gegen seine Braut und Magd miterleben durften.

All jenen, die Frau Brigittas Hausstand in Rom angehören und gewohnt sind, ihre Offenbarungen zu sammeln und sich daran zu freuen, so wie die Kinder dieser Welt Schätze sammeln und sich an ihrem Glanze erfreuen, scheint diese letzte Botschaft die köstlichste, die ihr je zuteil wurde. Denn wenn sie auch in mancher Hinsicht dunkel ist, verstehen sie doch, daß ein großer Umschwung in ihrem Leben bevorsteht, und daß die lange Wallfahrt, die sie vor vierundzwanzig Jahren antrat, sich nun ihrem Ende zuneigt. Aber damit sind auch für sie all die langen Pilgerjahre zu Ende. Sie können in ihr eigenes Land zurückkehren, wo sie Schutz und Schirm haben, und brauchen nicht mehr von fremden Gnaden zu leben. Das kleine treue Häuflein muß sich nicht zerstreuen, das erbauliche Zusammenleben mit Frau Brigitta braucht nicht aufzuhören. Die allermeisten denken wohl, mit ihr in das prächtige Klosterheim in Vadstena einzuziehen und ihr dort weiterzudienen.

Darum erfüllt eine große Freude ihre Herzen. Sie fühlen sich verjüngt und hoffnungsfroh. Längst versunkene Bilder schweben vor ihren Augen, sie sehen lichte Birkenhaine, kleine blinkende Seen und graue, bemooste Häuschen am Saume mächtiger schwarzgrüner Nadelwälder.

Noch lebt unter ihnen der alte Unterprior aus Aloastra, Petrus Olofson, der Frau Brigittas Begleiter war, seit sie Schweden verließ, der mit ihr den Pilgergang zu St. Nikolaus in Bari gegangen ist, zum heiligen Franziskus von Assisi, zum heiligen Andreas in Amalfi, der sie nach Neapel und Zypern begleitet und an ihrer Seite an den heiligen Stätten Palästinas gebetet hat. Er hat, was die Heiligen des Himmels zu Frau Brigitta gesprochen, ins Lateinische übersetzt und auch für alles Irdische auf den Reisen wie während des Aufenthalts in Rom Sorge getragen. Unerschrocken hat er sie durch höhnende, steinewerfende Volksmassen hindurchgeleitet, vorbei an umherstreifenden Räuberbanden, durch pestverseuchte Städte. Nun, nach all diesem

mühseligen Umherziehen, soll er endlich heimkehren können in eine stille Klosterzelle, zu einem Leben ohne Gefahren und Not, einzig erfüllt von Gebeten und friedlicher Arbeit.

Da ist außerdem auch sein Freund und Gehilfe, ein Ma-
gister, aus Skänninge, der die große Wundertäterin in Rom
erst vor kurzem aufsuchte, bei der Übersetzungsarbeit
mitwirkte und Frau Brigittas Beichtvater war. Wie muß er
sich doch freuen, daß er nicht allein nach Schweden zurückzukehren braucht, sondern sein liebes Beichtkind in
das bedrückte Vaterland mitnehmen kann, wo man nun so
viel von ihrer Weisheit und Macht singen und sagen gehört.

In Rom weilt auch Frau Brigittas Sohn, Herr Birger
Ulvsson, der vor einigen Jahren auf das Geheiß seiner
Mutter herkam, um sie in das Heilige Land zu begleiten. Er
ist ein frommer Mann, der ihr hierin gern zu Willen war,
aber er hat Weib, Kinder und Ländereien daheim in Schweden, und nun müßte er heimkehren, um nach all dem zu sehen. Doch war er in Rom geblieben, weil er es nicht übers
Herz brachte, seine Mutter in der Schwäche ihres Alters al-
leinzulassen.

Noch andere sind da, die sich des Aufbruchs freuen, aber
unter ihnen allen am meisten die liebliche, fromme Frau
Karin, die aus Sehnsucht nach ihrer Mutter vor mehr als
zwanzig Jahren nach Rom kam und seither bei ihr geblieben
war und ihr in allen Dingen gehorsam und untertänig gewesen ist. Mit der inbrünstigsten Freude denkt sie nun daran,
daß sie ihre alte Mutter heimbringen kann und sie bald als
mächtige Frau in Vadstena sehen wird. Denn die heilige Frau
mußte ein hartes Leben führen, und das Herz tat der Tochter
im Busen weh, wenn sie sie vor den Kirchen Roms sitzen
und betteln sah oder wenn sie auf Wallfahrten in Kälte und
Dunkelheit unter freiem Himmel übernachten mußte. Um
ihrer Freude Luft zu machen, geht Frau Karin aus, Blumen
und Ranken zu pflücken, die in den Ruinen Roms wu-
chern, und sie schmückt das kleine Häuschen am Campo
de' Fiori, wie man es in Schweden zu Mittsommer tut.

Frau Brigitta selbst ist in diesen Tagen zumute wie jemandem, der nach harter Plage sein Ziel erreicht hat und sich nicht mehr zu mühen braucht, sondern ruhen kann. Nun träufelt sie nicht mehr Wachs in die Wunde an ihrem Arm, sie freut sich an Frau Karins Blumen, und sie läßt es zu, daß die Tochter ihr ein weiches Federkissen unter den Kopf schmiegt. Sie hält ihre Gedanken nicht so unverwandt wie sonst auf das Jenseits gerichtet, sondern spricht mit ihren Kindern, wie ihr Hab und Gut verteilt werden soll. Sie gibt Herrn Birger Ratschläge, wie er sich in den Bürgerkriegen daheim in Schweden verhalten möge.

Schließlich sagt sie ihren Kindern, daß die Zeit, die sie durchlebt hat, schwer war wie der Jüngste Tag und daß sie von Kindheit an ein Übermaß von Elend, Not und Krankheit geschaut hat. Sie war noch Zeuge, wie König Magnus' böse Söhne sich das Reich streitig machten, und als sie heranwuchs, sah sie, wie ein schwacher, willenloser König es zu Fall brachte. Und sie stand all dem, was geschah, nicht fern, sowohl ihre eigenen Verwandten wie die ihres Mannes hatten zu den Großen und Mächtigen gehört, sie hatte von allen Beratungen vernommen und die Sorgen und die Verantwortung geteilt. Und ebenso war das arme, schutzlose Volk, das wußte, daß sie es um Christi willen liebte, oft mit seinen Kümmernissen zu ihr gekommen. Schmerz und schweres Weh hatten sie selbst heimgesucht. Sie hatte geglaubt, das Herz müßte ihr brechen, als sie ihren Mann verlor, den sie so sehr liebte. Viele Tränen hatte sie über ihren Sohn Karl sein ganzes Leben lang weinen müssen und ebenso über den Mann ihrer Tochter Martha, Herrn Sigurd Ribbing, der ein gottloses Leben führte.

Nie hatte eine solche Pest unter den Völkern gewütet wie zu ihrer Zeit, nie zuvor hatten sich die Kriegsheere in Räuberhorden verwandelt, die die Länder ausplünderten. Auch hier in Rom hatte sie schwere Enttäuschung erleben müssen, denn die Stadt war wie ein Himmel ohne Sonne gewesen, da der Papst nicht mehr dort weilte, und der Papst, den sie endlich da einziehen sah, hatte sich wieder schmählich davongeschlichen. Die Armut hatte ihr hier in Rom arg zugesetzt, und Müdigkeit, Kälte und Hunger auf den Wallfahrten. Auch hatte es sie sehr gequält, daß sie vor Fürsten, vor hohe Prälaten und auch vor wilde, aufgehetzte Volksmassen hintreten mußte, um ihnen ihre Sünden vorzuhalten und sie mit Gottes Strafgericht zu bedrohen. Schließlich war es eine große Prüfung für ihre Geduld gewesen, daß sie auf die Bestätigung ihrer Regel so lange warten mußte, bis sie nun an der Grenze ihrer Tage stand.

Aber bei alldem war sie doch einer der allerglücklichsten Menschen gewesen, weil Gott ihr die Gnade verliehen hatte, schon in diesem Leben seines Umgangs teilhaftig zu werden.

Von Kindheit auf war sie von Gesichten begnadet gewesen, in denen sie die himmlischen Heerscharen schaute und mit ihnen Zwiesprache pflog. Je älter sie geworden war, desto mehr hatten diese Visionen an Ernst und Bedeutung zugenommen. Ja, wahrlich, sie war die gewesen, die den Menschen Gottes Ratschluß offenbarte.

Viele dieser Gesichte waren furchtbar und erschreckend gewesen, aber dennoch hatte sie dabei eine schwindelerregende Seligkeit empfunden, weil sie in die Geheimnisse des Reichs Gottes schauen durfte.

Von dieser Gabe war ihr alles Gute zuteil geworden. Durch sie hatte sie die Gunst der Fürsten gewonnen und die Herzen der Königinnen erweicht. Durch diese Macht war das Volk von Rom so für sie gewonnen worden, daß es sie jetzt seine Mutter nannte. Um dessentwillen schickten ihr die armen Leute in Schweden Boten und flehten sie an, zu kommen und ihnen zu helfen.

Auf diese Weise vergehen vier Tage wie in holdem Taumel, dann bricht der Morgen des fünften Tages an.

Wir müssen versuchen, uns zu vergegenwärtigen, wie alles zugegangen sein mag. Sicherlich konnte keiner der Hausgenossen nachts schlafen. Die Spannung war allzu groß. Nicht, daß sie daran gezweifelt hätten, daß ihre Herrin jetzt von Christus für ihre lebenslängliche Treue belohnt werden würde, aber in welcher Art?

Es ist mitten im Sommer, und weder nachts noch tags ist Kühlung zu finden. Sie haben am offenen Fenster gesessen, in das schwüle Dunkel gestarrt und sich unter bebenden Träumen ausgemalt, was der Morgen wohl bringen würde.

Was mögen sie erwartet haben? Vielleicht, daß Frau Brigitta im Geist nach Vadstena geführt und dort zur Nonne und Äbtissin geweiht werden würde, indes ihr irdischer Leib in Rom verblieb. Vielleicht, daß der päpstliche Legat kommen würde, um auf Gottes Geheiß den heiligen Akt in dem kleinen Häuschen am Campo de' Fiori zu vollziehen. Noch viel höher und wunderbarer mögen ihre Erwartungen sich gestaltet haben, denn sie sind es gewohnt, täglich Wunder zu schauen und von übernatürlichen Dingen zu hören.

Die ganze Nonnentracht, der graue Rock, Mantel und Kapuze, das weiße Tuch, der schwarze Schleier und die Krone aus weißen Linnenstreifen mit den fünf roten bedeutungsvollen Zeichen, all dies lag bereit.

Prior Petrus Olofson hat die Offenbarung hervorgesucht, in der Christus Brigitta die Klosterregeln kundgetan hat, und liest sie nun vor. Er liest von all den Bestimmungen für das Leben der Mönche und Nonnen, ihre Tagesordnung und ihre Beschäftigungen. Weiter liest er, wie eine Nonne ins Kloster aufzunehmen ist, die schönen Ermahnungen, die ihr erteilt werden sollen, ihre Gelübde, die Einkleidung in die Nonnentracht, ihre Geleitung zur Klosterpforte und ihre Aufnahme in den Kreis der Schwestern.

Frau Brigitta folgt der Vorlesung mit einem seligen Lächeln, aber lange, ehe der Prior geendet hat, versinkt sie in Schlummer, und natürlich ist es allen offenbar, daß sie mit jedem Tage schwächer geworden ist. Sie schläft zumeist, sie atmet schwer, beinahe röchelnd. Aber dies trübt die Freude keineswegs. Wenn die Stunde gekommen ist, wird Christus ihr Leben und Gesundheit wiedergeben.

Plötzlich, gerade ums Morgengrauen, als das erste Frühlicht das nächtliche Dunkel durchbricht, hört das Röcheln auf, und die Kranke richtet sich im Bett empor.

Im ganzen Raume wird es totenstill. Man glaubt zu vernehmen, nicht mit Auge und Ohr, sondern mit einem anderen Sinn, daß der Raum von etwas Göttlichem durchströmt wird. Mit bebenden Herzen sehen die Anwesenden, wie das Antlitz der Greisin von Glückseligkeit erhellt wird, wie ihre Augen sich in Anbetung aufschlagen und wie ihre Lippen sich zum Gebet regen.

Kein gesprochener Laut dringt an das Ohr der Umstehenden, und doch vernehmen sie, was der himmlische Bote sagt: »Nun habe ich gesehen, Brigitta, daß du die Welt überwunden hast und sie gerne verlässest, um in mein Kloster einzugehen. Darum soll dir dein Wille als vollbrachte Tat angerechnet werden, und ich will dir den Lohn geben, daß du ungesäumt in meine Seligkeit eingehen darfst.«

Mit einem Blick von unbeschreiblicher Dankbarkeit sinkt die Sterbende in die Kissen zurück, und die anderen, die erkennen, daß die höchste Gnade und Segnung ihr widerfahren ist, stimmen einen Lobgesang an.

Erhoben wie in heiliger Verzückung, empfinden sie keinen Schmerz über den bevorstehenden Abschied. Die Priester ihres Hauses beeilen sich, eine Messe zu lesen und ihr das Sterbesakrament zu reichen.

Aber wie es ihnen anbefohlen war, haben sich Brigittas Freunde in Rom nun am Morgen des fünften Tages eingefunden, um ihrer Erhöhung beizuwohnen. Und da Frau Brigitta in Rom von so vielen gekannt und geliebt ist, sind ihrer eine so große Zahl, daß der ganze Marktplatz vor ihrer Behausung schwarz von Menschen ist. Sie hören den Gesang aus dem Hause, und die Zunächststehenden pochen ungeduldig an die Tür, um Einlaß zu finden und der Feier beizuwohnen. Sachte öffnet sich das Tor, und jemand flüstert, daß die fromme Frau in Gottes Himmel gerufen wurde. Mit großer Schnelligkeit verbreitet sich das Gerücht durch die Menschenmenge, und wohin es dringt, da erkennt man, daß dies das höchste Glück für die Greisin bedeutet, und stimmt in den Jubelgesang ein. Und während die Menschenschar so ihre Dankbarkeit und ihre Liebe hinaussingt, entschlummert Frau Brigitta in den Armen ihrer Kinder.

Aber so wie die Kreise im Wasser um den hineingeworfenen Stein sich über den ganzen Wasserspiegel verbreiten, so verbreitet sich ihre eigene und die Freude ihrer Nächsten nicht nur zu dem Volk in Rom, sondern unter die ganze Christenheit. Ein Mensch, der die Welt und sich selbst überwunden hatte, war gleichsam in Christi Armen gestorben, gewiß des Himmelreichs. Das war nicht die Zeit für Sohn oder Tochter, für Freund oder Diener, Schmerz zu fühlen. Das einzige, woran sie denken konnten, war, die Kunde von dem seligen Hinscheiden, dessen Zeugen sie gewesen, nun zu verbreiten.

Wer wurde da nicht von Begeisterung ergriffen? Ein Mensch, der viele Jahre hindurch in den Straßen Roms gewandelt war, eine Frau, die unter ihnen gelebt hatte wie alle anderen, die hatte in ihrem letzten Stündlein Christus geschaut und seine Verheißung empfangen, in den Himmel der höchsten Seligkeit einzugehen.

Es gibt kein Gemüt, so verhärtet, daß diese Kunde nicht einen Widerhall von Sehnsucht darin wachriefe. Es gibt keine Seele, so bedrückt, daß sie sich nicht zu neuer Zuversicht aufschwänge.

Dies war kein Sieg der Stärke und Macht, der List und Gewalt, sondern ein Sieg der Unterwürfigkeit, der Armut und Demut. Die Stillen im Lande heben die Köpfe und denken, daß doch sie es sind, die das bessere Teil erwählt haben.

Heim nach Schweden eilt ein Bote mit der Nachricht von Frau Brigitta Birgerstochters seligem Tod in Rom: nicht um Kummer zu bringen, sondern um die größte Freude zu verkünden.

Und überall, wo die Botschaft hier im Lande hinkommt,

wird sie so empfangen, als kündete sie die Ankunft eines schätzebeladenen Schiffs oder einen großen Sieg.

Da fielen Freudentränen, daß Christus an dieses arme Land hoch im Norden gedacht und eine seiner Töchter zu seiner geliebten Braut erhoben hat, zu sitzen zur Seiten seiner Mutter, der Himmelskönigin. Nun ist es Zeit, Angst und Not zu vergessen, nun haben das Reich und all seine Bewohner eine Fürsprecherin bei Gott, die nimmer müde sein wird, Gutes für Schwedens Volk zu erbitten.

Allen bedünkt es, daß der Himmel der Erde näher gekommen, erreichbarer geworden ist. Der Bauer, der seiner täglichen Fron obliegt, hebt den Blick vom Irdischen, die Hausmutter gibt freudiger als sonst dem Bettler, der im Namen der heiligen Brigitta bittet, ihr Scherflein. Der Maurer, der am Vadstenaer Kloster arbeitet, fügt seine Steine mit größerem Eifer in die Wand, trägt er doch damit zum Ruhme der heiligen Frau bei.

Das ganze Volk Schwedens hat nun eine gemeinsame Freudenquelle, die erste, die es je besessen. Der König des Landes ist der deutsche Albrecht, aber er wetteifert mit den einheimischen Großen des Reichs, Frau Brigittas Staub, als er im nächsten Jahre die Heimat erreicht, würdig zu empfangen. Auch er wirkt wie alle anderen für ihre Heiligsprechung und unterstützt den Klosterbau in Vadstena.

Welche Befriedigung muß es nicht, schon rein weltlich gesehen, für die Schweden jener Zeit gewesen sein, zu erfahren, daß hier im Norden mächtige Klöster entstanden wie Nadendal in Finnland, Maribo in Dänemark, Munkaliv in Norwegen, die alle der Vadstenaer Regel folgten, und daß auch im übrigen Europa Brigittiner Klöster gegründet wurden, mehr als siebzig an der Zahl. Wie muß es nicht die Kenntnis Schwedens in der Fremde gefördert haben, daß alle diese Klöster eine Schwedin zur Stifterin hatten und dort stets die Legende ihres Lebens gelesen wurde.

Noch heute können wir hier in Schweden Spuren dieser Freude des Volkes, daß eine Heilige unter ihm erstanden, verfolgen. Dieser schöne mächtige Kirchenbau mit

Grabmälern und Kunstschätzen, der uns jetzt umgibt, ist daraus hervorgegangen. Aus der herrlichen Brigittinermusik, der Brigitta-Literatur, ja aus der geduldigen Arbeit demütiger Spitzenklöpplerinnen, die Altar und Chorhemden schmückt.

Dem schwedischen Land nahte ihre Botschaft mitten im Jahrhundert der Pest, der Bürgerkriege, der Schwäche. Und wer weiß heute so viel, daß er zu berechnen vermöchte, wie groß der Nutzen, den sie uns gebracht hat? Sie, deren Stärke unbeugsam war, hat sie nicht die Kräfte großgezogen, die dem Land die Wiedergeburt brachten? Sie, deren Glaube unerschütterlich war, hat sie nicht den Mut hervorgerufen, der die Freiheit rettete? Gab der Gedanke, daß diese ehrliche schwedische Frau ein Landeskind war, nicht die Ermutigung, deren es bedurfte, damit das Volk zur Erkenntnis seines Wertes und seines Könnens gelangte?

Zeittafel

1858	Selma Lagerlöf wird in Mårbacka/Värmland geboren
1862	Kinderlähmung
1866	Lektüre des Indianerromans ›Oceola‹
1874	erstes Gedicht
1881	Sjöbergs Mädchenlyzeum in Stockholm
1882–85	Lehrerinnenseminar in Stockholm
1888	Mårbacka wird verkauft
1890	1. Preis beim Preisausschreiben der Zeitschrift ›Idun‹
1891	›Gösta Berling‹
1895–96	Reise nach Italien
ab 1897	freie Schriftstellerin
1899	›Die Königinnen von Kungahälla‹
1899–1900	Reise nach Palästina
1901/2	›Jerusalem‹
1904	›Herrn Arnes Schatz‹
	›Christuslegenden‹
1905	Reise nach England
1906/7	›Wunderbare Reise des kleinen Nils Holgersson mit den Wildgänsen‹
1907	Dr. h. c., Uppsala
1908	›Ein Stück Lebensgeschichte‹
ab 1909	wieder in Mårbacka
1909	Nobelpreis
1909/11	Erscheinen der ›Gesammelten Werke‹ in 10 Bänden
1913	›Das Mädchen vom Moorhof‹
1914	Mitglied der Schwedischen Akademie
1922	›Mårbacka‹ – Erinnerungen
1925	›Die Löwenskölds‹
1930	›Aus meinen Kindertagen‹
1932	Dr. h. c., Kiel
1940	Selma Lagerlöf stirbt in Mårbacka

Bibliographische Hinweise

Die Jahreszahlen beziehen sich auf die schwedische Erstveröffentlichung

Die Legende vom Vogelnest (1894) · Die alte Agneta (1899) · Die Legende von der Christrose (1908) · Die Legende des Luziatags (1921) · Der Weg zwischen Himmel und Erde (1915) · Die Heilige Nacht (1904) · Die Vision des Kaisers (1897) · Der Brunnen der weisen Männer (1904) · Das Kindlein von Bethlehem (1904) · Die Flucht nach Ägypten (1899) · In Nazareth (1904) · Im Tempel (1904) · Das Schweißtuch der heiligen Veronika (1904) · Das Rotkehlchen (1904) · Unser Herr und der heilige Petrus (1899) · Die Lichtflamme (1904) · Der Fischerring (1899) · Die sieben Todsünden (1899) · Das heilige Bild in Lucca (1915) · Santa Caterina di Siena (1899) · Zur Erinnerung an die heilige Brigitta (1925)

1512 Seiten, ISBN 3-485-00806-0

Selma Lagerlöf

Gesammelte Werke

Ein Geschenk für Literaturfreunde

Diese vier Bände versammeln die schönsten Erzählungen der Nobelpreisträgerin, die ihren Weltruhm begründeten, die Geschichte von Gösta Berling, in welcher der ganze Zauber Schwedens und die balladeske Kraft und Kühnheit seiner Bewohner lebt sowie die spannendsten und eindrucksvollsten Abenteuer des weltbekannten Däumlings Nils Holgersson.

nymphenburger

Klassische Weihnachtsbücher
im dtv

Charles Dickens
Weihnachtserzählungen
Aus dem Englischen von
Carl Kolb und Julius
Seybt, durchgesehen von
Anton Ritthaler
Mit Illustrationen
dtv 12465

Selma Lagerlöf
Ein Weihnachtsgast
Erzählungen
dtv 12605

Weihnachtsspuk
Weihnachtliche Geschichten
aus Schottland
Hrsg. von Tilmann Kleinau
Mit Illustrationen
Originalausgabe
dtv 20103

**Paddy's Weihnachts-
Party**
Weihnachtliche Geschichten
aus Irland
Herausgegeben und mit
einem Nachwort von
Frank T. Zumbach
Mit Illustrationen
Originalausgabe
dtv 20105

Sagenhafte Weihnacht
Wintergeschichten und
Weihnachtsbräuche aus
längst vergangenen Zeiten

Hrsg. von Gudrun Bull
Mit Illustrationen
Originalausgabe
dtv 20106

**Unheimlich gemütliche
Weihnacht**
Weihnachtliche Geschichten
aus der Schweiz
Hrsg. von Martin Müller
Mit Illustrationen
Originalausgabe
dtv 20172

**Weihnacht bei den
Trollen**
Weihnachtliche Geschichten
aus Skandinavien
Hrsg. von Klaus Möllmann
Mit Illustrationen
Originalausgabe
dtv 20211

**Wenn Väterchen Frost
kommt**
Weihnachtsfreuden in
Rußland
Hrsg. von Ulf Diederichs
Mit Illustrationen
Originalausgabe
dtv 12699

Weihnachten in aller Welt
Hrsg. von Gudrun Bull
Mit Illustrationen
Originalausgabe
dtv 12701

Knut Hamsun im dtv

»Hamsun ist der Autor, den ich ganz bewußt nachzu-
ahmen versuchte, offensichtlich ohne Erfolg.«
Henry Miller

Mysterien
Roman
Übersetzt von S. Weibel
dtv 11157

**Auf überwachsenen
Pfaden**
Ein zeitgeschichtliches
Dokument
Übersetzt von Elisabeth Ihle
dtv 11177

Benoni
Roman
Übersetzt von J. Sandmeier
und S. Angermann
dtv 11221

Landstreicher
Roman
Übersetzt von J. Sandmeier
und S. Angermann
dtv 11248

August Weltumsegler
Roman
Übersetzt von J. Sandmeier
und S. Angermann
dtv 11320

Hunger
Roman
Übersetzt von J. Sandmeier
und S. Angermann
dtv 11398

Nach Jahr und Tag
Roman
Übersetzt von J. Sandmeier
und S. Angermann
dtv 11433

**Schwärmer
Die Nachbarstadt**
Erzählung
Übersetzt von Jutta Knust
und Theodor Knust
dtv 12227

Rosa
Roman
Übersetzt von J. Sandmeier
und S. Angermann
dtv 12347

Bjørger
Erzählung
Übersetzt von Gert Imbeck
und Eva Maagerö
dtv 12460

Victoria
Die Geschichte einer Liebe
Übersetzt von J. Sandmeier
und S. Angermann
dtv 12639

Robert Ferguson
Knut Hamsun
Leben gegen den Strom
Biographie · dtv 11491

Klassische Autorinnen der englischen und amerikanischen Literatur im <u>dtv</u>

<u>dtv</u>

Klassische Autoren der englischen und amerikanischen Literatur im <u>dtv</u>

William Blake
Zwischen Feuer und Feuer
Poetische Werke
Zweisprachige Ausgabe
dtv 12548

Byron · Shelley · Keats
Ein biographisches Lesebuch von Susanne Schmid
dtv 12627

Wilkie Collins
Die Frau in Weiß
Criminal-Roman
dtv 20171
Der Monddiamant
Criminal-Roman
dtv 12182
Jezebels Tochter
Criminal-Roman
dtv 20003

Joseph Conrad
Nostromo
Eine Geschichte von der Küste
Roman
dtv 12648

Thomas Hardy
Auf verschlungenen Pfaden
(*The Return of the Native*)
dtv 2385

Herzen in Aufruhr
(*Jude, the Obscure*)
dtv 20045

Blaue Augen
(*Blue Eyes*)
dtv 12677

Edgar Allan Poe
Detektivgeschichten
Übersetzt von
Hans Wollschläger
dtv 12693
Faszination des Grauens
Meistererzählungen
dtv 12542

Laurence Sterne
Leben und Ansichten von Tristram Shandy, Gentleman
9 Bände im Kleinformat in Geschenkkassette
dtv 59024

William Thackeray
Jahrmarkt der Eitelkeit
oder
Ein Roman ohne Held
dtv 12462

Oscar Wilde
Das Bildnis des Dorian Gray
dtv 12466